企业纳税会计实训

主 编 沈 航 张 黄 徐 飒 刘晓英

中南大学出版社
www.csupress.com.cn

前 言

随着我国社会主义市场经济的逐渐成熟，经济体制改革的不断深入，会计教育如何适应现代社会快速发展的需要，是会计教育当前所面临的重大课题。在此背景下，我们编写了会计系列实训教材。通过本教材的应用可以让学生真正学会“运用、分析、综合、评价”所学的知识，锻炼职业技能，增强职业胜任能力，培养职业道德，提高学习兴趣。

本教材以现代社会对人才的需求为目标，立足高等院校会计专业教育实际情况，体现了以下几个特点：

1. 会计准则、制度和税收法律、法规应用的统一性和规范性。本教材所涉及的12个税种在税法概述、应纳税额计算、会计核算和纳税申报与缴纳四个环节中，不仅将会计准则和会计制度变化的内容涵盖进来，而且还结合实际工作中纳税申报业务案例进行导入和解析，使其更具有规范性和可操作性。

2. 知识体系的完整性和新颖性。本教材每一个实训，都是一个相对独立、内容完整的知识体系，同时，又是对财务会计的完善和充实。

3. 真实、客观地反映纳税会计的工作流程。本教材注重体现纳税会计实务的可操作性。

4. 教材具有通用性和实用性。本教材在业务实训上，本着“理论够用、业务实用”的原则，兼顾不同企业和不同税种，突出了会计法规和规章的核心内容，通过大量的案例处理将理论知识消化和运用在实践之中。

5. 测试方法得体。通过进行阶段学习，及时提供纳税申报实训操作，大大地提高了学生分析问题、解决问题的能力。

本教材是由湖南工学院沈航、徐飒、张黄编写。学生袁强飞、刘孟西、周雅玲提出了很多合理性建议。具体编写分工为：沈航老师编写了实训一、实训二、实训三；徐飒老师编写了实训四、实训五；张黄老师编写了实训六、实训七、实训八。尽管我们在教材建设方面做出了许多努力，但由于会计准则、制度、法律、法规和规章仍处于适时调整状态，随着市场经济的不断发展，还会产生一些新的情况和新的问题，再加编者的水平有限，所以不足之处在所难免，恳请各相关高等院校师生和读者在使用本教材的过程中给予理解和关注，并将意见及时反馈给我们，以便下次修订时做进一步的完善和修改。

编　者

2014年1月12日

目 录

实训一　税务登记实训

【实训目的】 通过实训要求学生熟悉税务登记的基本程序，掌握税务登记的基本方法，能够熟练进行税务登记和纳税申报。

【实训要求】 要求学生掌握税务登记表的填制、变更税务登记表的填制、注销税务登记审批表的填制、增值税一般纳税人申请人认定表的填制。

【实训流程】 税务登记办理程序见图1－1。

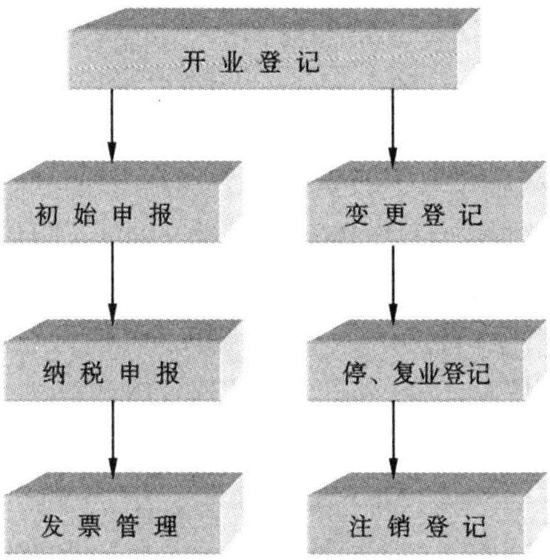

图1－1

第一节　税务登记实训

一、开业登记

根据《税收征管法》第十五条，《税收征管法实施细则》第十二条，《税务登记管理办法》第十三条、第十四条、第十五条以及《国家税务总局关于换发税务登记证照的通知》（国税发[2006]38号）的相关规定，企业以及企业设在外地的分支机构和从事生产经营的场所，个体工商户和从事生产、经营的事业单位（以下统称从事生产、经营的纳税人），向生产、经营所在地税务机关申报办理税务登记，具体情况如下：

1. 从事生产、经营的纳税人领取工商营业执照（含临时工商营业执照）的，应当自领取工商营业执照之日起30日内申报办理税务登记，税务机关核发税务登记证及副本。纳税人领取临时工商营业执照的，税务机关核发临时税务登记证及副本。

2. 未办理工商营业执照但经有关部门批准设立的，应当自有关部门批准设立之日起30

日内申报办理税务登记，税务机关核发税务登记证及副本。

3. 未办理工商营业执照也未经有关部门批准设立的，应当自纳税义务发生之日起 30 日内申报办理税务登记，税务机关核发临时税务登记证及副本。

4. 有独立的生产经营权、在财务上独立核算并定期向发包人或者出租人上交承包费或者出租人上交承包费或租金的承包承租人，应当自承包承租合同签订之日起30 日内，向其承包承租业务发生地税务机关申报办理税务登记，税务机关核发临时税务登记证及副本。

5. 从事生产、经营的纳税人外出经营，自其在同一县（市）实际经营或提供劳务之日起，在连续的 12 个月内累计超过 180 日的，应当自期满之日起 30 日内，向生产、经营所在地税务机关申报办理税务登记，税务机关核发临时税务登记证及副本。

6. 境外企业在中国境内承包建筑、安装、装配、勘探工程和提供劳务的，应当自项目合同或协议签订之日起30 日内，向项目所在地税务机关申报办理税务登记，税务机关核发临时税务登记证及副本。

二、实训任务

根据附件资料，为衡阳纺织有限公司填写税务登记表。

衡阳纺织有限公司是由衡阳市东方投资有限公司和香港明丽服装有限公司合资设立的中外合资企业，经衡阳市外管局“衡外字 009839 号”批文批准设立，2009 年 3 月 1 日取得衡阳市工商管理局颁发的“衡合字第 2009008 号”营业执照。该公司注册资本为人民币 1 000 万元，其中衡阳市东方投资有限公司占70%、香港明丽服装有限公司占30%。该公司的机构代码为 607993682，生产经营期限从 2009 年 3 月 1 日到 2026 年 2 月 28 日。该公司的注册地址为衡阳市雁峰区白沙洲工业园区 169 号，邮编 421003，联系电话：0734 －3456782。公司法定代表人为王丽（身份证号 430409196308073914），财务负责人为刘红志（身份证号 430402197603083022），办税员周华（身份证号 430402198209085024）。公司主要生产棉纱、棉胚布、涤纶胚布等。该公司现有员工 350 人，没有外籍人员。该公司执行企业会计制度。税务登记表如下表所示。

税务登记表

（适用单位纳税人）

填表日期：2006 年 03 月 10 日

<table>
<tr><td>纳税人识别号</td><td colspan="2">430303409376006</td><td>纳税人名称</td><td>衡阳纺织有限公司</td></tr>
<tr><td>登记注册类型</td><td colspan="4">有限责任公司</td></tr>
<tr><td>组织机构代码</td><td colspan="4">607993682</td></tr>
<tr><td colspan="5">准业执照信息</td></tr>
<tr><td>工商机关标志</td><td colspan="2"></td><td>工商机关名称</td><td>衡阳市工商管理局</td></tr>
<tr><td>证照名称</td><td colspan="2">企业法人营业执照</td><td>证照号码</td><td>衡合字第 2009008</td></tr>
<tr><td>批准设立机关</td><td colspan="2">衡阳市外管局</td><td>批准设立证明或文件号</td><td>衡外字 009839</td></tr>
<tr><td>工商发照日期</td><td colspan="2">2009 －03 －01</td><td>开业（设立）日期</td><td>2009 －03 －01</td></tr>
</table>

续上表

<table>
<tr><td>生产经营期限起</td><td colspan="3">2009－03－01</td><td colspan="2">生产经营期限止</td><td colspan="3">2026－02－28</td></tr>
<tr><td>注册地址</td><td colspan="3">衡阳市雁峰区白沙洲工业园区 169 号</td><td>邮政编码</td><td>421003</td><td>联系电话</td><td colspan="2">0734－3456782</td></tr>
<tr><td>生产经营地址</td><td colspan="3">衡阳市雁峰区白沙洲工业园区 169 号</td><td>邮政编码</td><td>421003</td><td>联系电话</td><td colspan="2">0734－3456782</td></tr>
<tr><td>核算方式</td><td colspan="8">请选择对应项目打“√”　☑独立核算　□非独立核算</td></tr>
<tr><td>从业人数</td><td colspan="8">350 人</td></tr>
<tr><td>单位性质</td><td colspan="8">请选择对应项目打“√”
☑企业　□事业单位　□社会团体　□民办非企业单位　□其他</td></tr>
<tr><td>网站网址</td><td colspan="2"></td><td colspan="2">国标行业</td><td colspan="4">1 1 □□□　□□</td></tr>
<tr><td>适用会计制度</td><td colspan="8">请选择对应项目“√”
☑企业会计制度　□小企业会计制度　□金融企业会计制度
□行政事业单位会计制度</td></tr>
<tr><td colspan="2">经营范围
商品制造销售</td><td colspan="7">请将法定代表人（负责人）身份证件复印件粘贴在此处。</td></tr>
<tr><td rowspan="2">项目
内容
联系人</td><td rowspan="2">姓名</td><td colspan="2">身份证件</td><td rowspan="2">固定电话</td><td rowspan="2" colspan="2">移动电话</td><td rowspan="2" colspan="2">电子邮箱</td></tr>
<tr><td>种类</td><td>号码</td></tr>
<tr><td>法定代表人（负责人、业主）</td><td>王丽</td><td>身份证</td><td>430409196308073914</td><td>0734－3456782</td><td colspan="2"></td><td colspan="2"></td></tr>
<tr><td>财务负责人</td><td>刘红志</td><td>身份证</td><td>430402197603083022</td><td>0734－3456786</td><td colspan="2"></td><td colspan="2"></td></tr>
<tr><td>办税人</td><td>周华</td><td>身份证</td><td>430402198209085024</td><td>0734－3456787</td><td colspan="2"></td><td colspan="2"></td></tr>
<tr><td>税务代理人名称</td><td colspan="2">税务代理人纳税人识别号</td><td colspan="3">税务代理人联系电话</td><td colspan="3">税务代理人电子邮箱</td></tr>
<tr><td>注册资本或投资总额</td><td>币种</td><td>金额</td><td>币种</td><td>金额</td><td colspan="2">币种</td><td colspan="2">金额</td></tr>
<tr><td>1 000 万元</td><td>人民币</td><td>1 000 万元</td><td></td><td></td><td colspan="2"></td><td colspan="2"></td></tr>
<tr><td>投资方名称</td><td>投资方经济性质</td><td>投资比例</td><td>证件种类</td><td>证件号码</td><td>国籍</td><td colspan="3">地址</td></tr>
<tr><td>王丽</td><td>自然人</td><td>70%</td><td>身份证</td><td>430409196308073914</td><td>中国</td><td colspan="3">中国衡阳</td></tr>
<tr><td></td><td></td><td></td><td></td><td></td><td></td><td colspan="3"></td></tr>
<tr><td>自然人投资比例</td><td>70%</td><td>外资投资比例</td><td>30%</td><td colspan="2">国有投资比例</td><td colspan="3"></td></tr>
<tr><td colspan="3">总分支机构标志</td><td colspan="6"></td></tr>
<tr><td colspan="2">分支机构纳税人识别码</td><td>分支机构名称</td><td colspan="6">分支机构注册地址</td></tr>
<tr><td colspan="2"></td><td></td><td colspan="6"></td></tr>
<tr><td colspan="2"></td><td></td><td colspan="6"></td></tr>
</table>

续上表

<table>
<tr><td>总机构纳税人识别号</td><td colspan="2"></td><td>总机构名称</td><td></td></tr>
<tr><td>注册地址</td><td colspan="2"></td><td>注册地址邮政编码</td><td></td></tr>
<tr><td>法定代表人姓名</td><td colspan="2"></td><td>联系电话</td><td></td></tr>
<tr><td>经营范围</td><td colspan="4"></td></tr>
<tr><td rowspan="3">代扣代缴、代收代缴税款业务情况</td><td colspan="2">代扣代缴、代收代缴税款业务内容</td><td colspan="2">代扣代缴、代收代缴税种</td></tr>
<tr><td colspan="2"></td><td colspan="2"></td></tr>
<tr><td colspan="2"></td><td colspan="2"></td></tr>
<tr><td colspan="5">附报资料：</td></tr>
<tr><td>经办人签章：
周华
2009 年 03 月 10 日</td><td colspan="2">法定代表人（负责人）签章：
王丽
2009 年 03 月 10 日</td><td colspan="2">纳税人公章：
2009 年 03 月 10 日</td></tr>
</table>

第二节　变更税务登记实训

一、变更登记

纳税人税务登记的项目，如纳税人名称、法定代表人、经济性质或经济类型、住所和经营地点（不涉及主管税务机关变动的）、生产经营或经营方式、注册资金、隶属关系等发生变更时，应自工商行政管理机关或其他机关办理变更登记之日起30 日内，持有关证件向原税务登记机关提交变更登记申请，领取并填写《变更税务登记表》；涉及税种变更时，应同时领取并填写《纳税人税种登记表》，向主管税务机关申请变更税务登记。

二、实训任务

2010 年 1 月 10 日衡阳纺织有限公司（税号 430303409376006）董事会作出增资决议，注册资本由人民币 1 000 万元增加到 2 000 万元，增资后，衡阳市东方投资有限公司占 80%、香港明丽服装有限公司占 20%。该决议已获得衡阳市外管局“衡增字 2010008 号”文批准，并于 2010 年 2 月 8 日取得变更后的营业执照。变更税务登记表，如下表所示。

变更税务登记表

（纳税人单位适用）

<table>
<tr><td>纳税人名称</td><td colspan="2">衡阳纺织有限公司</td><td>纳税人识别号</td><td>430303409376006</td></tr>
<tr><td>变更登记事项</td><td colspan="4">变更注册资本</td></tr>
<tr><td>序号</td><td>变更项目</td><td>变更前内容</td><td>变更后内容</td><td>批准机关名称及文件</td></tr>
<tr><td>01</td><td>注册资本</td><td>1 000 万元</td><td>2 000 万元</td><td>衡阳市外管局“衡增字 2010008 号”</td></tr>
<tr><td></td><td></td><td></td><td></td><td></td></tr>
<tr><td></td><td></td><td></td><td></td><td></td></tr>
<tr><td></td><td></td><td></td><td></td><td></td></tr>
<tr><td></td><td></td><td></td><td></td><td></td></tr>
<tr><td></td><td></td><td></td><td></td><td></td></tr>
<tr><td></td><td></td><td></td><td></td><td></td></tr>
<tr><td></td><td></td><td></td><td></td><td></td></tr>
<tr><td colspan="5">送缴证件情况：</td></tr>
<tr><td colspan="5">纳税人

经办人：周华　　　　法定代表人（负责人）：王丽　　　　纳税人（签章）
2010 年 02 月 10 日　　　　2010 年 02 月 10 日　　　　年　　月　　日</td></tr>
<tr><td colspan="5">经办税务机关审核意见：

税务机关（签章）

经办人：　　年　　月　　日　　　　负责人：　　年　　月　　日　　　　年　　月　　日</td></tr>
</table>

变更税务登记表使用说明（报送此表时还应附送如下资料）：

1. 税务登记变更内容与工商行政管理部门登记变更内容一致的应提交：工商执照、工商变更登记表复印件；纳税人变更登记内容决议及有关证明文件；主管税务机关发放的原税务登记证件（税务登记证照、副本和税务登记表等）；主管税务机关需要的其他资料。

2. 变更税务登记内容与工商行政管理部门登记内容无关的应提交：纳税人变更登记内容的决议及有关证明、资料；主管税务机关需要的其他资料。

3. 变更项目：填写需要变更的税务登记项目。

4. 变更前内容：填写变更税务登记前的登记内容。

5. 变更后内容：填写变更的登记内容。

6. 批准机关名称及文件：凡需要经过批准才能变更的项目须填写此项。

7. 本表一式二份，税务机关一份，纳税人一份。

第三节　注销税务登记实训

一、注销登记

纳税人如发生因经营期限届满而自动解散；由于改组、分级、合并等原因而被撤销；因资不抵债而破产；纳税人住所、经营地址迁移而涉及改变原主管税务机关的；纳税人被工商行政管理部门吊销营业执照等情形，依法中止履行纳税义务时，应当在向工商行政管理机关办理注销登记前，持有关证件向原税务登记机关申报办理注销税务登记。

纳税人发生解散、破产、撤销以及其他情形，依法终止纳税义务的，按规定不允许在工商管理机关办理注销登记的，应当自有关机关批准或宣告终止之日起 15 日内持有关证件和资料向原税务登记机关申报办理注销税务登记。

二、实训任务

2010 年 10 月，衡阳纺织有限公司（税号 430303409376006）的注册地址由衡阳市雁峰区白沙洲工业园区 169 号变更为衡阳立新高新技术开发区，主管税务机关由白沙洲国税局变更为立新国税局。注销税务登记表，如下表所示。

注销税务登记申请审批表

（纳税人单位适用）

<table>
<tr><td>纳税人名称</td><td colspan="2">衡阳纺织有限公司</td><td colspan="2">纳税人识别号</td><td>430303409376006</td></tr>
<tr><td>注销原因</td><td colspan="5">经营地点变动</td></tr>
<tr><td>附送资料</td><td colspan="5">相关注销的文件和证明资料</td></tr>
<tr><td colspan="6">纳税人（公章）
办税员：周华　　法定代表人（负责人）：王丽　　2010 年 10 月 21 日</td></tr>
<tr><td colspan="6">以下由税务机关填写</td></tr>
<tr><td>受理时间</td><td colspan="5">经办人：　　年　月　日</td></tr>
<tr><td>清缴税款、滞纳金罚款情况</td><td colspan="5">经办人：　　年　月　日</td></tr>
<tr><td>缴销发票情况</td><td colspan="5">经办人：　　年　月　日</td></tr>
<tr><td>税务检查意见</td><td colspan="5">检查人员：　　部门负责人：　　年　月　日</td></tr>
<tr><td rowspan="3">收缴税务证件情况</td><td>种类</td><td>税务登记证正本</td><td>税务登记证副本</td><td></td><td></td></tr>
<tr><td>收缴数量</td><td></td><td></td><td></td><td></td></tr>
<tr><td colspan="5">经办人：　　年　月　日</td></tr>
<tr><td>批准意见</td><td colspan="5">税务机关
（税务登记专用章）
部门负责人：　　年　月　日</td></tr>
</table>

注销税务登记申请审批表使用说明(填表说明)：

1. 附送资料：有关注销的文件和证明资料。

2. 清缴税款、滞纳金、罚款情况：纳税人结清应纳税款、滞纳金、罚款后，由征收人员签署意见。

3. 缴销发票情况：纳税人缴销发票领购簿及全部发票后，由发票发售人员签署意见。

4. 税务检查意见：检查人员对非定期定额户实施注销清查，待纳税人缴清查补的税款、滞纳金、罚款后签署意见。

5. 收缴税务证件情况：由登记人员在相应的栏内填写收缴数量并签字确认，收缴的证件如为“临时税务登记证”，添加“临时”字样。

6. 本表为 A4 型竖式，一式二份，税务机关一份，纳税人一份。

第四节　增值税一般纳税人认定登记实训

一、增值税一般纳税人认定登记

(一) 增值税一般纳税人认定登记管理规程

1. 认定标准

(1) 从事货物生产或者提供应税劳务的纳税人，以及以从事货物生产或者提供应税劳务为主，并兼营货物批发或者零售的纳税人，年应征增值税销售额在 50 万元以上的；

(2) 从事货物批发或零售的纳税人年应税销售额在 80 万元以上的。

2. 申请时间

(1) 符合一般纳税人条件的，应在办理开业税务登记的同时办理增值税一般纳税人认定登记手续；

(2) 已开业的小规模企业(商业零售企业除外)若当年应税销售额超过小规模纳税人标准，应在次年 1 月底前申请增值税一般纳税人认定登记手续。

3. 申请部门

(1) 向所在地主管国税局提出书面申请。

(2) 县级以上国家税务局负责审核、代理增值税一般纳税人认定登记。

(二) 操作要点

(1) 针对《增值税一般纳税人申请认定表》的主要内容，注册税务师应要求企业提供有关资料。

(2) 对于税务机关审核后认定为正式一般纳税人的企业，注册税务师可将加盖一般纳税人戳记的税务登记证副本、《增值税一般纳税人申请认定表》交企业存档，并告知增值税一般纳税人办税的要求。如果企业暂被认定为临时一般纳税人，应指导企业准确核算增值税的进项、销项税额，待临时一般纳税人期满后，向税务机关提出转为正式一般纳税人的申请。

二、实训任务

衡阳纺织有限公司(税号430303409376006)自2009年3月投产以来，到2009年12月31日，已经实现销售收入280万元，销售毛利率在20%左右。该公司现有固定资产1 600万元。该公司按照《企业会计制度》进行会计核算，其财务经理刘红志和办税员周华均持有会计上岗证，其中财务经理刘红志具有中级会计师职称。

2009年3月，该公司按税法规定申请增值税一般纳税人资格，请填写增值税一般纳税人申请认定表，如下表所示。

增值税一般纳税人申请认定表

<table>
<tr><td>纳税人识别码</td><td>430303409376006</td><td>申请时间</td><td>2009年03月05日</td></tr>
<tr><td>纳税人名称</td><td>衡阳纺织有限公司</td><td>法定代表人</td><td>王丽</td></tr>
<tr><td>联系电话</td><td>0734－3456782</td><td>增值税企业类型</td><td>☑工业 □商业</td></tr>
<tr><td rowspan="5">年度实际销售额
或
年度预计销售额</td><td>生产货物的销售额</td><td colspan="2"></td></tr>
<tr><td>加工、修理修配劳务的销售额</td><td colspan="2"></td></tr>
<tr><td>批发、零售的销售额</td><td colspan="2"></td></tr>
<tr><td>应税销售额合计</td><td colspan="2"></td></tr>
<tr><td>固定资产规模</td><td colspan="2"></td></tr>
<tr><td rowspan="3">会计财务
核算状况</td><td>专业财务人员人数</td><td colspan="2"></td></tr>
<tr><td>设置账簿种类</td><td colspan="2"></td></tr>
<tr><td>能否准确核算进项税、销项税额</td><td colspan="2">☑能 □不能</td></tr>
<tr><td>申请核发税务登记证副本数量</td><td></td><td>新办企业</td><td>□是 ☑不是</td></tr>
<tr><td>申请一般纳税人认定类型</td><td></td><td>经办人</td><td>周华</td></tr>
<tr><td colspan="4">以下由税务机关填写</td></tr>
<tr><td>受理人</td><td></td><td>受理日期</td><td>年 月 日</td></tr>
<tr><td>批准一般纳税人认定类型</td><td></td><td>增值税认定级别</td><td>□A □B □C</td></tr>
<tr><td>商贸企业规模</td><td colspan="3">□小型商贸企业 □商贸零售企业 □大中型商贸企业</td></tr>
<tr><td>认定期限起</td><td>年 月 日</td><td>认定期限止</td><td>年 月 日</td></tr>
<tr><td>直接认定为大中型商贸企业</td><td>□是 □不是</td><td>不予转正(延期)
的生效日期</td><td>年 月 日</td></tr>
</table>

实训二　增值税纳税处理实训

【实训目的】 通过实训要求学生熟悉小规模纳税人和一般纳税人的增值税纳税和纳税申报，使学生全面、系统地掌握增值税会计核算与纳税申报的专业知识与应用技能。

【实训要求】 掌握小规模纳税人和一般纳税人的增值税纳税业务实训，根据具体业务资料填制记账凭证，汇总发生的业务资料填制增值税纳税申报表；根据业务资料填开各种发票，填制记账凭证，登记“应交税费——应交增值税”和“应交税费——未交增值税”明细账。根据“应交增值税”和“未交增值税”明细账和其他纳税申报资料填制一般纳税人增值税纳税申报表及其附表。

第一节　增值税概述

增值税是我国所有税种中最大的税种之一，在会计实务、纳税申报中，增值税是一个极其重要的税种，同时也是一个较难的税种，涉及的税收相关政策也较多，很多纳税人对增值税的相关政策把握不准、理解不透，出现一定的认识偏差，很容易出现多缴或漏缴增值税款的现象，给企业带来一定的经济损失和税收风险。

一、增值税的概念

增值税是以商品（含应税劳务）在流转过程中产生的增值额作为计税依据而征收的一种流转税。按我国增值税法的规定，增值税是对在我国境内销售货物或者提供加工、修理修配劳务以及进口货物的企业单位和个人，就其货物销售或提供劳务的增值额和货物进口金额为计税依据而课征的一种流转税。

增值额是指企业或者其他经营者从事生产经营或者提供劳务，在购入的商品或者取得劳务的价值基础上新增加的价值额。

二、增值税的特点

1. 保持税收中性

根据增值税的计税原理，流转额中的非增值因素在计税时被扣除。因此，对同一商品而言，无论流转环节的多与少，只要增值额相同，税负就相等，不会影响商品的生产结构、组织结构和产品结构。

2. 普遍征收

从增值税的征税范围看，对从事商品生产经营和劳务提供的所有单位和个人，在商品增值的各个生产流通环节向纳税人普遍征收。

3. 税收负担由商品最终消费者承担

虽然增值税是向纳税人征收，但纳税人在销售商品时又通过价格将税收负担转嫁给其他人，只要商品实现销售，该税收负担最后会由最终消费者承担。

4. 实行税款抵扣制度

在计算纳税人应纳税款的过程中，要扣除商品在以前生产环节已负担的税款，以避免重复征税。世界各国普遍实行凭购货发票进行抵扣制度。

5. 实行比例税率

从实行增值税制度的国家看，普遍实行比例税制，以贯彻征收简便易行的原则。由于增值额对不同行业和不同企业、不同产品来说性质是一样的，原则上对增值额应采用单一比例税率。但为了贯彻一些经济社会政策也会对某些行业或产品实行不同的政策，因而引入增值税的国家一般都规定基本税率和优惠税率。

6. 实行价外税制度

在计税时，作为计税依据的销售额中不包含增值税税额，这样有利于形成均衡的生产价格，并有利于税负转嫁的实现。这是增值税与传统的以全部流转额为计税依据的一个重要区别。

三、增值税的类型

在实践中，各国实行的增值税都是以法定增值额为课税对象的。法定增值额和理论增值额往往不相一致，其主要区别在于对购入固定资产的处理上，所以根据对购入固定资产已纳税款处理的不同，可以将增值税分为不同的类型。依据实行增值税的各个国家允许抵扣已纳税款的扣除项目范围的大小，增值税分为生产型增值税、收入型增值税、消费型增值税三种类型。

四、增值税的计税方法

增值税是以增值额作为课税对象征收的一种税，所以从定义来看应纳增值税额等于增值额乘以适用税率。这只是增值税计算的基本方法。从理论上讲，为实现对增值额征税的目的，增值税的计税方法可以分为直接计税法和间接计税法。

直接计税法是按照规定直接计算出应税货物或劳务的增值额，然后以此为依据乘以适用税率计算出应纳税额的一种计税方法。直接计税法又因计算法定增值额的方法不同分为“加法”和“减法”两种。

1. 加法

加法是指纳税人在纳税期内，将由于从事生产经营活动所创造的那部分新价值的项目，如工资、租金、利息、利润和其他增值项目等累加起来，求出增值额，再直接乘以适用税率，即为应纳增值税额的方法。其基本计算公式为：

应纳税额 =（工资 + 利息 + 租金 + 利润 + 其他增值项目）× 增值税适用税率

2. 减法

减法又称扣额法，是以纳税人在纳税期内销售应税货物（或劳务）的销售额全值，减去非增值税项目金额，如外购原材料、燃料、动力等后的余额作为增值额，再乘以增值税税率，计算出应纳税额的方法。其基本公式为：

应纳税额 =（销售全额 - 非增值项目金额）× 增值税税率

间接计税法也可以分为加法和减法。

（1）间接加法是将各增值项目分别乘以适用税率，再相加求得应纳增值税额。其基本公式为：

应纳税额 = 工资 × 增值税税率 + 利息 × 增值税税率 + 租金 × 增值税税率 +
利润 × 增值税税率 + 其他增值税项目 × 增值税税率

(2)间接减法是指不直接计算增值额，而是以纳税人在纳税期内销售应税货物(或劳务)的销售额乘以适用税率，求出销售应税货物(或劳务)的整体税金(销项税额)，然后扣除非增值项目，即企业购进货物或者应税劳务已纳税额(进项税额)的方法，其余额即为纳税人应纳的增值税额。其计算公式为：

应纳税额 = 应税销售额 × 增值税税率 - 非增值项目已纳税额
= 销项税额 - 进项税额

第二节　增值税账务处理

一、设置账户

为了便于核算与缴纳增值税，根据《企业会计准则》的规定，增值税一般纳税人应在"应交税费"账户下设置"应交税费——应交增值税"、"应交税费——未交增值税"和"应交税费——增值税检查调整"等二级明细账户。

同时，在"应交税费——应交增值税"二级明细账户下设置"应交税费——应交增值税——销项税额"、"应交税费——应交增值税——进项税额"、"应交税费——应交增值税——进项税额转出"等三级明细账户，或采用多栏式账页进行三级明细核算。

(一)"应交税费——应交增值税"账户

"应交税费——应交增值税"账户的借方核算企业购进货物或接受应税劳务所支付的进项税额、实际已交的增值税额、增值税减免税额、出口抵内销货物应纳税额、转出未交增值税额等。该账户的贷方核算销项税额、出口退税额、进项税转出额、转出多交的增值税额等。该账户一般没有期末余额，如有余额，只能是借方余额，表示期末留抵税额。应交税费——应交增值税明细账的格式见下表。

应交税费——应交增值税　明细账

总第　页
分第　页

年		凭证种类及编号	摘要	页数	借方					贷方				借或贷	余额
月	日				进项税额	已交税额	减免税额	出口抵减内销产品应纳税额	转出未交增值税额	销项税额	出口退税	进项税额转出	转出多交增值税额		

表中各栏目的录入方法如下：

1.“年”、“月”、“日”：填写原始凭证中所载增值税涉税业务发生时间，即原始凭证的填写时间。

2.“凭证种类及编号”：凭证种类填写记账凭证的种类，如收款凭证、付款凭证、转账凭证；凭证编号填写记账凭证的编号。

3.“摘要”：填写增值税涉税业务的简要说明。

4.“进项税额”：录入本期外购货物和应税劳务准许从销项税中抵扣的进项税额；若发生购货退回或折让，以红字冲销。

5.“已交税额”：录入本期实际已缴纳的增值税额，即已经预缴的增值税额。

6.“减免税额”：录入按税法规定直接减免的，用于指定用途或未规定指定用途，但准予从销项税中抵减的增值税额。按规定，直接减免的增值税用蓝字录入，冲减直接减免的增值税用红字录入。

7.“转出未交增值税额”：录入期末转至“应交税费——未交增值税”账户的本期应交而未交的增值税额。

8.“销项税额”：录入本期依据税法规定计算出的销项税额，包括纳税检查调整的销项税额（本期销货退回应扣减的销项税额用红字录入）。

9.“进项税额转出”：录入企业的购进货物、在产品、产成品等发生非正常损失，以及改变用途等原因而不得从销项税中抵扣，按税法规定应转出的进项税额。

（二）“应交税费——未交增值税”账户

“应交税费——未交增值税”账户的借方核算从“应交税费——应交增值税”账户借方转入的本月多交的增值税，贷方核算从“应交税费——应交增值税”账户贷方转入的本月应交未交的增值税。月末该账户的借方余额为本月多交的增值税额，贷方余额为本月结转下期应交的增值税额。应交税费——未交增值税明细账的格式见下表。

应交税费——未交增值税　明细账

总第　页
分第　页

年		凭证种类及编号	摘要	页数	借方		贷方	借或贷	余额
月	日				转入多交增值税额	应交未交增值税额	转入未交增值税额		

表中各栏目的录入方法如下：

1.“转入多交增值税额”：录入由“应交税费——应交增值税”账户贷方转来的按日纳税的纳税人平时预缴时多交的增值税。

2.“应交未交增值税额”：录入纳税人上交上月应交增值税或上交以前月份(年度)欠交的增值税。

3.“转入未交增值税额”：录入由“应交税费——应交增值税”账户借方转来的本月应交未交的增值税。

4.“余额”：录入纳税人累计欠交的增值税(转入未交增值税大于转入多交增值税与本月上交增值税之和)或累计多交的增值税(转入多交增值税与本月上交增值税之和大于转入未交增值税)。

(三)“应交税费——应交增值税——销项税额”账户

“应交税费——应交增值税——销项税额”账户的借方核算本期销项税额减少额；贷方核算税率为17%、13%的货物的销项税，应税劳务的销项税，以及按征收率计算的应纳税额。若发生销货退回或折让，用红字录入该账户。应交税费——应交增值税——销项税额明细账的格式见下表。

应交税费——应交增值税——销项税额　明细账

总第　页
分第　页

年		凭证种类及编号	摘要	入账发票数		借方	贷方										借或贷	余额
月	日			专用发票	普通发票		应税货物				应税劳务	视同销售						
							17%	13%				17%	13%					

表中各栏目录入方法如下：

1.“专用发票”：录入企业销售应税货物、提供应税劳务、视同销售按税法规定开出的增值税专用发票的份数(包括虚开的、以前月份开具于本期计税的专用发票；销售货物或提供应税劳务开具的假发票虽然要计算销项税，但不得计入专用发票份数)。

2.“普通发票”：录入企业销售应税货物、提供应税劳务、视同销售按税法规定开出的增值税普通发票的份数(包括虚开的、以前月份开具于本期计税的增值税普通发票；销售货物或应税劳务开具的假发票同样不得计入普通发票份数)。

3.“应税货物”：按适用税率或征收率的不同分别录入不同货物的销项税额。销货退回或折让，用红字录入表示冲销。

4.“视同销售”：按适用税率或征收率的不同分别录入不同货物的销项税额。

（四）“应交税费——应交增值税——进项税额”账户

“应交税费——应交增值税——进项税额”账户的借方核算外购扣除率为17%、13%的货物的进项税，农产品、运费的进项税以及从小规模纳税人购入货物的进项税。若发生购货退回或折让，以红字冲销；贷方核算进项税减少额；期末借方余额表示本期期末留抵的进项税额。应交税费——应交增值税——进项税额明细账的格式见下表。

应交税费——应交增值税——进项税额　明细账

总第　页
分第　页

<table>
<tr><th colspan="2">年</th><th rowspan="3">凭证种类及编号</th><th rowspan="3">摘要</th><th colspan="2">入账发票份数</th><th colspan="6">借　方</th><th rowspan="3">贷方</th><th rowspan="3">借或贷</th><th rowspan="3">余额</th></tr>
<tr><th rowspan="2">月</th><th rowspan="2">日</th><th rowspan="2">专用发票</th><th rowspan="2">普通发票</th><th rowspan="2">17%</th><th rowspan="2">13%</th><th>13%</th><th>7%</th><th rowspan="2"></th><th rowspan="2"></th></tr>
<tr><th>农产品</th><th>运费</th></tr>
<tr><td></td><td></td><td></td><td></td><td></td><td></td><td></td><td></td><td></td><td></td><td></td><td></td><td></td><td></td><td></td></tr>
<tr><td></td><td></td><td></td><td></td><td></td><td></td><td></td><td></td><td></td><td></td><td></td><td></td><td></td><td></td><td></td></tr>
<tr><td></td><td></td><td></td><td></td><td></td><td></td><td></td><td></td><td></td><td></td><td></td><td></td><td></td><td></td><td></td></tr>
<tr><td></td><td></td><td></td><td></td><td></td><td></td><td></td><td></td><td></td><td></td><td></td><td></td><td></td><td></td><td></td></tr>
<tr><td></td><td></td><td></td><td></td><td></td><td></td><td></td><td></td><td></td><td></td><td></td><td></td><td></td><td></td><td></td></tr>
<tr><td></td><td></td><td></td><td></td><td></td><td></td><td></td><td></td><td></td><td></td><td></td><td></td><td></td><td></td><td></td></tr>
<tr><td></td><td></td><td></td><td></td><td></td><td></td><td></td><td></td><td></td><td></td><td></td><td></td><td></td><td></td><td></td></tr>
</table>

表中各栏目录入方法如下：

1.“专用发票”：录入按税法规定本期可申报抵扣进项税的增值税专用发票份数（包括本期取得及本期以前取得且本期可申报抵扣进项税的增值税专用发票）。

2.“普通发票”：录入按税法规定本期可申报抵扣进项税的普通发票份数（包括本期取得及本期以前取得且本期可申报抵扣进项税的普通发票）。

3.“借方”：按扣除率不同，分别录入根据上述增值税专用发票抵扣联上注明的增值税额，以及依据上述普通发票上注明的金额计算的可申报抵扣的进项税额。

4.“贷方”：录入按税法规定本期应扣减的进项税额（以前已申报抵扣、按税法规定本期应转出的进项税应录入应交税费——应交增值税——进项税额转出明细账，不得录入本账户的明细账）。

（五）“应交税费——应交增值税——进项税额转出”账户

“应交税费——应交增值税——进项税额转出”账户专门核算进项税转出额，借方核算外购一般货物、低税率货物、农产品和支付运费，以及从小规模纳税人购入货物的进项税转出额；贷方核算进项税转出的减少额。应交税费——应交增值税——进项税额转出明细账的格式见下表。

应交税费——应交增值税——进项税额转出　明细账　　总第　页
分第　页

年		凭证种类及编号	摘　要	借　方	贷　方						借或贷	余额
月	日				17%	13%	13% 农产品	7% 运费				

(六)"应交税费——增值税检查调整"账户

"应交税费——增值税检查调整"账户的借方核算税收检查后应调增账面进项税额或调减销项税额和进项税转出的数额；贷方核算税收检查后应调减账面进项税额或调增销项税额和进项税转出的数额。全部调账事项入账后，应结出本账户的余额，并对该余额进行处理，处理之后，本账户期末无余额。应交税费——增值税检查调整明细账通常采用普通的三栏式账页。

二、增值税涉税账务处理

衡阳市东方机械制造厂于2001年5月2日经衡阳市工商行政管理局注册登记成立，同年5月15日办理开业税务登记，被认定为增值税一般纳税人，实行查账征收方式，按月办理增值税纳税申报，通过网上银行缴税专用账户缴纳增值税。

(一)企业基本资料

1. 注册类型：国有企业，组织机构代码：000056866，纳税人识别号：430301000056866，计算机管理代码：05060312，电话：0734－863265，法定代表人：章宝华，财务负责人：冯程程，记账员：李仁章，办税员：王长富，开票员：张纳。

2. 经营地址：衡阳市白沙洲工业园54号，生产经营范围：饼干生产线、巧克力生产线、沙琪玛生产线、方便面生产线、蛋糕生产线、棒棒糖生产线、硬糖生产线等食品机械的制造与销售。

3. 开户银行：中国工商银行衡阳市白沙洲支行分理处，结算账户：0134－779988。网上银行缴税专用账户：0134－779989。国税主管税务机关：衡阳市国家税务局直属分局，组织机构代码：007623245，办税服务厅电话：0734－5603688，经办人：王海南。

(二)涉税账务处理

本任务以衡阳市东方机械制造厂2012年5月份的购销业务为例，进行增值税进项税、销项税、应纳税额和实际缴纳税额等业务的账务处理。

【业务1】 5月2日，因产品生产需要，购入A型钢材，取得供货方开具的防伪税控增值税专用发票和运输单位开具的运输发票，货款已从结算账户转账付讫，取得以下原始凭证(增值税专用发票采用网上认证方式)。

中国工商银行 转账支票存根

AX－60056781

2007.6 北京印刷厂

科目：	
对方科目：	
出票日期：	2012年05月02日
收款人：	八一钢铁公司
金额：	737 100.00
用途：	支付货款

单位主管： 会计：

中国工商银行 转账支票 （湘）60056781

出票日期（大写）贰零壹贰年零伍月零贰日 付款行名称：衡阳市白沙洲支行分理处

收款人：武汉八一钢铁股份有限公司 出票人账号：0134－779988

本支票付款期限10天

人民币（大写）	千	百	十	万	千	百	十	元	角	分
⊗柒拾叁万柒仟壹佰元整		¥	7	3	7	1	0	0	0	0

用途：支付货款

上述款项请从

我账户内支付

出票人盖章 （衡阳市东方机械制造厂 财务专用章）

科目（借）

对方科目（贷）

出票日期2012年05月02日

复核 章宝华 记账

03456 3456789 2121345677889 01

武汉市增值税专用发票

No: 02452012

4303012140

抵扣联 开票日期：2012年05月02日

国税函［2010］873号北京印钞厂

购货单位	纳税人名称	衡阳市东方机械制造厂					密码区	（略）
	纳税人识别号	430301000056866						
	地址、电话	衡阳市白沙洲工业园54号0734－863265						
	开户行及账号	工行衡阳市白沙洲支行分理处0134－779988						
货物或应税劳务名称	规格型号	单位	数量	单价	金额	税率	税额	
特种钢材	A型	吨	300	2 100.00	630 000.00	17%	107 100.00	
合计					630 000.00		107 100.00	
价税合计（大写）	柒拾叁万柒仟壹佰元整				（小写）¥ 737 100.00			
销货单位	纳税人名称	武汉八一钢铁股份有限公司					备注	
	纳税人识别号	760401000056888						
	地址、电话	武汉市汉口区解放南路56号025－25632257						
	开户行及账号	工行武汉市支行解放南路分理处0136－772287						

第三联 抵扣联 购货方扣税凭证

（武汉八一钢铁股份有限公司 760401000056888 发票专用章）

收款人：李小东 复核： 开票人：王嘉 销货单位：（盖章）

武汉市增值税专用发票

No: 02452012

4303012140

发票联　　开票日期：2012年05月02日

国税函[2010]873号北京印钞厂

购货单位	纳税人名称：衡阳市东方机械制造厂 纳税人识别号：430301000056866 地址、电话：衡阳市白沙洲工业园54号0734-863265 开户行及账号：工行衡阳市白沙洲支行分理处0134-779988					密码区	（略）
货物或应税劳务名称	规格型号	单位	数量	单价	金额	税率	税额
特种钢材	A型	吨	300	2 100.00	630 000.00	17%	107 100.00
合　计					630 000.00		107 100.00
价税合计(大写)	⊗柒拾叁万柒仟壹佰元整				（小写）¥737 100.00		
销货单位	纳税人名称：武汉八一钢铁股份有限公司 纳税人识别号：760401000056888 地址、电话：武汉市汉口区解放南路56号025-25632257 开户行及账号：工行武汉市支行解放南路分理处0136-772287					备注	（印章：武汉八一钢铁股份有限公司 760401000056888 发票专用章）

第二联　发票联　购货方记账凭证

收款人：李小东　　复核：　　开票人：王嘉　　销货单位：（盖章）

中国工商银行 转账支票存根 AX-60056782	中国工商银行　转账支票　（湘）60056781
科　目：______	出票日期(大写)贰零壹贰年零伍月零贰日　付款行名称：衡阳市白沙洲支行分理处
对方科目：______	收款人：衡阳通天货物运输公司　出票人账号：0134-779988
出票日期：2012年05月02日	人民币（大写）⊗肆仟壹佰贰拾元整　千 百 十 万 千 百 十 元 角 分：¥ 4 1 2 0 0 0
收 款 人：通天货运公司	本支票付款期限10天
金　额：4 120.00	用途：支付货款　上述款项请从我账户内支付　出票人盖章（印章：衡阳市东方机械制造厂 财务专用章）
用　途：支付运输费	科目（借）______　对方科目（贷）______　出票日期2012年5月2日　复核 章宝华　记账
单位主管：　会计：	03456　3456789　2121345677889　01

2007.6北京印刷厂

公路、内河货物运输业统一发票

发　票　联

发票代码：27604092214

开票日期：2012年05月02日　　　发票号码：00123006

上海东亚印刷公司（2006）12000×4

机打代码 机打号码 机器编号	27604092214 00123006 01-123-406	税控码			
收货人及纳税人识别号	衡阳市东方机械制造厂 430301000056866	承运人及纳税人识别号	衡阳通天货物运输公司 430301000054321		
发货人及纳税人识别号	武汉八一钢铁股份有限公司 760401000056888	主管税务机关及代码	衡阳市地方税务局直属分局 02340122		
运输项目及金额	运输费 3 520.00	其他项目及金额	装卸费 360.00 保险费 240.00		备注
运费小计	¥3 520.00	其他费用小计	¥ 600.00		
合计（大写）	肆仟壹佰贰拾元整		（小写）¥4 120.00		

承运人盖章　（衡阳通天货物运输公司 430301000054321 发票专用章）　　开票人：方敏　　收款人：高敏

第二联　发票联

要求：根据上述原始凭证进行账务处理，填制相关记账凭证。

(1)根据上述运费发票计算可抵扣的运费进项税额：

$$运费进项税额 = 3\ 520 \times 7\%$$
$$= 246.4(元)$$

(2)根据上述原始凭证进行外购货物和进项税的账务处理，填制2张付款凭证。

注意：

运输费增值税应税规定

《中华人民共和国增值税暂行条例》规定：销售货物和外购货物所支付的运输费，凭所取得的符合税法规定的运输费发票计算抵扣进项税，计算进项税的依据包括纯运费和建设基金，不包括装卸费、保险费等杂费，运输费进项税扣除率统一为7%。没有取得法定运输费发票不得计算抵扣进项税，如果货物本身进项税不得抵扣，其运输费的进项税也不得抵扣。

(1)“公路、内河货物运输业统一发票”为防伪税控普通发票，必须由防伪税控系统填开，否则不得计算抵扣进项税。

(2)取得“公路、内河货物运输业统一发票”后，自开票之日起180天内到税务机关办理认证，并在认证通过的次月申报期内向主管税务机关申报抵扣。

(3)从营业税改增值税试点地区取得的“货物运输业增值税专用发票”，依据发票上列明的进项税额申报抵扣。

付款凭证

贷方科目　银行存款　　2012年05月02日　　银付字1号

摘要	借方总账科目	明细科目	√	亿	千	百	十	万	千	百	十	元	角	分
支付材料款	材料采购	A型材料					6	3	0	0	0	0	0	0
	应交税费	应交增值税(进项)					1	0	7	1	0	0	0	0
合　计						¥	7	3	7	1	0	0	0	0

附单据2张

财务主管：　记账：李仁章　出纳：　审核：周丹　制单：王长富

注意：

为了便于对账和日后查看银行存款支出明细情况，针对每张转账支票，必须对应填制1张付款凭证，不得依据多张转账支票填制1张付款凭证。

付款凭证

贷方科目　银行存款　　2012年05月02日　　银付字2号

摘要	借方总账科目	明细科目	√	亿	千	百	十	万	千	百	十	元	角	分
支付材料运输费	材料采购	A型钢材							3	8	7	3	6	0
	应交税费	应交增值税(进项)								2	4	6	4	0
合　计								¥	4	1	2	0	0	0

附单据2张

财务主管：　记账：李仁章　出纳：　审核：周丹　制单：王长富

【业务2】 5月8日，该厂填制“电子缴库专用缴款书”，通过网银税专用账户缴纳上月应纳增值税额，取得工商银行转来的电子缴税付款凭证。

注意：

增值税申报缴纳

(1) 中小型工商企业，增值税一般以“月”为纳税期限，于次月1日至15日为纳税申报与税款缴纳期限，逾期未申报纳税的，属违章行为，应依照税法规定按日加收万分之五的滞纳金。

(2) 增值税一般纳税人采用电子报税方式，报税流程包括报税准备、计算机抄税、网上报税和网银缴税。其中，报税准备工作的内容包括准备纳税申报资料、办理购货发票认证、进行销售发票比对等工作。

中国工商银行电子缴税付款凭证

转账日期：2012年05月08日　　　　凭证字号：002345123

付款人全称	衡阳市东方机械制造厂	征收机关名称	衡阳市国家税务局直属分局
付款人账号	0134-779989	收缴国库名称	中华人民共和国国家金库衡阳市中心支库
付款人开户银行	中国工商银行衡阳市白沙洲支行分理处	小写（合计）金额	272 000.00
缴款书交易流水号	2012050800123221	大写（合计）金额	贰拾柒万贰仟元整
税（费）种名称	所属日期		实缴金额
增值税	2012年04月01日至2012年04月30日		272 000.00

第1次打印　作付款回单　无银行收讫章无效　记账：郭涛　复核：李素荣　打印时间：2012年05月08日

要求：根据上述原始凭证进行完税业务的账务处理，填制相关记账凭证。

付款凭证

贷方科目　银行存款　　　　2012年05月08日　　　　银付字3号

摘　要	借方总账科目	明细科目	√	亿	千	百	十	万	千	百	十	元	角	分
缴纳4月份增值税	应交税费	未交增值税					2	7	2	0	0	0	0	0
合　计						¥	2	7	2	0	0	0	0	0

附单据1张

财务主管：　　记账：李仁章　　出纳：　　审核：　　制单：王长富

注意：

电子缴库专用缴款书与电子缴税付款凭证

（1）“电子缴库专用缴款书”属于纳税人通知开户银行划拨税款的凭证，不能作为纳税人缴纳税款的证明；开户银行开出的“电子缴税付款凭证”属于纳税人缴纳税款的证明，同时也是纳税人进行会计核算的原始凭证。

（2）开设有网银缴税专用账户、与开户银行签订有网银划拨税款的企业纳税人，采用电子缴税方式，使用“电子缴库专用缴款书”和“电子缴税付款凭证”。未开设网银缴税专用账户的企业纳税人，则使用纸质“税收通用缴款书”缴纳税款。

【业务3】 5月10日，销售一批甲产品，开出增值税专用发票，取得运输单位开具的运费发票，货款已收讫，运费已支付，取得以下原始凭证。

衡阳市增值税专用发票

No: 02480031

记账联

4303012140

此联不作报销、扣税凭证使用　　开票日期：2012年05月10日

购货单位	纳税人名称	深圳大洋机械贸易公司					密码区	（略）
	纳税人识别号	220106000044123						
	地址、电话	深圳市罗田区白云路115号0755-6844266						
	开户行及账号	工行深圳市支行白云路分理处0022-337655						
货物或应税劳务名称		规格型号	单位	数量	单价	金额	税率	税额
甲产品			台	6	150 000.00	900 000.00	17%	153 000.00
合　计						900 000.00		153 000.00
价税合计(大写)		壹佰零伍万叁仟元整				（小写）¥1 053 000.00		
销货单位	纳税人名称	衡阳市东方机械制造厂					备注	
	纳税人识别号	430301000056866						
	地址、电话	衡阳市白沙洲工业园54号0734-863265						
	开户行及账号	工行衡阳市白沙洲支行分理处0134-779988						

收款人：王长富　　复核：　　开票人：张纳　　销货单位：（盖章）

衡阳市东方机械制造厂 发票专用章

国税函[2010]873号北京印钞厂

第一联 记账联 销货方记账凭证

铁路货运行业专用发票

(2009)甲 No: 04101221

发票联

托运单位：衡阳市东方机械制造厂　　2012年05月10日

承运单位：衡阳铁路货物运输公司			纳税人识别号：430301000055223								
起运地：衡阳市	到达地：深圳市		税收缴款书号：								
合同号：020			承运车号：H155								
货物名称	单位	数量	计费里程（千米）	金额							
				十	万	千	百	十	元	角	分
运费	台	6	900		1	0	0	0	0	0	0
装卸费	台	6				2	4	0	0	0	0
合计金额（大写）壹万贰仟肆佰元整				¥	1	2	4	0	0	0	0
备注：一联发票字迹为绿色，其中大写金额字迹在紫光灯照射下显红色荧光。此发票各栏必须填写齐全，否则为无效发票（承运单位开具的发票可不填写税收缴款书号）。											

开票单位（盖章）　　开票人：李天德　　收款人：景天

衡阳铁路货物运输公司 430301000055223 发票专用章

第二联 托运方记账凭证

中国工商银行 进账单（回单或收账通知）

交款日期 2012年05月10日 第005号

付款人	全称	深圳大洋机械贸易公司	收款人	全称	衡阳市东方机械制造厂
	账号	0022-763355		账号	0134-779988
	开户银行	工行深圳市支行白云路分理处		开户银行	工行衡阳市白沙洲支行分理处
人民币（大写）		⊗壹佰零伍万叁仟元整		亿 千 百 十 万 千 百 十 元 角 分	¥ 1 0 5 3 0 0 0 0 0
票据种类		转账支票			
票据张数		1			
单位主管 会计 熊海 复核 记账 李小英				收款人开户银行签章	工行衡阳市支行白沙洲分理处 2012.05.10 转账 转讫

此联是收款人开户银行交给收款人的回单或收账通知

中国工商银行 转账支票 （湘）60056783

中国工商银行
转账支票存根
AX-60056783

科目：	
对方科目：	
出票日期：	2012年05月10日
收款人：	衡阳铁路货物运输公司
金额：	12 400.00
用途：	支付运输费

单位主管： 会计：

2007.6 北京印刷厂

出票日期(大写)贰零壹贰年零伍月壹拾日 付款行名称：衡阳市白沙洲支行分理处

收款人：衡阳铁路货物运输公司 出票人账号：0134-779988

本支票付款期限10天

人民币（大写）	⊗壹万贰仟肆佰元整	千 百 十 万 千 百 十 元 角 分	¥ 1 2 4 0 0 0 0

用途：支付货款

上述款项请从

我账户内支付

出票人盖章（衡阳市东方机械制造厂 财务专用章）

科目（借）

对方科目（贷）

出票日期2012年05月10日

复核 章宝华 记账

03456 3456789 2121345677889 01

要求：根据上述原始凭证进行账务处理，填制相关记账凭证。

(1)根据上述运费发票计算可抵扣的运费进项税额：

$$运费进项税额=10\ 000\times 7\%=700(元)$$

(2)根据上述原始凭证，进行货物销售销项税和运费进项税的账务处理，填制1张收款凭证、1张付款凭证。

注意：

运费收入与运费支出的增值税处理

(1)运费收入属于价外费用，应换算成不含税的收入，按所运货物适用税率计算销项税，运费中的装卸、保险费等杂费收入，也应计算销项税。

(2)运费支出以纯运费和建设基金为计算依据，按照7%的扣除率直接计算进项税，运费中的装卸费、保险费等杂费不得计算进项税。

(3)运费收入不论是否开具发票均应计算销项税，运费支出必须获取合法的运费发票才可计算抵扣进项税。

收款凭证

借方科目　银行存款　　　　2012年05月10日　　　　银付字1号

摘　要	贷方总账科目	明细科目	√	金额										
				亿	千	百	十	万	千	百	十	元	角	分
销售甲产品	主营业务收入						9	0	0	0	0	0	0	0
	应交税费	应交增值税(销项)					1	5	3	0	0	0	0	0
合　　计					¥	1	0	5	3	0	0	0	0	0

附单据2张

财务主管：　　记账：李仁章　　出纳：　　审核：　　制单：王长富

付款凭证

贷方科目　银行存款　　　　2012年05月10日　　　　银付字4号

摘　要	借方总账科目	明细科目	√	金额										
				亿	千	百	十	万	千	百	十	元	角	分
支付销售运费	销售费用							1	1	7	0	0	0	0
	应交税费	应交增值税(进项)								7	0	0	0	0
合　　计							¥	1	2	4	0	0	0	0

附单据2张

财务主管：　　记账：李仁章　　出纳：　　审核：　　制单：王长富

【业务4】 5月10日，将上月购进的B型钢材的一部分用于建造车间，材料已领出，开具出库单。该材料实际成本价240 000元，其中运费成本1 860元。取得以下原始凭证。

注意：

进项税抵扣的四原则

(1)以票抵扣：外购货物必须取得合法发票才能计算抵扣进项税，否则不得抵扣。

(2)对应抵扣：生成的产品或项目要计算销项税的，其外购货物的进项税才能抵扣。

(3)限额抵扣：当期可抵扣进项税额不得超过当期销项税额，超过部分作为留抵税额，当期不得抵扣，留于下期抵扣。

(4)认证抵扣：外购货物取得相关发票必须经税务机关认证通过，并取得货物或劳务进项税发票认证清单才能抵扣；未取得税务机关认证清单或未通过认证的外购货物或劳务的进项税不得抵扣。

领 料 单

仓库：1号材料仓库　　2012年05月10日　　领料单编号：L-08

编号	类别	材料名称	规格	单位	数量		实际价格	
					请领	实发	单价	金额
L-08	原材料	B型钢材		吨	40	40	6 000.00	240 000.00
合　计								240 000.00
领料用途	建造车间				领料部门		发料部门	
					负责人	领料人	核准人	发料人
					郑太富	李长江	钱明达	王大江

要求：根据上述原始凭证进行账务处理，填制相关记账凭证。

(1)根据领料单及材料明细账，计算应转出的进项税额：

$$转出进项税额 = (240\ 000 - 3\ 720) \times 17\% + 3\ 720 \div (1 - 7\%) \times 7\%$$

$$= 40\ 483.80 + 280 = 40\ 447.6(元)$$

(2)根据原始凭证及所计算的转出进项税额，进行材料领用及进项税转出的账务处理，填制1张转账凭证。

转 账 凭 证

2012年05月10日　　转字1号

摘　要	总账科目	明细科目	√	借方金额								√	贷方金额							
				十	万	千	百	十	元	角	分		十	万	千	百	十	元	角	分
建造车间领用材料	在建工程			2	8	0	4	4	7	6	0									
	应交税费	应交增值税（进项转出）												4	0	4	4	7	6	0
	原材料	B型钢材											2	4	0	0	0	0	0	0
合　计			¥	2	8	0	4	4	7	6	0	¥	2	8	0	4	4	7	6	0

附单据1张

财务主管：　　记账：李仁章　　出纳：　　审核：　　制单：王长富

【业务5】 5 月 15 日，支付水电费，取得供电公司开具的增值税专用发票，货款已通过转账付讫，发票已通过认证。取得以下原始凭证。

> 注意：
> 按外购货物用途确定进项税抵扣范围
> 外购货物用于应税项目或计入制造费用、管理费用，其进项税可以抵扣；用于非应税项目，或发生非正常损失（自然灾害损失除外），其进项税不得抵扣。

衡阳市增值税专用发票　　No: 02453018

4303012140　　发票联　　开票日期：2012年05月15日

购货单位	纳税人名称	衡阳市东方机械制造厂					密码区	（略）
	纳税人识别号	430301000056866						
	地址、电话	衡阳市白沙洲工业园54号0734-863265						
	开户行及账号	工行衡阳市支行白沙洲分理处0134-779988						
货物或应税劳务名称	规格型号	单位	数量	单价	金额	税率	税额	
生活用电		千度	4 000	20.00	80 000.00	17%	13 600.00	
生活用电		千度	3 000	15.00	45 000.00	17%	7 650.00	
合计					125 000.00		21 250.00	
价税合计（大写）	壹拾肆万陆仟贰佰伍拾元整				（小写）¥146 250.00			
销货单位	纳税人名称	衡阳供电集团股份有限公司					备注	
	纳税人识别号	430301000055555						
	地址、电话	衡阳市西沙区滨湖路93号0734-5362547						
	开户行及账号	工行衡阳市滨湖路分理处0133-772299						

收款人：王海　　复核：　　开票人：陈阳　　销货单位：（盖章）

国税函[2010]873号北京印钞厂

第二联　发票联　购货方记账凭证

衡阳市增值税专用发票　　No: 02453018

4303012140　　抵扣联　　开票日期：2012年05月15日

购货单位	纳税人名称	衡阳市东方机械制造厂					密码区	（略）
	纳税人识别号	430301000056866						
	地址、电话	衡阳市白沙洲工业园54号0734-863265						
	开户行及账号	工行衡阳市支行白沙洲分理处0134-779988						
货物或应税劳务名称	规格型号	单位	数量	单价	金额	税率	税额	
生活用电		千度	4 000	20.00	80 000.00	17%	13 600.00	
生活用电		千度	3 000	15.00	45 000.00	17%	7 650.00	
合计					125 000.00		21 250.00	
价税合计（大写）	壹拾肆万陆仟贰佰伍拾元整				（小写）¥146 250.00			
销货单位	纳税人名称	衡阳供电集团股份有限公司					备注	
	纳税人识别号	430301000055555						
	地址、电话	衡阳市西沙区滨湖路56号0734-5362547						
	开户行及账号	工行衡阳市滨湖路分理处0133-772299						

衡阳供电集团股份有限公司 430301000055555 发票专用章

收款人：王海　　复核：　　开票人：陈阳　　销货单位：（盖章）

国税函[2010]873号北京印钞厂

第三联　抵扣联　购货方扣税凭证

注意：

增值税应税货物释义

《中华人民共和国增值税暂行条例》规定：增值税征收范围包括销售或进口货物，提供加工劳务、修理修配劳务。其中，应税货物是指具有物理形态的动产，不具有物理形态的动产和不动产不属于增值税应税范围。

中国工商银行
转账支票存根
AX-60056784

科目：	
对方科目：	
出票日期：	2012年05月15日
收款人：	衡阳供电集团公司
金额：	146 250.00
用途：	支付电费

单位主管： 会计：

2007.6 北京印刷厂

中国工商银行 转账支票 （湘）60056784

出票日期(大写)贰零壹贰年零伍月壹拾伍日 付款行名称：衡阳市白沙洲支行分理处

收款人：衡阳供电集团股份有限公司 出票人账号：0134-779988

本支票付款期限10天

人民币（大写）	千	百	十	万	千	百	十	元	角	分
⊗壹拾肆万陆仟贰佰伍拾整		¥	1	4	6	2	5	0	0	0

用途：支付货款 科目（借）________

上述款项请从 对方科目（贷）________

我账户内支付 出票日期2012年05月15日

出票人盖章 财务专用章 复核 章宝华 记账

03456 3456789 2121345677889 01

要求：根据上述原始凭证进行外购货物及进项税的处理，填制相关记账凭证。

付款凭证

贷方科目 银行存款 2012年05月15日 银付字6号

摘要	借方总账科目	明细科目	√	亿	千	百	十	万	千	百	十	元	角	分
支付供电公司电费	制造费用							8	0	0	0	0	0	0
	应付职工薪酬	应交增值税（进项）						5	2	6	5	0	0	0
	应交税费							1	3	6	0	0	0	0
合计						¥	1	4	6	2	5	0	0	0

附单据2张

财务主管： 记账：李仁章 出纳： 审核： 制单：王长富

【业务6】 5月20日，以自产乙产品4台作价360 000元，与其他企业联合组建常州宏光机械设备贸易公司(占该公司20%的股份)，已知每台产品对外不含税售价为100 000元，成本为70 000元/台，已开出增值税专用发票。

> 注意：
>
> 货物自用应税规定
>
> (1)自产或委托加工的货物：用于对外投资供给其他单位和个人、分配给股东或投资者、无偿赠送他人、用于非应税项目、用于集体福利或个人消费的自产或委托加工的货物，应按视同销售计征增值税。
>
> (2)外购货物自用：用于对外投资提供给其他单位和个人、分配给股东或投资者、无偿赠送他人的外购货物应按视同销售计征增值税。用于非应税项目、集体福利或个人消费的外购货物，不征收增值税，同时，其进项税也不得抵扣，应进行进项税额转出或扣减的账务处理。

衡阳市增值税专用发票

No: 02480032

4303012140　　记账联

此联不作报销、扣税凭证使用　　开票日期：2012年05月20日

购货单位	纳税人名称	常州宏光机械设备贸易公司	密码区	(略)
	纳税人识别号	540401000055111		
	地址、电话	常州市局前街163号0519-6846426		
	开户行及账号	工行常州市局前街分理处0223-7633322		

货物或应税劳务名称	规格型号	单位	数量	单价	金额	税率	税额
乙产品		台	4	100 000.00	400 000.00	17%	68 000.00
合　计					400 000.00		68 000.00
价税合计(大写)	肆拾陆万捌仟元整				(小写)¥468 000.00		

销货单位	纳税人名称	衡阳市东方机械制造厂	备注
	纳税人识别号	430301000056866	
	地址、电话	衡阳市白沙洲工业园54号0734-863265	
	开户行及账号	工行衡阳市支行白沙洲分理处0134-779988	

收款人：王长富　　复核：　　开票人：张纳　　销货单位：(盖章)

衡阳市东方机械制造厂 财务专用章

国税函[2010]873号北京印钞厂

第一联 记账联 销货方记账凭证

要求：根据上述原始凭证进行账务处理，填制相关记账凭证。

(1)根据上述原始凭证及该产品对外不含税售价，计算销项税额：

$$\text{销项税额} = 4 \times 100\,000 \times 17\%$$
$$= 68\,000(\text{元})$$

(2)根据上述原始凭证及产品成本资料，填制1张转账凭证。

转账凭证

2012年05月20日 转字2号

摘要	总账科目	明细科目	√	借方金额									√	贷方金额								
				百	十	万	千	百	十	元	角	分		百	十	万	千	百	十	元	角	分
用乙产品投资	长期股权投资	其他股权投资			4	6	8	0	0	0	0	0										
	主营业务收入														4	0	0	0	0	0	0	0
	应交税费	应交增值税(销项)														6	8	0	0	0	0	0
合计				¥	4	6	8	0	0	0	0	0		¥	4	6	8	0	0	0	0	0

附单据1张

财务主管： 记账：李仁章 出纳： 审核： 制单：王长富

注意：

视同销售货物应税价格的确定

视同销售货物，应以同类产品对外加权平均售价为计税价格，没有同类产品对外售价的，应按组成计税价格计税。组成计税价格的计算公式为：

组成计税价格 = 成本 ×（1 + 成本利润率）

一般货物的成本利润率为10%。如果视同销售的是应征消费税的货物，根据消费税价内税的原理，公式中还应加上应征的消费税，成本利润率也另有规定（详见消费税法）。

【业务7】 5月25日，转让一台上年进口的车床，原价500 000元，已计提折旧40 000元。款项已收并存入银行，取得以下原始凭证。

中国工商银行 进账单（回单或收账通知）

交款日期 2012年05月25日 第007号

付款人	全称	贵阳市祥和机床厂	收款人	全称	衡阳市东方机械制造厂										
	账号	0338-2567877		账号	0134-779988										
	开户银行	工行贵阳市支行人民路分理处		开户银行	工行衡阳市支行白沙洲分理处										
人民币（大写）		伍拾叁万捌仟贰佰元整			亿	千	百	十	万	千	百	十	元	角	分
						¥	5	3	8	2	0	0	0	0	
票据种类		转账支票			收款人开户银行签章（工行衡阳市支行白沙洲分理处 2012.05.25 转账 转讫）										
票据张数		1张													
单位主管 会计 熊海 复核 记账 李小英															

此联是收款人开户银行交给收款人的回单或收账通知

衡阳市增值税专用发票

No: 02450166

4303012140　　记账联

此联不作为报销、扣税凭证使用　　开票日期：2012年05月25日

国税函［2010］873号北京印钞厂

购货单位	纳税人名称	贵阳市祥和机床厂					密码区	（略）
	纳税人识别号	360401000056789						
	地址、电话	贵阳市开发区人民路89号0792-8234655						
	开户行及账号	工行贵阳市支行人民路分理处0221-2567877						
货物或应税劳务名称		规格型号	单位	数量	单价	金额	税率	税额
乙产品		DL型	台	1	538 200.00	538 200.00	17%	91 494.00
合　计						538 200.00		91 494.00
价税合计（大写）		陆拾贰万玖仟陆佰玖拾肆元整				（小写）¥629 694.00		
销货单位	纳税人名称	衡阳东方机械制造厂					备注	
	纳税人识别号	430301000056866						
	地址、电话	衡阳市白沙洲工业园54号0734-863265						
	开户行及账号	工行衡阳市支行白沙洲分理处0134-779988						

第一联　记账联　销货方记账凭证

（印章：衡阳市东方机械制造厂　财务专用章）

收款人：王长富　　复核：　　开票人：张纳　　销货单位：（盖章）

要求：根据上述原始凭证进行账务处理，填制相关记账凭证。

注意：

销售旧固定资产计算销项税的规定

增值税一般纳税人销售2009年1月1日以前自己用过的未曾抵扣或不得抵扣进项税的固定资产，按4%征收率减半征收增值税（应先按4%换算计税后再减征），销售2009年1月1日以后购入的已抵扣过进项税的固定资产，按适用税率计算销项税。

转账凭证

2012年05月25日　　转字3号

摘要	总账科目	明细科目	√	借方金额	√	贷方金额
注销DL型车床	固定资产清理			46000000		
	累计折旧			4000000		
	固定资产					50000000
合　计				¥50000000		¥50000000

附单据2张

财务主管：　　记账：李仁章　　出纳：　　审核：　　制单：王长富

收 款 凭 证

借方科目 银行存款　　2012年05月25日　　银收字2号

摘 要	贷方总账科目	明细科目	√	亿	千	百	十	万	千	百	十	元	角	分
转让DL型车床	固定资产清理						5	3	8	2	0	0	0	0
	应交税费	应交增值税(销项)						9	1	4	9	4	0	0
合 计						¥	6	2	9	6	9	4	0	0

附单据2张

财务主管：　　记账：李仁章　　出纳：　　审核：　　制单：王长富

【业务8】 5月28日，将2005年购入的已使用过的10台小型车床全部转让给本市一家乡镇企业，每台售价6 000元，合计60 000元。这10台小型车床的原值为302 000元，已提折旧240 000元。取得以下原始凭证。

衡阳市增值税专用发票

No: 05230162

记账联

430301012214　　此联不作报销、扣税凭证使用　　开票日期：2012年05月28日

购货单位	纳税人名称	祁东县红旗乡农机厂				密码区	(略)
	纳税人识别号	430301000056222					
	地址、电话	衡阳市祁东县红旗乡蓝天镇0734-5632256					
	开户行及账号	工行祁东支行红旗乡分理处0251-2501010					
货物或应税劳务名称	规格型号	单位	数量	单价	金额	税率	税额
旧车床	DX型	台	10	6 000.00	60 000.00	4%	1 153.85
合 计					60 000.00		1 153.85
价税合计(大写)	陆万元整				(小写)¥60 000.00		
销货单位	纳税人名称	衡阳市东方机械制造厂				备注	
	纳税人识别号	430301000056866					
	地址、电话	衡阳市白沙洲工业园54号0734-863265					
	开户行及账号	工行衡阳市支行白沙洲分理处0134-779988					

（印章：衡阳市东方机械制造厂 财务专用章）

收款人：王长富　　复核：　　开票人：张纳　　销货单位：（盖章）

国税函[2010]873号北京印钞厂

第一联 记账联 销货方记账凭证

中国工商银行　进账单（回单或收账通知）

交款日期 2012年05月28日　　第008号

付款人	全　称	祁东县红旗乡农机厂	收款人	全　称	衡阳市东方机械制造厂
	账　号	0125-2501010		账　号	0134-779988
	开户银行	工行祁东县支行红旗乡分理处		开户银行	工行衡阳市支行白沙洲分理处

人民币（大写）	陆万元整	亿	千	百	十	万	千	百	十	元	角	分
					¥	6	0	0	0	0	0	0
票据种类	转账支票											
票据张数	1张											
单位主管　会计 熊海　复核　记账 李小英		收款人开户银行签章										

（印章：工行衡阳市支行白沙洲分理处　2012.05.28　转账　转讫）

此联是收款人开户银行交给收款人的回单或收账通知

要求：根据上述原始凭证进行账务处理，填制相关记账凭证。

注意：

城建税、教育费附加的账务处理技巧

(1)城建税及教育费附加属于附加税费，是在“三税”的基础上计算的。为了简化会计核算工作，一般情况下，有关产品销售业务的城建税及教育费附加，可在月末一次性计算并进行相应的账务处理。

(2)与产品销售无关的其他业务所涉及的城建税、教育费附加，可能涉及成本、费用等账户，所以应逐笔计税并进行相应的账务处理。

(1)根据销售情况进行固定资产清理，填制1张转账凭证。

(2)计算增值税应纳税额，同时计算应交城建税、应交教育费附加，填制1张收款凭证，1张转账凭证。

$$\text{应交增值税} = 60\,000/(1+4\%)\times4\%\times50\% = 1\,153.85(\text{元})$$

$$\text{应交城建税} = 1\,153.85\times7\% = 80.77(\text{元})$$

$$\text{应交教育费附加} = 1\,153.85\times3\% = 34.62(\text{元})$$

(3)计算转让固定资产净损益，结转“固定资产清理”账户，填制一张转账凭证。

$$\text{转让固定资产净损益} = 60\,000-(302\,000-240\,000+1\,153.85+80.77+34.62) = -3\,269.24(\text{元})$$

转 账 凭 证

2012年05月28日　　　　转字4号

摘　要	总账科目	明细科目	√	借方金额									√	贷方金额								
				百	十	万	千	百	十	元	角	分		百	十	万	千	百	十	元	角	分
转让DX型车床	固定资产清理	DX型车床				6	2	0	0	0	0	0										
	累计折旧				2	4	0	0	0	0	0	0										
	固定资产														3	0	2	0	0	0	0	0
合　计				¥	3	0	2	0	0	0	0	0		¥	3	0	2	0	0	0	0	0

附单据1张

财务主管：　　记账：李仁章　　出纳：　　审核：　　制单：王长富

收 款 凭 证

借方科目 银行存款　　2012年05月28日　　银收字3号

摘　要	贷方总账科目	明细科目	√	金　额										
				亿	千	百	十	万	千	百	十	元	角	分
转让DX型车床	固定资产清理							6	0	0	0	0	0	0
合　计							¥	6	0	0	0	0	0	0

附单据2张

财务主管：　　记账：李仁章　　出纳：　　审核：　　制单：王长富

转 账 凭 证

2012年05月28日　　　　转字5号

摘　要	总账科目	明细科目	√	借方金额									√	贷方金额								
				百	十	万	千	百	十	元	角	分		百	十	万	千	百	十	元	角	分
计提增值税等	固定资产清理						1	2	6	9	2	4										
	应交税费	应交增值税															1	1	5	3	8	5
		应交城建税																	8	0	7	7
		应交教育费附加																	3	4	6	2
合　计						¥	1	2	6	9	2	4				¥	1	2	6	9	2	4

附单据　张

财务主管：　　记账：李仁章　　出纳：　　审核：　　制单：王长富

转 账 凭 证

2012年05月28日 转字6号

摘要	总账科目	明细科目	√	借方金额 百	十	万	千	百	十	元	角	分	√	贷方金额 百	十	万	千	百	十	元	角	分
结算固定资产转让收益	营业外支出						3	2	6	9	2	4										
	固定资产清理																3	2	6	9	2	4
合计						¥	3	2	6	9	2	4				¥	3	2	6	9	2	4

附单据 张

财务主管： 记账：李仁章 出纳： 审核： 制单：王长富

【业务9】 5月29日，修理车间领用自产机械宝（成套机械修理工具）10套，无偿赠送给一家乡镇企业4套。该机械宝每套对外不含税价为0.6万元。取得以下原始凭证。

注意：

增值税专用发票代码知识

(1)增值税专用发票代码又称发票字轨，位于发票左上方，表示发票的使用区域、版本、联次等基本属性。

(2)增值税专用发票代码通常为10位，第1~4位代表行政区划，第5~6位代表印制年度，第7位代表批次，第8位代表版本语言（如“1”表示中文），第9位代表联次，第10位代表版本（如“0”表示计算机版）。

衡阳市增值税专用发票

No: 05230163

记账联

430301012214

此联不作为报销、扣税凭证使用 开票日期：2012年05月29日

国税函［2010］873号北京印钞厂

购货单位	纳税人名称	祁东县红旗乡农机厂				密码区	（略）
	纳税人识别号	430301000056222					
	地址、电话	祁东县红旗乡玉屏村2601-5632256					
	开户行及账号	工行祁东县支行红旗乡分理处0125-2501010					
货物或应税劳务名称	规格型号	单位	数量	单价	金额	税率	税额
机械宝	AA型	台	4	6 000.00	24 000.00	17%	4 080.00
合计					24 000.00		4 080.00
价税合计（大写）	贰万捌仟零捌拾元整				（小写）¥28 080.00		
销货单位	纳税人名称	衡阳市东方机械制造厂				备注	
	纳税人识别号	430301000056866					
	地址、电话	衡阳市白沙洲工业园54号0734-863265					
	开户行及账号	工行衡阳市支行白沙洲分理处0134-779988					

第一联 记账联 销货方记账凭证

（印章：衡阳市东方机械制造厂 财务专用章）

收款人：王长富 复核： 开票人：张纳 销货单位：（盖章）

注意：

视同销售货物的应税处理

(1)企业将货物用于市场推广、交际应酬、职工奖励或福利、股息分配、对外捐赠等，改变货物权属的，应作视同销售处理，其中：自产货物视同销售按同类产品对外加权平均售价确认收入，外购货物按购入时的价格确定收入。

(2)企业将自产货物用于本企业非应税项目、免税项目，未改变货物权属的，不确认销售收入，但应计算销项税；用于连续生产、计入制造费用和管理费用，未改变货物权属的，不确认销售收入，也不计算销项税。

产 品 出 库 单

日期：2012年05月29日

产品名称	计量单位	数量	单位成本	金额	备注
机械宝	套	10	4 000.00	40 000.00	修理车间领用
机械宝	套	4	4 000.00	16 000.00	赠送乡镇企业
合　计		14		56 000.00	

财务主管：　记账：李仁章　仓库负责人：　保管员：李献鹏　经领人：孙涂

要求：根据上述原始凭证进行账务处理，填制相关记账凭证。

转 账 凭 证

2012年05月29日　　转字7号

摘　要	总账科目	明细科目	√	借方金额								√	贷方金额							
				十	万	千	百	十	元	角	分		十	万	千	百	十	元	角	分
领用自产机械宝10套	制造费用				4	0	0	0	0	0	0									
	库存商品													4	0	0	0	0	0	0
合　计				¥	4	0	0	0	0	0	0		¥	4	0	0	0	0	0	0

附单据　张

财务主管：　记账：李仁章　出纳：　审核：　制单：王长富

转账凭证

2012年05月29日 转字8号

<table>
<tr><td rowspan="2">摘 要</td><td rowspan="2">总账科目</td><td rowspan="2">明细科目</td><td rowspan="2">√</td><td colspan="8">借方金额</td><td rowspan="2">√</td><td colspan="8">贷方金额</td></tr>
<tr><td>十</td><td>万</td><td>千</td><td>百</td><td>十</td><td>元</td><td>角</td><td>分</td><td>十</td><td>万</td><td>千</td><td>百</td><td>十</td><td>元</td><td>角</td><td>分</td></tr>
<tr><td>赠送自产机械宝4套</td><td>营业外支出</td><td></td><td></td><td></td><td>2</td><td>8</td><td>0</td><td>8</td><td>0</td><td>0</td><td>0</td><td></td><td></td><td></td><td></td><td></td><td></td><td></td><td></td><td></td></tr>
<tr><td></td><td>主营业务收入</td><td></td><td></td><td></td><td></td><td></td><td></td><td></td><td></td><td></td><td></td><td></td><td></td><td>2</td><td>4</td><td>0</td><td>0</td><td>0</td><td>0</td><td>0</td></tr>
<tr><td></td><td>应交税费</td><td>应交增值税（销项）</td><td></td><td></td><td></td><td></td><td></td><td></td><td></td><td></td><td></td><td></td><td></td><td></td><td>4</td><td>0</td><td>8</td><td>0</td><td>0</td><td>0</td></tr>
<tr><td></td><td></td><td></td><td></td><td></td><td></td><td></td><td></td><td></td><td></td><td></td><td></td><td></td><td></td><td></td><td></td><td></td><td></td><td></td><td></td><td></td></tr>
<tr><td></td><td></td><td></td><td></td><td></td><td></td><td></td><td></td><td></td><td></td><td></td><td></td><td></td><td></td><td></td><td></td><td></td><td></td><td></td><td></td><td></td></tr>
<tr><td>合 计</td><td></td><td></td><td></td><td>¥</td><td>2</td><td>8</td><td>0</td><td>8</td><td>0</td><td>0</td><td>0</td><td></td><td>¥</td><td>2</td><td>8</td><td>0</td><td>8</td><td>0</td><td>0</td><td>0</td></tr>
</table>

附单据 张

财务主管： 记账：李仁章 出纳： 审核： 制单：王长富

【业务10】 月末根据业务1至业务9，编制增值税应纳税额汇总计算表，同时根据应纳税额结转本期应交增值税。

注意：

(1)编制增值税应纳税额汇总计算表时，应税货物的计税销售额和销项税额应按货物的种类和适用税率分别填列。

(2)实际应纳增值税额等于按适用税率计算的应纳增值税额与按简易征收办法计算的应纳增值税额之和。

应纳增值税额汇总计算表

2012年05月31日

<table>
<tr><td colspan="4">项 目</td><td rowspan="2">计税销售额</td><td rowspan="2">销项税额</td><td rowspan="2">记账凭证</td><td rowspan="2">发票类型</td></tr>
<tr><td rowspan="9">销项</td><td rowspan="8">应税货物</td><td>货物名称</td><td>适用税率</td></tr>
<tr><td>销售甲产品</td><td>17%</td><td>900 000.00</td><td>153 000.00</td><td>银收1</td><td>专用</td></tr>
<tr><td>对外投资</td><td>17%</td><td>400 000.00</td><td>68 000.00</td><td>转2</td><td>专用</td></tr>
<tr><td>销售已用固定资产</td><td>17%</td><td>538 200.00</td><td>91 494.00</td><td>银收2</td><td>专用</td></tr>
<tr><td>赠送自产货物</td><td>17%</td><td>24 000.00</td><td>4 080.00</td><td>转8</td><td>专用</td></tr>
<tr><td></td><td></td><td></td><td></td><td></td><td></td></tr>
<tr><td>小 计</td><td></td><td>1 862 200.00</td><td>316 574.00</td><td></td><td></td></tr>
<tr><td>纳税调整</td><td></td><td></td><td></td><td></td><td></td></tr>
<tr><td></td><td></td><td></td><td></td><td></td><td></td></tr>
<tr><td colspan="2">简易办法计算应纳增值税额</td><td>4%</td><td>60 000.00</td><td>1 153.85</td><td>转5</td><td>普通</td></tr>
</table>

续上表

	本期进项税	扣除率	计税金额	进项税额	记账凭证	发票类型
进项	购入A型材料	17%	630 000.00	107 100.00	银付1	专用
	A型钢材运费	7%	3 520.00	246.40	银付2	普通
	甲产品运费	7%	10 000.00	700.00	银付4	普通
	支付电费	17%	80 000.00	13 600.00	银付5	专用
	小　计		723 520.00	121 646.40		
	进项税转出	扣除率	计税金额	进项税额转出	记账凭证	用途
	基建领用材料	17%	236 280.00	40 167.60	转1	建车间用
	材料运费	17%	4 000.00	280.00	转1	建车间用
	小　计		240 280.00	40 447.60		
按适用税率计算应纳增值税额	316 574 −(121 646.4 −40 447.6) =235 375.2(元)					
实际应纳增值税额	235 375.2 +1 153.85 =236 529.05(元)					

会计主管：冯程程　　　　制表：李仁章

转账凭证

2012年05月31日　　　　　　　　　　　　转字9号

摘　要	总账科目	明细科目	√	借方金额									√	贷方金额								
				百	十	万	千	百	十	元	角	分		百	十	万	千	百	十	元	角	分
结转应纳增值税	应交税费	应交增值税			2	3	6	5	2	9	0	5										
	应交税费	未交增值税													2	3	6	5	2	9	0	5
合　计				¥	2	3	6	5	2	9	0	5		¥	2	3	6	5	2	9	0	5

附单据　张

财务主管：　　记账：李仁章　　出纳：　　审核：　　制单：王长富

> 注意：
>
> 期末应纳增值税额的账务处理
>
> 期末应根据本期应纳增值税额或多交的增值税额，从“应交税费——应交增值税”账户中结转到“应交税费——未交增值税”账户中。如果本期进项税额大于本期销项税额，本期按简易征收办法计算出的应纳税额即为本期应纳的增值税额。

第三节　增值税纳税申报

一、账户录入程序

增值税涉税账户，基本上都是明细账，明细账录入依据是原始凭证和记账凭证，为了准确无误地进行涉税账户录入，应遵循以下基本原则：

(1)将编制的记账凭证与其所附的原始凭证进行核对，检查记账凭证上所记录的业务内容及相关金额与原始凭证是否相符。

(2)对编制的记账凭证进行会计分录要素的审核，检查记账方向、应记金额、借贷平衡等内容是否存在错误。

(3)根据审核无误的记账凭证(收款凭证、付款凭证、转账凭证)及所附的原始凭证登记各个涉税账户，并进行账证核对、账账核对。

(4)涉税账户录入完成后，进行结账，计算出账户的借方发生额、贷方发生额的本月合计数和本年累计数，结出本月余额，并在本月合计栏的上方和本年累计栏的下方各画一条单红线，“本月合计”、“本年累计”用红字填写(参看本节登账后的账页)。

现以衡阳市天戈机械制造厂2012 年5 月份涉税业务为例进行增值税各涉税账户的录入，假定该厂1 月至4 月累计进项税额为130 万元，销项税额为206 万元，应纳增值税额为76 万元。

二、涉税账户录入操作

具体操作见下表：

应交税费——应交增值税 明细账

总第 页
分第 页

2012年		凭证种类及编号	摘要	页数	借方					贷方				借或贷	余额
月	日				进项税额	已交税额	减免税额	出口抵免税额	转出未交增值税额	销项税额	出口税额	进项税额转出	转出多交增值税额		
			上月结转		1 300 000.00				760 000.00	2 060 000.00				贷	0.00
05	02	银付1	购入A型钢材		107 100.00										
	02	银付2	A型钢材运费		246.40										
	10	银收1	销售甲产品							153 000.00					
	10	银付4	支付销售运费		700.00										
	10	转1	基建领用材料									40 447.60			
	15	银付5	支付电费		13 600. 00										
	20	转2	对外投资							68 000.00					
	25	银收2	转让旧车床							91 494.00					
	28	转5	转让车床							1 153.85					
	29	转8	赠送机械宝							4 080.00					
	31	转9	转出本月应纳税额						236 529.05						
			本月合计		121 646.40				236 529.05	317 727.85		40 447.60		平	0.00
			本年累计		1 421 646.40				996 529.05	2 377 727.85		40 447.60		平	0.00

应交税费——应交增值税——销项税额　明细账

总第　页
分第　页

2012年		凭证种类及编号	摘要	入账发票份数		借方	贷方									借或贷	余额
							货物				应税劳务	视同销售					
月	日			专用发票	普通发票		17%	13%				17%	13%	6%	4%		
			上月结转	10			2 060 000.00										2 060 000.00
05	10	银收1	销售甲产品	1			153 000.00										
	20	转2	对外投资	1								68 000.00					
	25	银收2	转让旧车床	1			91 494.00										
	28	转5	转让车床		1					1 153.85							
	29	转8	赠送机械宝	1								4 080.00					
			本月合计	4	1		244 494.00			1 153.85		72 080.00				贷	317 727.85
			本年累计	14	1		2 304 494.00			1 153.85		72 080.00				贷	2 377 727.85

应交税费——应交增值税——进项税额　明细账

总第　页
分第　页

2012年		凭证种类及编号	摘要	入账发票份数		借方	借方						贷方	借或贷	余额
月	日			专用发票	普通发票		17%	13%	13% 农产品	7% 运费					
			上月结转		8	3	1 300 000.00							贷	1 000 000.00
05	02	银付1	购进A型钢材		1		107 100.00								
	02	银付2	A型钢材运费			1				246.40					
	10	银付4	甲产品运费			1				700.00					
	15	银付5	支付电费		1	1	13 600.00								
			本月合计		2	2	120 700.00			946.40				贷	121 646.40
			本年累计		10	5	1 420 700.00			946.40				贷	1 421 646.40

应交税费——应交增值税——进项税额转出 明细账

总第 页
分第 页

2012年		凭证种类及编号	摘要	借方							借或贷	余额
月	日				17%	13%	13% 农产品	10% 废旧物资	7% 运费	6%		
			上月结转									
05	10	转1	基建领用材料		40 167.60				280.00			
			本月合计		40 167.60				280.00		贷	40 447.60
			本年累计		40 167.60				280.00		贷	40 447.60

应交税费——未交增值税 明细账

总第 页
分第 页

2012年		凭证种类及编号	摘要	页数	借方		贷方	借或贷	余额
月	日				转入多交增值税额	应交未交增值税额	转入未交增值税额		
			上月结转			488 000.00	760 000.00		272 000.00
05	08	银付3	缴纳上月增值税			272 000.00			
	30	转9	转入本月未交增值税				236 529.05		
			本月合计			272 000.00	236 529.05	贷	236 529.05
			本年累计			760 000.00	996 529.05	贷	236 529.05

三、填报增值税纳税申报资料

(一) 增值税纳税申报附列资料表的填写

增值税纳税申报附列资料表主要有《增值税纳税申报表附列资料(表一)》(本期销售情况明细)、《增值税纳税申报表附列资料(表二)》(本期进项税额明细)、《防伪税控增值税专用发票申报抵扣明细表》、《防伪税控增值税专用发票存根联明细表》，以及税务机关要求纳税人报送的其他有关资料。

1.《增值税纳税申报表附列资料(表一)》填写规范

在结构上，《增值税纳税申报表附列资料(表一)》分表头栏目、按适用税率征收增值税货物及劳务的销售额及销项税额、按简易征收办法征收增值税货物的销售额及应纳税额、免征增值税货物及劳务的销售额四个部分，各部分的填列方法如下所述。

(1)“表头”各栏目的填写

①“税款所属时间”：填写本期应纳增值税额的所属期间，并填写具体的起止年月，如按月纳税，应填写×年×月1日至×年×月30日或31日。

②“填表日期”：填写纳税人填写本表的日期。

③“纳税人名称”：填写纳税人单位名称全称，不得填写简称，并在“纳税人名称”外加盖纳税人单位公章或财务专用章。

(2)“按适用税率征收增值税货物及劳务的销售额及销项税额”各栏目的填写

①“防伪税控系统开具的增值税专用发票”栏、“税控收款机开具的普通发票”栏、“其他方式开具的普通发票”栏、“未开具发票” 栏的销售额和销项税额，均包括销货退回或折让、视同销售货物、价外费用的销售额和销项税额。

上述各栏目不包括免税货物及劳务的销售额，适用零税率货物及劳务的销售额，出口执行免、抵、退办法的销售额，以及税务、财政、审计部门检查并调整的销售额、销项税额或应纳税额。

②“纳税检查调整” 栏，应填写纳税人本期因税务、财政、审计部门检查计算调整的应税货物、应税劳务的销售额、销项税额或应纳税额。

(3)“按简易征收办法征收增值税货物的销售额及应纳税额”各栏目的填写

本部分各栏目的填写要求及方法与“按适用税率征收增值税货物及劳务的销售额及销项税额”各栏目的填写要求及方法基本相同。

(4)“免征增值税货物及劳务的销售额”各栏目的填写

“防伪税控系统开具的增值税专用发票”栏，填写本期因销售免税货物而适用防伪税控系统开具的增值税专用发票的份数及销售额。

2.《增值税纳税申报表附列资料(表二)》填写规范

在结构上，《增值税纳税申报表附列资料(表二)》分表头、申报抵扣的进项税额、进项税转出额、待抵扣进项税额和其他五个部分。表头部分参考《增值税纳税申报表附列资料(表一)》填写，其他部分的填写方法如下所述。

（1）“申报抵扣的进项税额”各栏目的填写

①“认证相符的防伪税控增值税专用发票”栏，填写本期认证相符且本期申报抵扣和前期认证相符且本期申报抵扣的防伪税控增值税专用发票的情况。

②“税控收款机及其他方式开具的扣税凭证”栏，填写本期申报抵扣的税控收款机开具的普通发票及其他扣税凭证情况。

③“期初已征税额”栏，填写按照规定比例在本期申报抵扣的期初存货挂账税额。

（2）“进项税转出额”各栏目的填写

“进项税转出额”各项目填写纳税人已经抵扣但按税法规定应作进项税转出的明细情况，但不包括销售折扣、折让，进货退回等负数冲减当期进项税额的情况。

（3）“待抵扣进项税额”各栏目的填写

①“期初已认证相符但未申报抵扣”栏，填写前期已认证相符，但按税法规定暂不予抵扣，结存至本期的防伪税控增值税专用发票情况。

②“本期已认证相符但未申报抵扣”栏，填写本期已认证相符，但按照税法规定暂不予抵扣以及不允许抵扣，而未申报的抵扣的防伪税控增值税专用发票情况。

③“期末已认证相符但未申报抵扣”栏，填写截至本期期末，按照税法规定仍暂不予抵扣以及按照税法规定不允许抵扣且已认证相符的防伪税控增值税专用发票情况。

④“按照税法规定不允许抵扣”栏，填写按照税法规定不允许抵扣，而只能作为出口退税凭证或应列入成本、资产等项目的防伪税控增值税专用发票情况。

（4）“其他”各栏目的填写

①“本期认证相符的全部防伪税控增值税专用发票”栏，应与防伪税控认证子系统中的本期全部认证相符的防伪税控增值税专用发票数据相同。

②“代扣代缴税额”栏，填写纳税人根据《中华人民共和国增值税暂行条例实施细则》第三十四条的规定扣缴的增值税额。

3. 增值税纳税申报附列资料表填写操作

以本实训衡阳市东方机械制造厂 2012 年 5 月份的业务资料及会计核算记录为依据，填制增值税纳税申报附列资料表如下。

注意：

根据国家税务总局的相关规定，增值税纳税申报表附列资料表主要有《增值税纳税申报表附列资料（表一）》、《增值税纳税申报表附列资料（表二）》、《防伪税控增值税专用发票申报抵扣明细表》和《防伪税控增值税专用发票存根联明细表》等，其中《防伪税控增值税专用发票申报抵扣明细表》、《防伪税控增值税专用发票存根联明细表》在实际工作中很少使用，各地国家税务机关基本上只要求纳税人填报附列资料“表一”和“表二”。

增值税纳税申报表附列资料(表一)

(本期销售情况明细)

税款所属时间：2012 年 05 月 01 日至 2012 年 05 月 31 日

纳税人名称：衡阳市东方机械制造厂　　填表日期：2012 年 06 月 09 日　　金额单位：元(列至角分)

一、按适用税率征收增值税货物及劳务的销售额和销项税额明细

项　目	栏次	应税货物						应税劳务			小计		
		17%			13%								
		份数	销售额	销项税额	份数	销售额	销项税额	份数	销售额	销项税额	份数	销售额	销项税额
防伪税控系统开具的增值税专用发票	1	4	1 862 200.00	316 574.00	0	0.00	0.00	0	0.00	0.00	4	1 862 200.00	316 574.00
税控收款机开具的普通发票	2	0	0.00	0.00	0	0.00	0.00	0	0.00	0.00	0	0.00	0.00
其他方式开具的普通发票	3	0	0.00	0.00	0	0.00	0.00	0	0.00	0.00	0	0.00	0.00
未开具发票	4	—	0.00	0.00	—	0.00	0.00	—	0.00	0.00	—	0.00	0.00
小计	5	—	1 862 200.00	303 280.00	—	0.00	0.00	—	0.00	0.00	—	1 862 200.00	316 574.00
纳税检查调整	6	—	0.00	0.00	—	0.00	0.00	—	0.00	0.00	—	0.00	0.00
合　计	7 = 5 + 6	—	1 862 200.00	303 280.00	—	0.00	0.00	—	0.00	0.00	—	1 862 200.00	316 574.00

续上表

二、简易征收办法征收增值税货物的销售额和应纳税额明细账

项目	栏次	6%征收率			4%征收率			小计		
		份数	销售额	应纳税额	份数	销售额	应纳税额	份数	销售额	应纳税额
防伪税控系统开具的增值税专用发票	8	0	0.00	0.00	0	0.00	0.00	0	0.00	0.00
税控收款机开具的普通发票	9	0	0.00	0.00	0	0.00	0.00	0	0.00	0.00
其他方式开具的普通发票	10	0	0.00	0.00	1	60 000.00	1 153.85	1	30 000.00	1 153.85
未开具发票	11	—	0.00	0.00	—	0.00	0.00	—	0.00	0.00
纳税检查调整	12 = 8 + 9 + 10 + 11	—	0.00	0.00	—	60 000.00	1 153.85	—	60 000.00	1 153.85
其中：调整上年度情况	13	—	0.00	0.00	—	0.00	0.00	—	0.00	0.00
合　计	14 = 12 + 13	—	0.00	0.00	—	60 000.00	1 153.85	—	60 000.00	1 153.85

三、免征增值税货物及劳务的销售额明细

项目	栏次	免税货物			免税劳务			小计		
		份数	销售额	免税税额	份数	销售额	免税税额	份数	销售额	免税税额
防伪税控系统开具的增值税专用发票	15	0	0.00	0.00	0	0.00	0.00	0	0.00	0.00
税控收款机开具的普通发票	16	0	0.00	0.00	0	0.00	0.00	0	0.00	0.00
其他方式开具的普通发票	17	0	0.00	0.00	0	0.00	0.00	0	0.00	0.00
未开具发票	18	—	0.00	0.00	—	0.00	0.00	—	0.00	0.00
合　计	19 = 15 + 16 + 17 + 18	—	0.00	0.00	—	0.00	0.00	—	0.00	0.00

增值税纳税申报表附列资料(表二)

(本期销售情况明细)

税款所属时间：2012 年 05 月 01 日至 2012 年 05 月 31 日

纳税人名称：衡阳市东方机械制造厂　填表日期：2012 年 06 月 09 日　金额单位：元(列至角分)

一、申报抵扣的进项税额

项　　目	栏次	份数	金额	税额
(一)认证相符的防伪税控增值税专用发票	1 = 2 + 3	2	710 000.00	120 700.00
其中：本期认证相符且本期申报抵扣	2	2	710 000.00	120 700.00
前期认证相符且本期申报抵扣	3	0	0.00	0.00
(二)税控收款机及其他方式开具的扣税凭证	4	0	13 520.00	946.40
其中：17% 税率	5	0	0.00	0.00
13% 税率及扣除率	6	0	0.00	0.00
10% 扣除率	7	0	0.00	0.00
7% 扣除率	8	0	13 520.00	946.40
6% 扣除率	9	0	0.00	0.00
4% 扣除率	10	0	0.00	0.00
(三)期初已征税款	11	—	—	0.00
当期申报抵扣进项税额合计	12 = 1 + 4 + 11	2	723 520.00	121 646.40

二、进项税额转出

项　　目	栏次	税额
本期进项税额转出额	13 = 14 + … + 21	40 167.60
其中：免税货物用	14	0.00
非应税项目用	15	40 167.60
非正常损失	16	0.00
按简易征收办法征税货物用	17	0.00
免、抵、退税办法出口货物不得抵扣进项税额	18	0.00
纳税检查调减进项税额	19	0.00
未经认证已抵扣的进项税额	20	0.00
红字专用发票通知单注明的进项税额	21	

三、待抵扣进项税额

项　　目	栏次	份数	金额	税额
(一)认证相符的防伪税控增值税专用发票	22	—	—	—
期初已认证相符但未申报抵扣	23	0	0.00	0.00
本期已认证相符但未申报抵扣	24	0	0.00	0.00

续上表

期末已认证相符但未申报抵扣	25 = 23 + 24 - 3	0	0.00	0.00
其中：按照税法规定不允许抵扣	26	0	0.00	0.00
项　　目	栏次	份数	金额	税额
（二）非防伪税控增值税专用发票及其他扣税凭证	27 = 28 + … + 34	0	0.00	0.00
其中：17%税率	28	0	0.00	0.00
13%税率及扣除率	29	0	0.00	0.00
10%扣除率	30	0	0.00	0.00
7%扣除率	31	0	0.00	0.00
6%扣除率	32	0	0.00	0.00
4%扣除率	33	0	0.00	0.00
	34			
四、其他				
项　　目	栏次	份数	金额	税额
本期认证相符的全部防伪税控增值税专用发票	35 = 2 + 24	2	710 000.00	120 700.00
本期已征税款挂账额	36	0	0.00	0.00
期初已征税款余额	37	0	0.00	0.00
代扣代缴税额	38	0	0.00	0.00

（二）增值税纳税申报表主表的填写

增值税一般纳税人进行增值税纳税申报时，在填制纳税申报表附列资料表的基础上，需填制并报送增值税纳税申报主表，即《增值税纳税申报表（一）》。小规模纳税人则应填制并报送《增值税纳税申报表（二）》。

1.《增值税纳税申报表（一）》填写规范

《增值税纳税申报表（一）》从其结构来看，可分为五个部分：表头、销售额、税款计算、税款缴纳、申报责任。其中重点是销售额、税款计算、税款缴纳三个部分的填写。

（1）“表头”各栏目的填写

①所属行业：按国民经济行业分类与代码中的最细项（小类）进行填写；

②注册地址：按税务登记证所注明的详细地址填写；

③企业登记注册类型：按税务登记证填写，如股份有限公司、有限责任公司等；

④其他栏目：同税收缴款书相关栏目的填写方法相同。

（2）“销售额”各栏目的填写

①“应税货物销售额”栏，包括在财务上不作销售但按税法规定视同销售处理的货物和价外费用的销售额，以及外贸企业作价销售的进料加工复出口的货物。

②“纳税检查调整的销售额”栏，填写纳税人本期因税务、财政、审计部门检查并按适用税率计算调整应税货物和应税劳务的销售额，包括“即征即退货物及劳务”退税部分的销

售额。

③销货退回的销售额用负数表示。

④“一般货物及劳务”是指享受即征即退的货物及劳务以外的其他货物及劳务。

(3)“税款计算”各栏目的填写

①“销项税额”栏，该数据应与“应交税费——应交增值税”明细账户贷方“销项税额”栏的本期发生数一致，不包括按简易征收办法计算的应纳税额。

②“进项税额”栏，该数据应与“应交税费——应交增值税”明细账户借方“进项税额”栏的本期发生数一致。

③“上期留抵税额”栏，为纳税人前一申报期的“期末留抵税额”减去抵减欠税后的余额数，该数据应与“应交税费——应交增值税”明细账户借方月初余额一致。

④“进项税额转出”栏，不包括销售折扣、折让、进货退出等应负数冲减当期进项税的数额。该数据应与“应交税费——应交增值税”明细账户贷方“进项税额转出”栏本期发生数一致。

⑤“免、抵、退货物应退税额”栏，填写退税机关按照免、抵、退办法审批的应退税额。

⑥“按适用税率计算的纳税检查应补缴税额”栏，填写本期因税务、财政、审计部门检查并按适用税率计算的纳税检查应补缴税额。

⑦“实际抵扣税额”栏，填写纳税人本期实际抵扣的进项税额。

⑧“按适用税率计算的应纳税额”栏，填写纳税人本期按适用税率计算并应缴纳的增值税额。

⑨“期末留抵税额”栏，为纳税人在本期销项税额中尚未抵扣完，留待下期继续抵扣的进项税额。该数据应与“应交税费——应交增值税”明细账户借方月末余额一致。

(4)“税款缴纳”各栏目的填写

①“期初未缴税额(多缴为负数)”栏，为纳税人前一申报期的“期末未缴税额(多缴为负数)”减去抵减欠税额后的余额数。

②“实际出口开具专用缴款书退税额”栏，填写纳税人本期实际收到税务机关退回多缴的增值税额。该数据应根据“应交税费——未交增值税”明细账户贷方本期发生额中“收到税务机关退回的多交增值税款”数据填列。

③“本期已缴税额”栏，填写纳税人本期实际缴纳的增值税额，不包括本期入库的查补税款。

④“1 分次预缴税额”栏，填写纳税人本期分次预缴的增值税额。

⑤“2 出口开具专用缴款书预缴税额”栏，填写纳税人本期销售出口货物而开具专用缴款书向主管税务机关预缴的增值税额。

⑥“3 本期缴纳上期应纳税额”栏，填写纳税人本期上缴上期应缴未缴的增值税额，包括缴纳上期按简易征收办法计提的应缴未缴增值税额。

⑦“4 本期缴纳欠缴税额”栏，填写纳税人本期实际缴纳的增值税欠税额，但不包括缴纳入库的查补增值税额。

⑧“期末未缴税额(多缴为负数)”栏，填写纳税人本期期末应缴未缴的增值税额，但不包括纳税检查应缴未缴的税额。

⑨“其中：欠缴税额(≥0)”栏，填写纳税人按照税法规定已形成欠税的数额。

⑩“即征即退实际退税额”栏，填写纳税人本期因符合增值税即征即退优惠政策规定而实际收到的税务机关返还的增值税额。

⑪“期初未缴查补税额”栏，填写纳税人前一申报期的“期末未缴查补税额”。该数据与本表“期初未缴税额(多缴为负数)”栏数据之和，应与“应交税费——未交增值税”明细账户期初余额一致。“本年累计”栏数据应填写纳税人上年度末的“期末未缴查补税额”数据。

⑫“本期入库查补税额”栏，填写纳税人本期因税务、财政、审计部门检查而实际入库的增值税额。

⑬“期末未缴查补税额”栏，填写纳税人本期期末应缴未缴的查补增值税额。该数据与本表“期末未缴税额(多缴为负数)”栏数据之和，应与“应交税费——未交增值税”明细账户期初余额一致。

2.《增值税纳税申报表(一)》填写操作

按照《增值税纳税申报表》的填写规范，以及本项目提供的衡阳东方机械制造厂的增值税涉税资料，填写该厂2012年5月份的《增值税纳税申报表(一)》。

增值税纳税申报表(一)

税款所属时间：自2012年05月01日至2012年05月31日　　　　填表日期：2012年06月09日

纳税人识别码	4 3 0 3 0 1 0 0 0 0 5 6 8 8 6			所属行业	机械制造		
纳税人名称	衡阳市东方机械制造厂	法定代表人	章宝华	注册地址	衡阳市白沙洲工业园54号	营业地址	衡阳市白沙洲工业园54号
开户行及账号	工行衡阳市白沙洲支行分理处，账号0134－779988		企业登记注册类型	国有企业		电话号码	0734－863265

	项目	栏次	一般货物及劳务		即征即退货物及劳务	
			本月数	本年累计	本月数	本年累计
销售额	(一)按适用税率征税货物及劳务销售额	1	1 862 200.00	13 979 847.06		
	其中：应税货物销售额	2	1 862 200.00	13 979 847.06		
	应税劳务销售额	3	0.00	0.00		
	纳税检查调整的销售额	4	0.00	0.00		
	(二)按简易征收办法征税货物销售额	5	60 000.00	60 000.00		
	其中：纳税检查调整的销售额	6	0.00	0.00		
	(三)免、抵、退办法出口货物销售额	7	0.00	0.00		
	(四)免税货物及劳务销售额	8	0.00	0.00		
	其中：免税货物销售额	9	0.00	0.00		
	免税劳务销售额	10	0.00	0.00		

续上表

项目		栏次	一般货物及劳务		即征即退货物及劳务	
			本月数	本年累计	本月数	本年累计
税款计算	销项税额	11	316 574.00	2 376 574.00		
	进项税额	12	121 646.40	1 421 646.40		
	上期留抵税额	13	0.00	0.00		
	进项税额转出	14	40 447.60	40 447.60		
	免、抵、退货物应退税额	15	0.00	0.00		
	按适用税率计算的纳税检查应补缴税额	16	0.00	0.00		
	应抵扣税额合计	17 = 12 + 13 − 14 + 15 + 16	81 198.80	1 381 198.80		
	实际抵扣税额	18	81 198.80	1 381 198.80		
	按适用税率计算的应纳税额	19 = 11 − 18	235 375.20	995 375.20		
	期末留抵税额	20 = 17 − 18	0.00	0.00		
	按简易征收办法计算的应纳税额	21	1 153.85	1 153.85		
	按简易征收办法的纳税检查应补缴税额	22	0.00	0.00		
	应纳税额减征额	23	0.00	0.00		
	应纳税额合计	24 = 19 + 21 − 23	236 529.05	996 529.05		
税款缴纳	期初未缴税额(多缴为负数)	25	272 000.00	0.00		
	实际出口开具专用缴款书退税额	26	0.00	0.00		
	本期已缴税额	27 = 28 + 29 + 30 + 31	272 000.00	760 000.00		
	①分次预缴税额	28	0.00	760 000.00		
	②出口开具专用缴款书预缴税额	29	0.00	0.00		
	③本期缴纳上期应纳税额	30	272 000.00	0.00		
	④本期缴纳欠缴税额	31	0.00	0.00		
	期末未缴税额(多缴为负数)	32 = 24 + 25 + 26 − 27	236 529.05	236 529.05		
	其中：欠缴税额(≥0)	33 = 25 + 26 − 27	0.00	—		
	本期应补(退)税额	34 = 24 − 28 − 29	0.00	—		
	即征即退实际退税额	35	0.00	0.00		
	期初未缴查补税额	36	0.00	0.00		
	本期入库查补税额	37	0.00	0.00		
	期末未缴查补税额	38 = 16 + 22 + 36 − 37	0.00	0.00		

续上表

授权声明	如果委托代理人申报，请填写下列资料： 为代理一切税务事宜，现授权＿＿＿＿＿＿＿＿ （地址）＿＿＿＿＿＿为本纳税人的代理申报人，任何与本申报表有关的往来文件，都可寄予此人。 授权人签字：	申报人声明	此纳税申报表是根据《中华人民共和国增值税暂行条例》的规定填报的，我相信它是真实的、可靠的、完整的。 声明人签字：

（三）填制"电子缴款专用缴款书"

根据上述纳税申报资料，为衡阳市东方机械制造厂填写一份"电子缴款专用缴款书"，通知开户银行划拨缴纳增值税款。

电子缴款专用缴款书

填开日期：2012 年 06 月 10 日　　2010 湘国税电库：0012345610

☑ 已申报 申报序号：20120610001201　　□未申报

纳税人计算机代码	05060312	征收机关代码	007623456
纳税人名称	衡阳市东方机械制造厂	征收机关名称	衡阳市国家税务局直属分局
付款人名称	衡阳市东方机械制造厂	收款国库名称	中华人民共和国国家金库衡阳市中心支库
付款人开户银行名称	中国工商银行衡阳市支行白沙洲分理处	国库清算行号	0134
付款人账号	0134－779989	金额合计	236 529.05
纳税项目代码	课税数量	计税金额	实缴税额
101010101 国有企业增值税			236 529.05
付款人（盖章） 经办人（签章）	税务机关 （盖章）	银行（盖章） 记账员（签章）	备注

（印章：衡阳市东方机械制造厂 财务专用章；衡阳市国家税务局直属分局 (02) 征收专用章）

实训三　消费税纳税处理实训

【实训目的】 通过实训要求学生熟悉消费税的计算及账务处理和消费税纳税申报表的编制。

【实训要求】 掌握消费税纳税账务处理实训，根据发生的业务，计算应交纳的消费税，并编制相关记账凭证。汇总资料填制消费税纳税申报表和税收缴款书。

第一节　消费税概述

消费税法是指国家制定的用以调整消费税征收与缴纳之间权利及义务关系的法律规范。

一、消费税概念

消费税是指对消费品和特定的消费行为按消费流转额征收的一种商品税。消费税可分为一般消费税和特别消费税，前者主要指对所有消费品包括生活必需品和日用品普遍课税，后者主要指对特定消费品或特定消费行为如奢侈品等课税。消费税以消费品为课税对象，在此情况下，税收随价格转嫁给消费者负担，消费者是间接的纳税人，实际的负税人。消费税的征收具有较强的选择性，是国家贯彻消费政策、引导消费结构从而引导产业结构的重要手段，因而在保证国家财政收入，体现国家经济政策等方面具有十分重要的意义。

我国现行消费税是对在我国境内从事生产、委托加工和进口应税消费品的单位和个人就其应税消费品征收的一种税。它选择部分消费品征税，因而属于特别消费税。

二、消费税计税方法

无论是我国，还是世界上征收消费税的其他国家，消费税计税方法基本相同，主要采用三种计税方法：

1. 从价定率征收

在从价定率征收情况下，根据不同的应税消费品确定不同的比例税率，以应税消费品的销售额为基数乘以比例税率计算应纳税额。不同的是，有的国家消费税实行的是价外税，应税消费品的销售额不含消费税税额；有的国家消费税实行价内税，应税消费品的销售额含消费税税额。在从价定率征收情况下，消费税税额会随应税消费品的价格上升而增加，相反，消费税税额会随应税消费品的价格下降而减少。

2. 从量定额征收

在从量定额征收情况下，根据不同的应税消费品确定不同的单位税额，以应税消费品的数量为基数乘以单位税额计算应纳税额。在从量定额征收情况下，消费税税额不会随应税消费品的价格变化而变化，具有相对稳定性，一般适用于价格变化较小、批量较大的应税消费品。

3. 从价定率和从量定额复合征收

在从价定率和从量定额复合征收情况下，基本与前两种征收方法相同，只不过是对同一应税消费品同时采用两种计税方法计算税额，以两种方法计算的应纳税额之和为该应税消费品的应纳税额。采用复合征收方法的应税消费品一般较少，如我国目前只对卷烟和白酒采用复合征收方法。

三、我国消费税的特点

1. 征收范围具有选择性

我国消费税在征收范围上根据产业政策与消费政策仅选择部分消费品征税，而不是对所有消费品征收消费税。我国消费税目前共设置 14 个税目，征收的具体品目是采用正列举的，征税界限是清晰的，征税范围是有限的。只有消费税税目税率表上列举的应税消费品才征收消费税，没有列举的则不应征收消费税。

2. 征税环节具有单一性

消费税的最终负担人是消费者，但是，为了加强源泉控制，防止税款流失，消费税的纳税环节主要确定在产制环节或进口环节。无论在哪个环节征税，都实行单环节征收，以零售环节为纳税环节的应税消费品，在零售环节以前的诸环节都不征收消费税。这样，既可减少纳税人的数量，降低税款征收费用和税源流失的风险，又可以防止重复征税。

3. 平均税率水平比较高且税负差异大

消费税属于国家运用税收对某些消费品进行特殊调节的税种。为了有效体现国家政策，消费税的平均税率水平一般定得比较高，并且不同征税项目的税负差异较大，对需要限制或控制消费的消费品，通常税负较重。我国现行消费税是同增值税相互配合而设置的。这种办法在对某些需要特殊调节的消费品征收增值税的同时，再征收一道消费税，从而形成了一种交叉调节的间接税体系。

4. 征收方法具有灵活性

消费税在征收方法上，既可以采用对消费品制定单位税额，依消费品的数量实行从量定额的征收方法，也可以采用对消费品制定比例税率，依消费品的价格实行从价定率的征收方法。目前，对烟和酒两类消费品既采用从价征收，又同时采用从量征收。

5. 税负具有转嫁性

消费税是对消费应税消费品的课税。因此，税负归宿应为消费者。但为了简化征收管理，我国消费税直接以应税消费品的生产经营者为纳税人，于产制销售环节、进口环节或零售环节缴纳税款，并成为商品价格的一个组成部分向购买者收取，消费者为税负的最终负担者。

第二节　消费税账务处理

一、设置账户

根据现行会计准则的规定，应税消费品生产企业在核算消费税应税与缴税业务时，应在“应交税费”一级账户下设置“应交税费——应交消费税”二级账户，同时还应设置“营业税金及附加”一级账户。

“应交税费——应交消费税”账户属于负债类账户，该账户的贷方核算企业因销售和进口应税消费品而应缴纳的消费税额；借方核算企业实际缴纳的消费税额和待抵扣的消费税额。期末贷方余额为企业尚未缴纳的消费税，期末借方余额为企业多缴或待抵扣的消费税。

“营业税金及附加”账户属于费用类账户，该账户核算纳税人应负担的价内流转税额及应交的有关费用，如消费税、营业税、资源税、城市维护建设税、教育费附加、土地增值税等。该账户借方反映纳税人应交的营业税金及附加，贷方反映期末转入“本年利润”账户的营业税金及附加；该账户期末结转后无余额。

二、消费税涉税账户格式

“应交税费——应交消费税”及“营业税金及附加”两个账户均采用三栏活页式账页。

沈阳美华化妆品股份有限公司，于2003年5月20日经沈阳市工商行政管理部门注册登记成立，同年6月2日办理开业税务登记，为增值税一般纳税人，主管税务机关核定为查账征收，企业按月缴纳税款。

（一）企业基本资料

1. 企业名称：沈阳美华化妆品股份有限公司，组织机构代码：000066666，纳税人识别码：240103000055555，计算机管理代码：00234568，法定代表人：李宝华，财务负责人：张艳红，记账员：李娜，开票员：张英，出纳员：欧阳海。

2. 生产经营地址：沈阳市沈河区中央路75号，电话：024－24388433，电子邮箱：mdhzp2011@163.com，邮编：110043。生产经营范围：眉笔、指甲油、粉底霜、香水、香精、成套化妆品、护肤护发品等产品的生产与销售。

3. 开户银行：中国工商银行沈阳市沈河区分理处，结算账户：241－7776667，网银缴税专用账户：241－7786668。国税主管税务机关：沈阳市国家税务局直属分局，地税主管税务机关：沈阳市地方税务局直属分局。

（二）涉税业务资料

现以沈阳美华化妆品股份有限公司2012年6月份的购销业务为例，进行消费税的涉税会计核算及纳税申报的实务操作。

【业务1】 6月1日，销售成套化妆品和眉笔，开出增值税专用发票，货款已通过银行转账收讫，取得原始凭证如下。

中国工商银行 进账单（回单或收账通知）

交款日期 2012年06月01日 第005号

付款人	全称	沈阳大洋百货公司	收款人	全称	沈阳美华化妆品股份有限公司
	账号	241-7633668		账号	241-7776667
	开户银行	工行沈阳市支行中山路分理处		开户银行	工行沈阳市沈河区分理处
人民币（大写）	壹拾柒万柒仟捌百肆拾元整			亿 千 百 十 万 千 百 十 元 角 分	¥ 1 7 7 8 4 0 0 0
票据种类	转账支票			工行沈阳市沈河区分理处 2012.06.01 转账 转讫	
票据张数	1张				
单位主管	会计 王虹 复核 记账 刘燕			收款人开户银行签章	

此联是收款人开户银行交给收款人的回单或收账通知

辽宁省增值税专用发票

No: 02480032

2401092140 记账联

此联不作报销、扣税凭证使用 开票日期：2012年03月08日

购货单位	纳税人名称	沈阳大洋百货公司					密码区	（略）
	纳税人识别号	240104030000555555						
	地址、电话	沈阳市和平区中山路63号024-24388433						
	开户行及账号	工行沈阳市和平区中山路分理处2345-76336678						
货物或应税劳务名称		规格型号	单位	数量	单价	金额	税率	税额
成套化妆品		ZT	盒	200	700.00	140 000.00	17%	23 800.00
眉笔		BC	支	200	60.00	12 000.00	17%	2 040.00
合计						152 000.00		258 400.00
价税合计（大写）		壹拾柒万柒仟捌佰肆拾元整				（小写）¥177 840.00		
销货单位	纳税人名称	沈阳美华化妆品股份有限公司					备注	沈阳美华化妆品股份有限公司 发票专用章
	纳税人识别号	240103000066666						
	地址、电话	沈阳市沈河区中央路75号024-24388433						
	开户行及账号	工行沈阳市支行沈河区分理处241-7776667						

收款人：欧阳海 复核： 开票人：张英 销货单位：（盖章）

国税函[2010]873号北京印钞厂

第一联 记账联 销货方记账凭证

要求：根据上述原始凭证进行账务处理，填制相关记账凭证。

(1)根据原始凭证中所记录的销售收入，计算应纳消费税额：

应纳消费税额 = 140 000 × 30% + 12 000 × 30% = 42 000 + 3 600 = 45 600(元)

(2)进行销售业务和销项税额的账务处理，填制1张收款凭证。

收 款 凭 证

借方科目　银行存款　　　　2012年06月01日　　　　银收字1号

摘　要	贷方总账科目	明细科目	√	亿	千	百	十	万	千	百	十	元	角	分
销售化妆品和眉笔	主营业务收入						1	5	2	0	0	0	0	0
	应交税费	应交增值税（销项）						2	5	8	4	0	0	0
合　计						¥	1	7	7	8	4	0	0	0

附单据2张

财务主管：　　记账：李娜　　出纳：　　审核：　　制单：欧阳海

【业务2】 6月5日，为了表示尊敬、爱护女性，厂部决定将自产的40盒成套化妆品作为福利发给本厂女工，取得以下原始凭证。同类产品对外平均不含税售价为700元/盒。

> 注意：
>
> 自产自用应税消费品账务处理
>
> (1)将自产应税消费品用于职工福利改变了货物所有权，应确认销售收入，同时根据增值税、消费税的有关规定，应视同销售计征增值税和消费税。
>
> (2)消费税是价内税，需要确认销售收入的业务，其所涉及的消费税可在月末统一计算，并做相应的账务处理。不需要确认销售收入的业务，其所涉及的消费税应及时计税，并在进行销售账务处理的同时进行应计消费税账务处理。

三八妇女节福利领用登记表

部门单位	物品名称	单位	数量	领用人	备注
办公室	B型化妆品	盒	2	翁虹	1.以部门为单位领取，领取后部门工会小组长需在领用人一栏签名。 2.凡是我公司在职女职工，包括临时工都可以领取，每人一盒。
技术科	B型化妆品	盒	2	王英	
财务科	B型化妆品	盒	2	张纳	
人事科	B型化妆品	盒	2	徐小英	
综合科	B型化妆品	盒	2	孟晓华	
一车间	B型化妆品	盒	14	杨大宝	
二车间	B型化妆品	盒	12	陆小华	
包装车间	B型化妆品	盒	2	刘晓英	
销售部	B型化妆品	盒	2	李小慧	
合计			40		

库存产品出库单

日期：2012年06月05日

商品名称	计量单位	数量	单位成本	金额	用途
成套化妆品	盒	40	400.00元/盒	16 000.00	福利
合　计				16 000.00	

主管：　　记账：张纳　　仓库负责人：张丽　　部门负责人：

要求：根据上述原始凭证进行账务处理，填制相关记账凭证。

(1)根据领用登记表和出库单，计算应纳消费税额和增值税销项税额：

应纳消费税额 = 40 × 700 × 30% = 28 000 × 30% = 8 400(元)

增值税销项税额 = 40 × 700 × 17% = 28 000 × 17% = 4 760(元)

(2)根据计算出的应纳消费税额、增值税销项税额，填制1张转账凭证。

转 账 凭 证

2012年06月05日　　　　转字1号

摘　要	总账科目	明细科目	√	借方 十	万	千	百	十	元	角	分	√	贷方 十	万	千	百	十	元	角	分
将自产化妆品分给职工	应付职工薪酬				3	2	7	6	0	0	0									
	主营业务收入													2	8	0	0	0	0	0
	应交税费	应交增值税(销项)													4	7	6	0	0	0
合　计				¥	3	2	7	6	0	0	0		¥	3	2	7	6	0	0	0

附单据2张

财务主管：　　记账：张纳　　出纳：　　审核：　　制单：欧阳海

【业务3】 6月8日，缴纳5月份应交增值税40 000元、应交消费税72 000元、应交城建税7 840元、应交教育费附加3 360元，取得以下原始凭证。

注意：

税款缴纳账务处理

(1)一个企业在同一纳税期内，既要向主管国税机关缴纳税款，如增值税和消费税，又要向主管地税机关缴纳税款，如城建税、教育费附加等。企业应分别填写国税与地税的“电子缴库专用缴款书”。

（2）企业缴税后，应要求开户银行分别开具电子缴税付款凭证，即缴纳国税的付款凭证和缴纳地税的付款凭证，企业取得缴税付款凭证后，应分别进行完税的账务处理，制作两张付款凭证。如果银行开具一张缴税付款凭证，企业只需填制一张付款凭证。

工商银行电子缴税付款凭证

转账日期：2012年06月08日　　凭证字号：023457800123

付款人名称	沈阳美华化妆品股份有限公司	征收机关名称	沈阳市国家税务局直属分局
付款人账号	241-7776667	收缴国库名称	中华人民共和国国家金库沈阳市中心支库
付款人开户银行	中国工商银行沈阳市支行沈河区分理处	小写（合计）金额	56 000.00
缴款书交易流水号	2012060800123456	大写（合计）金额	伍万陆仟元整
税（费）种名称	所属日期		实缴金额
增值税	2012年05月01日至2012年05月31日		40 000.00
消费税	2012年05月01日至2012年05月31日		72 000.00

工行沈阳市沈河区分理处　2012.06.08　转账　转讫

第1次打印　作付款回单　无银行收讫章无效　记账：王祥　复核：程光明　打印时间：2012年06月08日

工商银行电子缴税付款凭证

转账日期：2012年06月08日　　凭证字号：023457800124

付款人名称	沈阳美华化妆品股份有限公司	征收机关名称	沈阳市地方税务局直属分局
付款人账号	241-7776667	收缴国库名称	中华人民共和国国家金库沈阳市中心支库
付款人开户银行	中国工商银行沈阳市支行沈河区分理处	小写（合计）金额	112 000.00
缴款书交易流水号	2012060800123456	大写（合计）金额	壹拾壹万贰仟元整
税（费）种名称	所属日期		实缴金额
城建税	2012年05月01日至2012年05月31日		7 840.00
教育费附加	2012年05月01日至2012年05月31日		3 360.00

工行沈阳市沈河区分理处　2012.06.08　转账　转讫

第1次打印　作付款回单　无银行收讫章无效　记账：王祥　复核：程光明　打印时间：2012年06月08日

要求：根据上述原始凭证进行账务处理，填制相关记账凭证。

付 款 凭 证

贷方科目 银行存款　　2012年06月08日　　银付字1号

摘　要	借方总账科目	明细科目	√	金额										
				亿	千	百	十	万	千	百	十	元	角	分
缴纳5月份消费税、增值税	应交税费	应交消费税						7	2	0	0	0	0	0
	应交税费	应交增值税						4	0	0	0	0	0	0
合　计						¥	1	1	2	0	0	0	0	0

附单据1张

财务主管：　　记账：张纳　　出纳：　　审核：　　制单：欧阳海

付 款 凭 证

贷方科目 银行存款　　2012年06月08日　　银付字2号

摘　要	借方总账科目	明细科目	√	金额										
				亿	千	百	十	万	千	百	十	元	角	分
缴纳5月份城建税和教育费附加	应交税费	应交城建税							7	8	4	0	0	0
	应交税费	应交教育费附加							3	3	6	0	0	0
合　计							¥	1	1	2	0	0	0	0

附单据1张

财务主管：　　记账：张纳　　出纳：　　审核：　　制单：欧阳海

【业务4】 6月10日，将外购A型香料2 000千克（成本价100 000元）运往沈阳宝华日用化工厂委托该公司代为加工香水精，开出领料单如下。

领　料　单

仓库：1号材料仓库　　　　2012年06月10日　　　　领料单编号：L-08

编号	类别	材料名称	规格	单位	数量		实际价格	
					请领	实发	单价	金额
L-08		A型钢材		吨	2 000	2 000	50.00	100 000.00
合　　计								100 000.00
领料用途	委托加工香水精				领料部门		发料部门	
					负责人	领料人	核准人	发料人
					李明礼	丁祥	徐风	王国民

根据上述原始凭证进行账务处理，填制相关记账凭证。

注意：

委托加工账务处理

(1)企业委托加工应税消费品，如果受托方为企业单位，委托加工需进行三项业务的账务处理：一是交付委托加工材料；二是支付加工费、加工环节的增值税和消费税；三是收回委托加工产品。

(2)支付加工环节消费税时，所加工的应税消费品用于连续生产的，加工环节的消费税应记入“应交税费——应交消费税”账户的贷方(因为要进行已纳税额扣除的处理)；所加工的应税消费品用于对外销售的，加工环节的消费税应记入“委托加工物资”账户的借方。

转 账 凭 证

2012年06月10日　　　　转字2号

摘　要	总账科目	明细科目	√	借方金额									√	贷方金额								
				百	十	万	千	百	十	元	角	分		百	十	万	千	百	十	元	角	分
发出委托加工材料	委托加工物资	A型香料			1	0	0	0	0	0	0	0										
	原材料	A型香料													1	0	0	0	0	0	0	0
合　计				¥	1	0	0	0	0	0	0	0		¥	1	0	0	0	0	0	0	0

附单据1张

财务主管：　　记账：张纳　　出纳：　　审核：　　制单：欧阳海

【业务5】 6月15日，支付6月10日委托加工A型香料的加工费和代垫辅料费12 000元(不含增值税)，同时支付加工环节的消费税，取得以下原始凭证。委托方没有同类香水精对外销售。

辽宁省增值税专用发票

No: 02452012

2401092140　　发票联　　开票日期：2012年06月15日

购货单位	纳税人名称	沈阳美华化妆品股份有限公司					密码区	（略）
	纳税人识别号	240103000055555						
	地址、电话	沈阳市沈河区中央路75号024-24388433						
	开户行及账号	工行沈阳市沈河区分理处241-7776667						
货物或应税劳务名称		规格型号	单位	数量	单价	金额	税率	税额
香水精加工费		A型	千克	200	50.00	10 000.00	17%	1 700.00
代垫辅料费						2 000.00	17%	340.00
合　计						12 000.00		2 040.00
价税合计(大写)		壹万肆仟零肆拾元整				（小写）¥14 040.00		
销货单位	纳税人名称	沈阳宝华日用化工厂				备注	沈阳宝华日用化工厂 发票专用章	
	纳税人识别号	240103000056888						
	地址、电话	沈阳市新城区新滨路62号024-85632266						
	开户行及账号	工行沈阳市支行新滨路分理处241-7762299						

收款人：邢少仁　　复核：　　开票人：刘京红　　销货单位：（盖章）

国税函[2010]873号北京印钞厂

第二联 发票联 购货方记账凭证

辽宁省增值税专用发票

No: 02452012

2401092140　　抵扣联　　开票日期：2012年06月15日

购货单位	纳税人名称	沈阳美华化妆品股份有限公司					密码区	（略）
	纳税人识别号	240103000055555						
	地址、电话	沈阳市沈河区中央路75号024-24388433						
	开户行及账号	工行沈阳市沈河区分理处241-7776667						
货物或应税劳务名称		规格型号	单位	数量	单价	金额	税率	税额
香水精加工费		A型	千克	200	50.00	10 000.00	17%	1 700.00
代垫辅料费						2 000.00	17%	340.00
合　计						12 000.00		2 040.00
价税合计(大写)		壹万肆仟零肆拾元整				（小写）¥14 040.00		
销货单位	纳税人名称	沈阳宝华日用化工厂				备注	沈阳宝华日用化工厂 发票专用章	
	纳税人识别号	240103000056888						
	地址、电话	沈阳市新城区新滨路62号024-85632266						
	开户行及账号	工行沈阳市支行新滨路分理处241-7762299						

收款人：邢少仁　　复核：　　开票人：刘京红　　销货单位：（盖章）

国税函[2010]873号北京印钞厂

第三联 抵扣联 购货方扣税凭证

注意：

加工环节消费税计税依据的确定

加工环节的消费税以受托方同类产品对外加权平均售价为计税依据，受托方没有同类产品对外销售的，应以组成计税价格计税。

计算加工环节税金应注意的问题

(1)计算加工环节消费税时，应注意委托加工产品组成计税价格计算与自产自用产品组成计税价格计算的区别。前者计税价格的组成要素为原材料、加工费、代垫辅料费和消费税，后者计税价格的组成要素为成本、利润和消费税。

(2)计算加工环节增值税时，要注意计税价格中的加工费包括受托方收取的代垫辅料费，同时还要注意计税价格中的加工费是不含增值税的。

中国工商银行　转账支票　（辽）60021786

中国工商银行 转账支票存根 AX-60021786
科　　目：________
对方科目：________
出票日期：2012年06月15日
收 款 人：宝华日用化工厂
金　　额：66 840.00
用　　途：支付加工费
单位主管：　　　会计：

2007.6北京印刷厂

出票日期(大写)贰零壹贰年零陆月拾伍日 付款行名称：工行沈阳市沈河区分理处

收款人：沈阳宝华日用化工厂　出票人账号：241-7776667

本支票付款期限10天

人民币（大写）	⊗陆万陆仟捌佰肆拾元整	千	百	十	万	千	百	十	元	角	分
				¥	6	6	8	4	0	0	0

用途：支付货款　　科目（借）________

上述款项请从　　对方科目（贷）________

我账户内支付　　出票日期2012年06月15日

出票人盖章　　复核 李宝华　　记账

（印章：沈阳美华化妆品股份有限公司 财务专用章）

03456　3456789　2121345677889　01

中华人民共和国代扣代收税款凭证

09辽国代　No：000234568

填发日期：2012年06月15日　　主管税务机关：沈阳市新城区国家税务局

纳税人	代码	240103000055555	扣缴义务人	代码	240103000056888
	全称	沈阳美华化妆品股份有限公司		全称	沈阳宝华日用化工厂
	地址	沈阳市沈河区中央路75号		地址	沈阳市新城区新滨路62号
注册类型		股份有限公司	税款所属时间		2012年06月15日～06月30日

税种	征税项目	课税数量	计税金额	税率和单位税额	扣除额	十	万	千	百	十	元	角	分
消费税	化妆品	200千克	180 000.00	30%			4	8	0	0	0	0	0
金额合计（大写）肆万捌仟元整						¥	4	8	0	0	0	0	0
主管税务机关（盖章）		扣缴义务人（盖章）	填票人(盖章) 董永		备注								

（印章：沈阳市新城区国家税务局 征收专用章；沈阳宝华日用化工厂 财务专用章）

江苏省国家税务局〔2009〕

第二联 扣税后交纳税人作记账凭证

中华人民共和国代扣代收税款凭证

09辽国代　　No：000234568

填发日期：2012年06月15日　　主管税务机关：沈阳市新城区地方税务局

江苏省国家税务局{2009}

纳税人			扣缴义务人		
代码	240103000055555		代码	240103000056888	
全称	沈阳美华化妆品股份有限公司		全称	沈阳宝华日用化工厂	
地址	沈阳市沈河区中央路75号		地址	沈阳市新城区新滨路62号	
注册类型	股份有限公司		税款所属时间	2012年6月15日～6月30日	

税种	征税项目	课税数量	计税金额	税率和单位税额	扣除额	金额 十	万	千	百	十	元	角	分
城建税			48 000.00	7%				3	3	6	0	0	0
教育费附加				3%				1	4	4	0	0	0
金额合计（大写）肆仟捌百元整							¥	4	8	0	0	0	0
主管税务机关（盖章）		扣缴义务人（盖章）		填票人（盖章）		备注							

第二联　扣税后交纳税人作记账凭证

要求：根据上述原始凭证进行账务处理，填制相关记账凭证。

（1）计算加工费的进项增值税、加工环节的消费税、应交城建税及教育费附加：

加工环节消费税 =（100 000 + 10 000 + 2 000）/（1 − 30%）× 30% = 48 000（元）

加工费进项税 = 12 000 × 17% = 2 040（元）

应交城建税 = 48 000 × 7% = 3 360（元）

应交教育费附加 = 48 000 × 3% = 1 440（元）

（2）对加工费的进项税、加工环节的消费税进行账务处理，填制1张收款凭证。

付款凭证

贷方科目　银行存款　　2012年06月15日　　银付字3号

摘要	借方总账科目	明细科目	√	亿	千	百	十	万	千	百	十	元	角	分
支付宝华日用化工厂加工费	委托加工物资							1	2	0	0	0	0	0
	应交税费	应交增值税（进项税额）							2	0	4	0	0	0
	应交税费	应交消费税						4	8	0	0	0	0	0
	应交税费	应交城建税							3	3	6	0	0	0
	应交税费	应交教育费附加							1	4	4	0	0	0
合计							¥	6	6	8	4	0	0	0

附单据2张

财务主管：　　记账：张纳　　出纳：　　审核：　　制单：欧阳海

(3)计提加工环节税费，填制1张转账凭证。

转账凭证

2012年06月15日　　转字3号

摘要	总账科目	明细科目	√	借方金额								√	贷方金额							
				十	万	千	百	十	元	角	分		十	万	千	百	十	元	角	分
计提加工环节税费	营业税及附加				5	2	8	0	0	0	0									
	应交税费	应交消费税												4	8	0	0	0	0	0
		应交城建税													3	3	6	0	0	0
		应交教育费附加													1	4	4	0	0	0
合计				¥	5	2	8	0	0	0	0		¥	5	2	8	0	0	0	0

附单据1张

财务主管：　记账：张纳　出纳：　审核：　制单：欧阳海

【业务6】 6月21日，收回香水精200千克，并办理了入库手续，取得如下原始凭证。

委托加工产品入库单

日期：2012年06月21日

商品名称	计量单位	数量	单位成本	金额	用途
香水精	千克	200	560.00	112 000.00	加工收回
合计				112 000.00	

主管：　记账：张纳　仓库负责人：张琨　部门负责人：杨宝华

要求：根据上述原始凭证进行账务处理，填制相关记账凭证。

转账凭证

2012年06月21日　　转字4号

摘要	总账科目	明细科目	√	借方金额									√	贷方金额								
				百	十	万	千	百	十	元	角	分		百	十	万	千	百	十	元	角	分
收回委托加工的香水精	库存商品	香水精			1	1	2	0	0	0	0	0										
	委托加工物资														1	1	2	0	0	0	0	0
合计				¥	1	1	2	0	0	0	0	0		¥	1	1	2	0	0	0	0	0

附单据1张

财务主管：　记账：张纳　出纳：　审核：　制单：欧阳海

【业务7】 6月25日，加工收回的香水精20%用于对外销售，80%用于生产香水和化妆品，货款已通过银行转账收讫。取得如下原始凭证。

辽宁省增值税专用发票

No: 02480033

记账联

2401092140 此联不做报销、扣税凭证使用 开票日期：2012年06月25日

购货单位	纳税人名称	大连天宝保健用品公司					密码区	（略）
	纳税人识别号	240201000055222						
	地址、电话	大连市天津街60号0411-88765432						
	开户行及账号	工行大连市分行天津街分理处411-7655888						
货物或应税劳务名称		规格型号	单位	数量	单价	金额	税率	税额
香水精			千克	40	1 000.00	40 000.00	17%	6 800.00
合 计						40 000.00		6 800.00
价税合计（大写）		肆万陆仟捌佰元整				（小写）¥46 800.00		
销货单位	纳税人名称	沈阳美华化妆品股份有限公司					备注	沈阳美华化妆品股份有限公司 财务专用章
	纳税人识别号	240103000055555						
	地址、电话	沈阳市沈阳区中央路75号024-24388433						
	开户行及账号	工行沈阳市沈河区分理处241-7776667						

收款人：欧阳海 复核： 开票人：张英 销货单位：（盖章）

国税函［2010］873号北京印钞厂

第一联 记账联 销货方记账凭证

中国工商银行 进账单（回单或收账通知）

交款日期 2012年06月25日 第005号

付款人	全称	大连天宝保健用品公司	收款人	全称	沈阳美华化妆品股份有限公司
	账号	411-7655888		账号	241-7776667
	开户银行	工行大连市分行天津街分理处		开户银行	工行沈阳市沈河区分理处

人民币（大写）	肆万陆仟捌佰元整	亿	千	百	十	万	千	百	十	元	角	分
					¥	4	6	8	0	0	0	0
票据种类	转账支票											
票据张数	1张											
单位主管 会计 王虹 复核 记账 刘燕		收款人开户银行签章										

工行沈阳市沈河区分理处 2012.06.25 转账 转讫

注意：

已税消费品已纳消费税额扣除

化妆品与香水精同属一个消费税税目，以委托加工收回的已税消费品用于连续生产应税消费品，其加工环节缴纳的消费税可以扣除。委托加工收回的已税消费品直接对外销售，不再征收消费税，其已纳消费税也不得扣除。

委托加工产品出库单

日期：2012年06月21日

商品名称	计量单位	数量	单位成本	金额	用途
香水精	千克	40	560.00	22 400.00	对外销售
香水精	千克	160	560.00	89 600.00	生产领用
合　计				112 000.00	

主管：　　记账：张纳　　仓库负责人：张琨　　部门负责人：杨宝峰

要求：根据上述原始凭证进行账务处理，填制相关记账凭证。

收 款 凭 证

借方科目　银行存款　　2012年06月25日　　银收字2号

摘　要	贷方总账科目	明细科目	√	金额										
				亿	千	百	十	万	千	百	十	元	角	分
销售加工收回的香水精	主营业务收入							4	0	0	0	0	0	0
	应交税费	应交增值税（销项）							6	8	0	0	0	0
合　计							¥	4	6	8	0	0	0	0

附单据2张

财务主管：　　记账：李娜　　出纳：　　审核：　　制单：欧阳海

（1）计算可扣除的已纳消费税额：

可扣除的已纳消费税额＝48 000×80%＝38 400（元）

（2）进行领用委托加工材料和已纳消费税额的处理，填制2张转账凭证。

转账凭证

2012年06月25日 转字5号

摘要	总账科目	明细科目	√	借方金额 十	万	千	百	十	元	角	分	√	贷方金额 十	万	千	百	十	元	角	分
领用委托加工的香水精	基本生产				8	9	6	0	0	0	0									
	库存商品													8	9	6	0	0	0	0
合计				¥	8	9	6	0	0	0	0		¥	8	9	6	0	0	0	0

附单据 1 张

财务主管： 记账：张纳 出纳： 审核： 制单：欧阳海

转账凭证

2012年06月25日 转字6号

摘要	总账科目	明细科目	√	借方金额 十	万	千	百	十	元	角	分	√	贷方金额 十	万	千	百	十	元	角	分
已纳消费税额扣除	应交税费	应交消费税			3	8	4	0	0	0	0									
	营业税金及附加													3	8	4	0	0	0	0
合计				¥	3	8	4	0	0	0	0		¥	3	8	4	0	0	0	0

附单据 张

财务主管： 记账：张纳 出纳： 审核： 制单：欧阳海

【业务8】 6 月 28 日，销售给沈阳联营百货商场指甲油 1 000 瓶，不含增值税价款为 100 000元；唇膏 200 支，不含增值税价款为 12 000 元。货款已通过银行转账收讫。同日以成套化妆品 600 盒做投资与其他企业组建抚顺顺达化妆品股份有限公司，占新公司 10% 的股份，货物已按投资协议交付，作价 819 元/盒。同类产品对外不含税最高售价为 800 元。取得如下原始凭证。

注意：

对外投资消费税计税价格处理

用自产应税消费品换取生产资料和生活资料，用于对外投资和偿还债务的，按同类应税消费品的最高售价计征消费税，将自产应税消费品用于其他方面按平均售价计征消费税。

辽宁省增值税专用发票

No: 02480034

记账联

2401092140

此联不做报销、扣税凭证使用　　开票日期：2012年06月28日

购货单位	纳税人名称	沈阳联营百货商场					密码区	（略）
	纳税人识别号	240103000055333						
	地址、电话	沈阳市中华路18号024-25668678						
	开户行及账号	工行沈阳市支行中华路分理处241-5566882						
货物或应税劳务名称	规格型号	单位	数量	单价	金额	税率	税额	
指甲油		瓶	1 000	100.00	100 000.00	17%	17 000.00	
唇膏		支	200	60.00	12 000.00	17%	2 040.00	
合　计					112 000.00		19 040.00	
价税合计（大写）	壹拾叁万壹仟零肆拾元整				（小写）¥131 040.00			
销货单位	纳税人名称	沈阳美华化妆品股份有限公司				备注		
	纳税人识别号	240103000055555						
	地址、电话	沈阳市沈河区中央路75号024-24388433						
	开户行及账号	工行沈阳市沈河区分理处241-7776667						

收款人：欧阳海　　复核：　　开票人：张英　　销货单位：（盖章）

沈阳美华化妆品股份有限公司　财务专用章

第一联　记账联　销货方记账凭证

国税函[2010]873号北京印钞厂

辽宁省增值税专用发票

No: 02480035

记账联

2401092140

此联不做报销、扣税凭证使用　　开票日期：2012年06月28日

购货单位	纳税人名称	抚顺顺达化妆品股份有限公司					密码区	（略）
	纳税人识别号	4131030000555444						
	地址、电话	抚顺市雷锋路30号0413-48665556						
	开户行及账号	工行抚顺市支行雷锋路分理处413-5553336						
货物或应税劳务名称	规格型号	单位	数量	单价	金额	税率	税额	
成套化妆品		盒	600	700.00	420 000.00	17%	71 400.00	
合　计					420 000.00		71 400.00	
价税合计（大写）	肆拾玖万壹仟肆佰元整				（小写）¥491 400.00			
销货单位	纳税人名称	沈阳美华化妆品股份有限公司				备注		
	纳税人识别号	240103000055555						
	地址、电话	沈阳市沈河区中央路75号024-24388433						
	开户行及账号	工行沈阳市沈河区分理处241-7776667						

收款人：欧阳海　　复核：　　开票人：张英　　销货单位：（盖章）

沈阳美华化妆品股份有限公司　财务专用章

第一联　记账联　销货方记账凭证

国税函[2010]873号北京印钞厂

注意：

以自产应税消费品对外投资的账务处理方法

自产应税消费品对外投资属于视同销售范围，因其改变了货物所有权，应确认销售收入，贷记“主营业务收入”账户。

中国工商银行 进账单（回单或收账通知）

交款日期 2012年06月28日 第006号

付款人	全称	沈阳联营百货商场	收款人	全称	沈阳美华化妆品股份有限公司
	账号	241-5566882		账号	241-7776667
	开户银行	工行沈阳市支行中华路分理处		开户银行	工行沈阳市沈河区分理处

人民币（大写）	壹拾叁万壹仟零肆拾元整	亿	千	百	十	万	千	百	十	元	角	分
				¥	1	3	1	0	4	0	0	0
票据种类	转账支票											
票据张数	1张											

单位主管 会计 王虹 复核 记账 刘燕

收款人开户银行签章

（印章：工行沈阳市沈河区分理处 2012.06.28 转账 转讫）

库存产品出库单

日期：2012年06月28日

商品名称	计量单位	数量	单位成本	金额	用途
指甲油	瓶	1 000	40.00	40 000.00	销售
唇膏	支	200	30.00	6 000.00	销售
成套化妆品	盒	600	400.00	240 000.00	投资
合计				286 000.00	

主管： 记账：张纳 仓库负责人：张辊 部门负责人：杨宝华

要求：根据上述原始凭证进行账务处理，填制相关记账凭证。

(1)计算应纳消费税：

销售应纳消费税额 = 100 000 × 30% + 12 000 × 30% = 33 600(元)

投资应纳消费税额 = 600 × 800 × 30% = 480 000 × 30% = 144 000(元)

(2)进行销售及对外投资的账务处理，填制 1 张收款凭证，1 张转账凭证。

收 款 凭 证

借方科目　银行存款　　　　2012年06月28日　　　　银收字3号

摘　要	贷方总账科目	明细科目	√	金额										
				亿	千	百	十	万	千	百	十	元	角	分
销售指甲油和唇膏	主营业务收入					1	1	2	0	0	0	0	0	0
	应交税费	应交增值税(销项)					1	9	0	4	0	0	0	0
合　计					¥	1	3	1	0	4	0	0	0	0

附单据2张

财务主管：　　记账：张纳　　出纳：　　审核：　　制单：欧阳海

转 账 凭 证

2012年06月28日　　　　转字7号

摘　要	总账科目	明细科目	√	借方金额									√	贷方金额								
				百	十	万	千	百	十	元	角	分		百	十	万	千	百	十	元	角	分
成套化妆品对外投资	长期投资	股权投资			4	9	1	4	0	0	0	0										
	主营业务收入														4	2	0	0	0	0	0	0
	应交税费	应交增值税														7	1	4	0	0	0	0
合　计				¥	4	9	1	4	0	0	0	0		¥	4	9	1	4	0	0	0	0

附单据1张

财务主管：　　记账：张纳　　出纳：　　审核：　　制单：欧阳海

【业务9】 6 月 29 日，销售给沈阳中兴化妆品贸易公司茉莉花香型香水 2 000 瓶，玫瑰花香型香水 1 000 瓶，开出增值税专用发票，货款已通过银行转账收讫。取得如下原始凭证。

辽宁省增值税专用发票

No: 02480036

记账联

2401092140

此联不做报销、扣税凭证使用　开票日期：2012年06月29日

购货单位	纳税人名称	沈阳中兴化妆品贸易公司					密码区	（略）
	纳税人识别号	2401030000555444						
	地址、电话	沈阳市中山路218号024-26846264						
	开户行及账号	工行沈阳市支行中兴路分理处241-5544333						
货物或应税劳务名称		规格型号	单位	数量	单价	金额	税率	税额
茉莉花香型香水			瓶	2 000	200.00	400 000.00	17%	68 000.00
玫瑰花香型香水			瓶	1 000	100.00	100 000.00	17%	17 000.00
合　计						500 000.00		85 000.00
价税合计（大写）		伍拾捌万伍仟元整				（小写）¥585 000.00		
销货单位	纳税人名称	沈阳美华化妆品股份有限公司					备注	
	纳税人识别号	240103000055555						
	地址、电话	沈阳市沈河区中央路75号024-24388433						
	开户行及账号	工行沈阳市沈河区分理处241-7776667						

收款人：欧阳海　复核：　开票人：张英　销货单位：（盖章）

（印章：沈阳美华化妆品股份有限公司 财务专用章）

国税函[2010]873号北京印钞厂

第一联　记账联　销货方记账凭证

中国工商银行　进账单（回单或收账通知）

交款日期 2012年06月29日　第007号

付款人	全称	沈阳中兴化妆品贸易公司	收款人	全称	沈阳美华化妆品股份有限公司
	账号	241-5544333		账号	241-7776667
	开户银行	工行沈阳市中兴路分理处		开户银行	工行沈阳市沈河区分理处

人民币（大写）	伍拾捌万伍仟元整	亿	千	百	十	万	千	百	十	元	角	分
				¥	5	8	5	0	0	0	0	0
票据种类	转账支票	收款人开户银行签章										
票据张数	1张											
单位主管　会计 王虹　复核　记账 刘燕												

（印章：工行沈阳市沈河区分理处 2012.06.29 转账 转讫）

要求：根据上述原始凭证进行账务处理，填制相关记账凭证。

（1）根据此笔销售业务原始凭证中所记录的销售收入，计算应纳消费税额：

应纳消费税额 =500 000 ×30% =150 000（元）

（2）进行销售业务的账务处理，填制 1 张收款凭证。销售应税消费品的消费税月末一次性进行应税账务处理。

收款凭证

借方科目　银行存款　　　2012年06月29日　　　银收字4号

摘要	贷方总账科目	明细科目	√	亿	千	百	十	万	千	百	十	元	角	分
销售香水	主营业务收入						5	0	0	0	0	0	0	0
	应交税费	应交增值税（销项）						8	5	0	0	0	0	0
合　计						¥	5	8	5	0	0	0	0	0

附单据 2 张

财务主管：　记账：张纳　出纳：　审核：　制单：杨宝华

【业务10】 6 月 30 日，编制消费税应纳税额计算表，计算本月销售应税消费品的应纳消费税额，并进行消费税账务处理，填制 1 张转账凭证。

消费税应纳税额计算表

业务	品目	时间	单位	数量	单价	计税依据	适用税率	应纳税额
1	成套化妆品	6月1日	盒	200	700.00	140 000.00	30%	42 000.00
2	成套化妆品	6月5日	盒	40	700.00	28 000.00	30%	8 400.00
8	成套化妆品	6月28日	盒	600	800.00	480 000.00	30%	144 000.00
1	眉笔	6月1日	支	200	60.00	12 000.00	30%	3 600.00
8	指甲油	6月28日	瓶	1 000	100.00	100 000.00	30%	30 000.00
8	唇膏	6月28日	支	200	60.00	12 000.00	30%	3 600.00
9	茉莉花型香水	6月29日	瓶	2 000	200.00	400 000.00	30%	120 000.00
9	玫瑰花型香水	6月29日	瓶	1 000	100.00	100 000.00	30%	30 000.00
						1 272 000.00		381 600.00

转 账 凭 证

2012年06月30日　　转字8号

摘　要	总账科目	明细科目	√	借方金额									√	贷方金额								
				百	十	万	千	百	十	元	角	分		百	十	万	千	百	十	元	角	分
计提本月应纳消费税	营业税金及附加				3	8	1	6	0	0	0	0										
	应交税费	应交消费税													3	8	1	6	0	0	0	0
合　计				¥	3	8	1	6	0	0	0	0		¥	3	8	1	6	0	0	0	0

附单据　张

财务主管：　　记账：张纳　　出纳：　　审核：　　制单：欧阳海

【业务11】 6月30日，进行月末结账，同时结转“营业税金及附加”账户，结转后该账户的期末余额为零，填制1张转账凭证。

转 账 凭 证

2012年06月30日　　转字9号

摘　要	总账科目	明细科目	√	借方金额									√	贷方金额								
				百	十	万	千	百	十	元	角	分		百	十	万	千	百	十	元	角	分
月末结转本账户	本年利润				3	9	6	0	0	0	0	0										
	营业税金及附加														3	9	6	0	0	0	0	0
合　计				¥	3	9	6	0	0	0	0	0		¥	3	9	6	0	0	0	0	0

附单据　张

财务主管：　　记账：张纳　　出纳：　　审核：　　制单：欧阳海

三、登记消费税涉税账户

（一）登记“应交税费——应交消费税”账户

根据沈阳美华化妆品股份有限公司2012年6月份的1～9笔业务资料及相关的凭证记录，登记“应交税费——应交消费税”账户，该账户上月借方金额累计300 000元，贷方金额累计372 000元。

应交税费——应交消费税　明细账

总第　页
分第　页

2012年 月	日	记账凭证号	摘要	对方科目	页数	借方金额	贷方金额	借或贷	余额
			上月结余			300 000.00	372 000.00	贷	72 000.00
06	08	银付1	缴纳上月消费税	银行存款		72 000.00			
	15	银付3	支付加工环节消费税	银行存款		48 000.00			
	15	转3	计提加工环节消费税	营业税金及附加			48 000.00		
	25	转6	已纳消费税额	营业税金及附加		38 400.00			
	30	转8	计提本月应纳消费税额	营业税金及附加			381 600.00		
			本月合计			158 400.00	429 600.00		
			本年累计			458 400.00	801 600.00	贷	343 200.00

（二）登记"营业税金及附加"账户

根据沈阳美华化妆品股份有限公司2012年6月份的1～9笔业务资料及相关的凭证记录，登记"营业税金及附加"账户，该账户上月借方金额累计372 000元，贷方金额累计372 000元，月末无余额。

营业税金及附加　明细账

总第　页
分第　页

2012年 月	日	记账凭证号	摘要	对方科目	页数	借方金额	贷方金额	借或贷	余额
			上月结余			372 000.00	372 000.00	平	0.00
06	15	转3	计提加工环节消费税	应交消费税		52 000.00			
	25	转6	已纳消费税额扣除	应交消费税					
	30	转8	计提本月应纳消费税额	应交消费税		381 000.00	38 400.00		
	30	转9	结转本账户	本年利润			396 000.00	平	0.00
			本月合计			434 400.00	434 400.00		
			本年累计			806 400.00	806 400.00	平	0.00

第三节　消费税纳税申报

现行消费税共有14个税目，不同税目应税消费品的特点不同，税务机关要求报送的纳税申报资料及其内容也不同。根据各地税务机关的规定，重点税目单独设计纳税申报表，其他税目采用综合纳税申报表。

一、《消费税纳税申报表》填写方法

《消费税纳税申报表》分为表头栏、本期消费税额栏、本期抵扣税额栏、税额计算栏和申报责任栏五个部分。

(1)"适用税率"必须同消费税税目税率表中的税率相一致。

(2)"销售数量"：白酒为斤，啤酒、黄酒、其他酒和酒精为吨。

(3)"本期准予抵扣税额"：按本表附件一的本期准予抵扣税款合计金额填写。

(4)"本期减(免)税额"：该项不含出口退(免)税额。

(5)"期初未缴税额"：填写本期期初累计应缴未缴的消费税额，多缴为负数。

(6)"本期缴纳前期应纳税额"：填写本期实际缴纳入库的前期消费税额。

(7)"本期预缴税额"：填写纳税申报前已预先缴纳入库的本期消费税额。

(8)"本期应补(退)税额"：其计算公式如下，多缴为负数：

本期应补(退)税额 = 合计栏应纳税额 - 本期准予抵扣税额 - 本期减(免)税额 - 本期预缴税额

(9)"期末未缴税额"：其计算公式如下，多缴为负数：

期末未缴税额 = 期初未缴税额 + 本期应补(退)税额 - 本期缴纳前期应纳税额

二、《消费税纳税申报表》填报操作

一般应税消费品消费税纳税申报表

税款所属期：2012年06月01日至2012年06月30日

纳税人名称(公章)：　　　　　　纳税人识别号：240103000055555

填表日期：2012年07月05日　　　　　　金额单位：元(列至角分)

项目 应税消费品名称	适用税率	销售数量	销售额	应纳税额
成套化妆品	30%	840盒	648 000.00	194 400.00
眉笔	30%	200支	12 000.00	3 600.00
指甲油	30%	1 000瓶	100 000.00	30 000.00
唇膏	30%	200支	12 000.00	3 600.00
茉莉花香型香水	30%	2 000瓶	400 000.00	120 000.00
玫瑰花香型香水	30%	1 000瓶	100 000.00	30 000.00
合计			1 272 000.00	381 600.00

续上表

本期准予抵扣税额：	38 400.00	声明 此纳税申报表是根据国家税收法律的规定填报的，我确定它是真实的、可靠的、完整的。 经办人(签章)：　　财务负责人(签章)： 联系电话：024 - 24388433
本期减(免)税额：	0	
期初未缴税额：	72 000.00	
本期缴纳前期应纳税额：	72 000.00	
本期预缴税额：	0	如果你已委托代理人申报，请填写： 授权声明 为代理一切税务事宜，现授权(地址)________________为本纳税人的代理申报人，任何与本申报表有关的往来文件，都可寄予此人。 授权人签章：
本期应补(退)税额：	343 200.00	
期末未缴税额：	343 200.00	
备注：		
以下由税务机关填写		
受理人(签章)：吴佩鑫	受理日期：2012 年 07 月 05 日	受理税务机关(章)：

三、填写“电子缴库专用缴款书”

根据上述纳税申报资料，为沈阳美华化妆品股份有限公司填写一份“电子缴库专用缴款书”，通知开户银行划拨缴纳消费税款。

> 注意：
>
> 填写“电子缴库专用缴款书”的注意事项
>
> 在实际工作中，一个企业在一个纳税期内要同时缴纳多个税种，采用电子缴库专用缴款书缴纳税款的，可将多个税种的应纳税额同时填写在一张电子缴库专用缴款书上，发给开户银行，再由开户银行从本企业的网银缴税专用账户上扣款缴税或由企业通过电子方式缴税。

电子缴库专用缴款书

填开日期：2012 年 07 月 05　　　　2010 辽国税电库：0016378

☑ 已申报　申报序号：24010705001236　　　　□未申报

纳税人计算机代码	00236845	征收机关代码	
纳税人名称	沈阳美华化妆品股份有限公司	征收机关名称	沈阳市国家税务局直属分局
付款人名称	沈阳美华化妆品股份有限公司	收缴国库名称	中华人民共和国国家金库沈阳市中心支库
付款人开户行名称	中国工商银行沈阳市支行沈河区分理处	国库清算行号	0245
付款人账号	241 - 77786668	金额合计	叁拾肆万叁仟贰佰元整
纳税项目代码	课税数量	计税金额	实缴税额
101020103 股份制企业消费税		1 272 000.00	343 200.00
付款人(盖章) 经办人　华英雄	税务机关(盖章)	银行(盖章) 记账员(签章)	备注

实训四　进出口会计核算与纳税申报

【实训目的】 本实训主要引导学生按照“设置进出口涉税账户→进出口涉税业务账务处理→计算应税与退免税额→填报应税与退免税申报资料→填制出口退税申请书→核算出口退税款”的程序，全面、系统地学习进出口的涉税会计核算与纳税申报。

【实训要求】 本实训要求学生根据“生产企业进出口涉税会计核算与退免税申报”、“外贸企业进出口涉税会计核算与退免税申报”中所提供的实训资料，进行仿真模拟操作。

第一节　进出口业务概述

一、进口货物的征税范围及纳税人

(1) 根据《增值税暂行条例》的规定，申报进入中华人民共和国海关境内的货物，均应缴纳增值税。

确定一项货物是否属于进口货物，必须首先看其是否有报关进口手续。一般来说，境外产品要输入境内，都必须向我国海关申报进口，并办理有关报关手续。只要是报关进口的应税货物，不论其是国外产制还是我国已出口而转销国内的货物，是进口者自行采购还是国外捐赠的货物，是进口者自用还是作为贸易或其他用途等，均应按照规定缴纳进口环节的增值税。

国家在规定对进口货物征税的同时，对某些进口货物制定了减免税的特殊规定。如属于“来料加工、进料加工”贸易方式进口国外的原材料、零部件等在国内加工后复出口的，对进口的料、件按规定给予免税或减税，但这些进口免、减税的料、件若不能加工复出口，而是销往国内的，就要予以补税。对进口货物是否减免税由国务院统一规定，任何地方、部门都无权规定减免税项目。

(2) 进口货物的收货人或办理报关手续的单位和个人，为进口货物增值税的纳税义务人。也就是说，进口货物增值税纳税人的范围较宽，包括了国内一切从事进口业务的企业事业单位、机关团体和个人。

对于企业、单位和个人委托代理进口应征增值税的货物，鉴于代理进口货物的海关完税凭证，有的开具给委托方，有的开具给受托方的特殊性，对代理进口货物以海关开具的完税凭证上的纳税人为增值税纳税人。在实际工作中一般由进口代理者代缴进口环节增值税。纳税后，由代理者将已纳税款和进口货物价款费用等与委托方结算，由委托者承担已纳税款。

二、进口货物的适用税率

进口货物增值税税率为17%。

三、进口货物应纳税额的计算

纳税人进口货物，按照组成计税价格和《增值税暂行条例》规定的税率计算应纳税额。我们在计算增值税销项税额时直接用销售额作为计税依据或计税价格，但在进口产品计算增值税时不能直接得到类似销售额这样一个计税依据，需要通过计算而得，即要计算组成计税价格。组成计税价格是指在没有实际销售价格时，按照税法规定计算出作为计税依据的价格。进口货物增值税组成计税价格和应纳税额的计算公式：

组成计税价格 = 关税完税价格 + 关税 + 消费税

应纳税额 = 组成计税价格 × 税率

四、进口货物的税收管理

进口货物的增值税由海关代征。个人携带或者邮寄进境自用物品的增值税，连同关税一并计征。具体办法由国务院关税税则委员会会同有关部门制定。

进口货物，增值税纳税义务发生时间为报关进口的当天，其纳税地点应当由进口人或其代理人向报关地海关申报纳税，其纳税期限应当自海关填发海关进口增值税专用缴款书之日起15日内缴纳税款。

五、出口货物退(免)税

出口货物退(免)税是国际贸易中通常采用的并为世界各国普遍接受的、目的在于鼓励各国出口货物公平竞争的一种退还或免征间接税(目前我国主要包括增值税、消费税)的税收措施，即对出口货物已承担或应承担的增值税和消费税等间接税实行退还或者免征。由于这项制度比较公平合理，因此它已成为国际社会通行的惯例。

我国的出口货物退(免)税是指在国际贸易业务中，对我国报关出口的货物退还或免征其在国内各生产和流转环节按税法规定缴纳的增值税和消费税，即对增值税出口货物实行零税率，对消费税出口货物免税。

增值税出口货物的零税率，从税法上理解有两层含义：一是对本道环节生产或销售货物的增值部分免征增值税；二是对出口货物前道环节所含的进项税额进行退付。当然，由于各种货物出口前涉及征免税情况有所不同，且国家对少数货物有限制出口政策，因此，对货物出口的不同情况的国家在遵循“征多少、退多少”、“未征不退和彻底退税”基本原则的基础上，制定了不同的税务处理办法。

我国的出口货物税收政策分为以下三种形式：

1. 出口免税并退税

出口免税是指对货物在出口销售环节不征增值税、消费税，这是把货物出口环节与出口前的销售环节都同样视为一个征税环节；出口退税是指对货物在出口前实际承担的税收负担，按规定的退税率计算后予以退还。

2. 出口免税不退税

出口免税与上述第1项含义相同。出口不退税是指适用这个政策的出口货物因在前一道生产、销售环节或进口环节是免税的，因此，出口时该货物的价格中本身就不含税，也无须退税。

3. 出口不免税也不退税

出口不免税是指对国家限制或禁止出口的某些货物的出口环节视同内销环节，照常征税；出口不退税是指对这些货物出口不退还出口前其负担的税款。适用这个政策的主要是税法列举限制或禁止出口的货物，如天然牛黄、麝香等。

六、出口货物退(免)税的适用范围

《出口货物退(免)税管理办法》规定：可以退(免)税的出口货物一般应具备以下四个条件：

1. 必须是属于增值税、消费税征税范围的货物

这两种税的具体征收范围及其划分，《中华人民共和国增值税暂行条例》和《中华人民共和国消费税暂行条例》对其税目、税率(单位税额)均已明确。

2. 必须是报关离境的货物

所谓报关离境，即出口，就是货物输出海关，这是区别货物是否应退(免)税的主要标准之一。凡是报关不离境的货物，不论出口企业以外汇结算还是以人民币结算，也不论企业在财务上和其他管理上作何处理，均不能视为出口货物予以退(免)税。

3. 必须是在财务上作销售处理的货物

出口货物只有在财务上作销售处理后，才能办理退税。

4. 必须是出口收汇并已核销的货物

将出口退税与出口收汇核销挂钩可以有效地防止出口企业高报出口价格骗取退税，有助于提高出口收汇率，有助于强化出口收汇核销制度。

(一)出口货物的退税率

出口货物的退税率，是出口货物的实际退税额与退税计税依据的比例。现行出口货物的增值税退税率有17%、15%、14%、13%、11%、9%、8%、6%、5%等。

(二)出口货物应退税额的计算

出口货物只有在适用既免税又退税的政策时，才会涉及如何计算退税的问题。由于各类出口企业对出口货物的会计核算办法不同，有对出口货物单独核算的，有对出口和内销的货物统一核算成本的。为了与出口企业的会计核算办法相一致，我国《出口货物退(免)税管理办法》规定了两种退税计算办法：第一种办法是“免、抵、退”办法，主要适用于自营和委托出口自产货物的生产企业；第二种办法是“先征后退”办法，目前主要用于收购货物出口的外(工)贸企业。

(三)具体计算方法与计算公式

1. 当期应纳税额的计算

当期应纳税额 = 当期内销货物的销项税额 -（当期进项税额 - 当期免抵退税不得免征和抵扣税额）- 上期留抵税额

其中：

当期免抵退税不得免征和抵扣税额 = 出口货物离岸价 × 外汇人民币牌价 ×（出口货物征

税率－出口货物退税率）－免抵退税不得免征和抵扣税额抵减额

免抵退税不得免征和抵扣税额抵减额＝免税购进原材料价格×（出口货物征税率－出口货物退税率）

进料加工免税进口料件的组成计税价格＝货物到岸价＋海关实征关税和消费税

2. 免抵退税额的计算

免抵退税额＝出口货物离岸价×外汇人民币牌价×出口货物退税率－免抵退税额抵减额

其中：

免抵退税额抵减额＝免税购进原材料价格×出口货物退税率

3. 当期应退税额和免抵税额的计算

（1）如当期期末留抵税额≤当期免抵税额，则：

当期应退税额＝当期期末留抵税额

当期免抵税额＝当期免抵退税额－当期应退税额

（2）如当期期末留抵税额＞当期免抵退税额，则：

当期应退税额＝当期免抵退税额

当期免抵税额＝0

（四）出口货物退（免）税管理

为加强生产企业出口货物“免、抵、退”税管理，促使生产企业准确及时申报“免、抵、退”税出口额，国税函〔2003〕95号文件规定，自2003年1月1日起，对生产企业申报免、抵、退税的出口额实行与“口岸电子执法系统”出口退税子系统中的出口数据进行核对的办法。具体规定为：

（1）主管征税机关的退税部门或岗位对生产企业申报的免、抵、退税出口额，须在企业申报的当月，与“口岸电子执法系统”出口退税子系统的出口货物报关单（退税）证明联电子数据进行核对。

（2）对生产企业申报的没有电子数据（有纸质报关单的除外）的“免、抵、退”税出口额和有电子数据但企业未在当月申报的出口额，应按企业申报的相对应的出口额或电子数据中的离岸价等计算销项税额，并在当月底前通知生产企业。生产企业须按对应的实际出口额，在次月视同内销货物，按规定计算销项税额并缴纳增值税。如果属于消费税的应税货物，还应缴纳消费税。

第二节　生产企业进出口账务处理及纳税申报

企业进出口业务包括进口业务与出口业务两大部分，进口业务涉及进口关税、进口增值税和进口消费税，出口业务涉及出口关税、出口退免增值税、出口退免消费税等。为了全面、系统地核算进出口涉税事项，企业应设置下述相关账户。

一、设置进出口关税涉税账户

企业进口货物，应征收进口关税，核算进口关税时不单独设置进口关税一级账户，而是将进口关税作为进口材料或商品成本的一个组成部分，在“材料采购”或“商品采购”账户下设置二级账户“材料采购(或商品采购)——进口关税”。

企业出口货物，按照现行规定，为了鼓励出口，一般出口货物不征收出口关税或者出口关税税率为零；对于国家禁止出口或限制出口的货物需征收出口关税。需要征收出口关税的企业，应设置“营业税金及附加”账户进行会计核算。

二、设置进出口增值税涉税账户

企业进口货物，应征收进口增值税，进口增值税实质上就是增值税的进项税，其会计核算与从境内购进货物进项税的核算方法相同，即借记“应交税费——应交增值税(进项税额)”账户，不需要单独设置账户。

生产企业出口货物实行增值税免抵退税政策，核算企业增值税退免税业务时应设置“应收补贴款”一级账户，以及“应交税费——应交增值税(进项税额转出)”、“应交税费——应交增值税(出口抵内销税额)”、“应交税费——应交增值税(出口退税)”等三级账户，分别核算企业出口货物增值税中的“不得免抵税额”、“出口抵内销税额”、“出口退税额”。

外贸企业出口货物实行增值税退免税政策，核算企业增值税退免税业务时应设置“应交出口退税”一级账户，以及“应交税费——应交增值税(出口退税)”、“应交税费——应交增值税(进项税额转出)”三级账户，分别核算“出口退税额”、“不得免退税额”。

三、设置进出口消费税涉税账户

由于消费税属于价内税，进口消费税属于进口货物成本的一个组成部分，所以企业进口应税消费品的消费税会计核算方法与进口关税的会计核算方法相同，即通过设置“材料采购(或商品采购)——进口消费税”二级账户进行核算。

企业出口应税消费品，应区分生产企业与外贸企业。生产企业出口应税消费品免税不退税，不需要单独设置出口退免消费税的账户；外贸企业出口应税消费品免税又退税，相应地设置“应收出口退税”账户，用于核算出口应税消费品应退的消费税。

四、生产企业进出口账务处理与纳税申报

沈阳黎明服装股份有限公司于 2010 年 5 月 10 日经沈阳市工商行政管理局注册登记成立，同年 5 月 20 日经国家外贸管理部门批准取得进出口经营权，6 月 5 日向主管税务机关办理开业税务登记和增值税一般纳税人认定，7 月 10 日办理了出口退免税资格认定手续。

(一)企业基本资料

沈阳黎明服装股份有限公司主要从事服装、鞋帽、床上用品等产品的生产销售业务，拥有进出口经营权，生产产品 60% 以上用于出口，出口产品实行免征出口关税、退免出口增值税的优惠政策。经税务机关核定，按月办理退免税业务。

1. 组织机构代码：112467583，纳税人识别码：240103112436758，计算机管理代码：00246678。法定代表人：李素丽，财务负责人：杨桂花，记账员：李雪梅，出纳员：王纳，开票员：徐媛媛，办税员兼报关员：任芝兰。电子邮箱：sylm@ 163. com。

2. 生产经营地址：沈阳市铁西区西二路 105 号，电话：024 - 24356262。开户银行：中国工商银行沈阳市支行铁西区分理处，结算账户：2401 - 145623，网银缴税专用账户：2401 - 145624。

3. 主管税务机关：沈阳市国家税务局进出口分局，征管部门经办人：李纳，负责人：方志梅，电话：024 －24353344；出口退税部门经办人：全金双，负责人：李来宝，电话：024 －24353355。

（二）出口账务处理

现以沈阳黎明服装股份有限公司2012年1月份外购材料、进口材料、内销产品、出口产品等业务为例，进行进出口应税与退免税计算、进出口涉税账务处理。该公司上年增值税期末留抵税额为10万元。

【业务1】 1月2日，从国外采购一批布料，价税合计468万元，货款已通过银行转账付讫，取得如下原始凭证。

> 注意：
>
> 生产企业出口退免税政策
>
> 生产企业出口货物实行增值税免抵退税政策。该政策包括“免”、“抵”、“剔”、“退”四项内容。其中：“免”是免征出口环节销项税，“抵”是以内销货物的应纳税额抵顶出口货物的进项税额，“剔”是剔除退税率比法定税率低的部分，“退”是退还抵、剔后剩余的进项税额。

辽宁省增值税专用发票

发票联

No: 02403402

2401093141

开票日期：2012年01月02日

国税函[2001]873号北京印钞厂

购货单位	纳税人名称	沈阳黎明服装股份有限公司					密码区	（略）
	纳税人识别号	240103112436758						
	地址、电话	沈阳市铁西区西二路105号 024-24356262						
	开户行及账号	工行沈阳市支行铁西区分理处2401-145623						
货物或应税劳务名称		规格型号	单位	数量	单价	金额	税率	税额
布料		AL	匹	2 000	2 000.00	4 000 000.00	17%	68 000.00
合计						4 000 000.00		68 000.00
价税合计（大写）		肆佰陆拾捌万元整				（小写）¥4 680 000.00		
销货单位	纳税人名称	沈阳二四五纺织股份有限公司					备注	
	纳税人识别号	24010200666771						
	地址、电话	沈阳市大东区胜利路18号024-86230666						
	开户行及账号	工行沈阳市支行大东区胜利路分理处0241-012453						

第二联 发票联 购货方记账凭证

沈阳二四五纺织股份有限公司 发票专用章

收款人：王子　　复核：　　开票人：安然　　销货单位：（盖章）

辽宁省增值税专用发票

抵扣联

No: 02403402

2401093141

开票日期：2012年01月02日

国税函[2001]873号北京印钞厂

购货单位						密码区	
纳税人名称	沈阳黎明服装股份有限公司						（略）
纳税人识别号	240103112436758						
地址、电话	沈阳市铁西区西二路105号 024-24356262						
开户行及账号	工行沈阳市支行铁西区分理处2401-145623						
货物或应税劳务名称	规格型号	单位	数量	单价	金额	税率	税额
布料	AL	匹	2 000	2 000.00	4 000 000.00	17%	68 000.00
合　计					4 000 000.00		68 000.00
价税合计（大写）	肆佰陆拾捌万元整				（小写）¥4 680 000.00		
销货单位						备注	
纳税人名称	沈阳二四五纺织股份有限公司						沈阳二四五纺织股份有限公司 24010200666771 发票专用章
纳税人识别号	24010200666771						
地址、电话	沈阳市大东区胜利路18号024-86230666						
开户行及账号	工行沈阳市支行大东区胜利路分理处0241-012453						

收款人：王子　复核：　开票人：安然　销货单位：（盖章）

第三联 抵扣联 购货方扣税凭证

付款期限
壹个月

中国工商银行

2 地BA 名01 0024258657

出票日期
（大写）贰零壹贰年零壹月零贰日　代理付款行：工行沈阳市支行胜利路分理处　行号：0241

收款人：沈阳二四五纺织股份有限公司		账号：0241-012453								
出票金额	人民币（大写）	⊗肆佰陆拾捌万元整								¥4 680 000.00
申请人：沈阳黎明服装有限公司		账号：2401-145623								
出票行：工行沈阳市支行铁西区分理处 行号：2401		密押：								科目（借）____
备注：		多余金额								对方科目____
凭票付款		十	万	千	百	十	元	角	分	兑付日期：2012年01月02日
出票行签章	2345-01	0	0	0	0	0	0	0	0	复核　记账

沈阳黎明服装股份有限公司 财务专用章

中国工商银行沈阳市支行 汇票专用章

第二联 存根 付款方记账传票

注意：

生产企业免抵退税的计算

(1)不得免抵税额=(出口货物离岸价−免税材料计税价)×(征税率−退税率)。

(2)应纳税额=销项税额−(本期全部进项税额+上期留抵税额−不得免抵税额)。计算结果若为正数，即为应纳税额；若为负数，即为期末未抵完的进项税额，应考虑退税。

(3)免抵退税额=(出口货物离岸价−免税材料计税价格)×退税率。

(4)确定退税额：将(2)期末未抵完的进项税额与(3)免抵退税额比较，按孰低原则确定本期应退免税额。

(5)免抵税额=免抵退税额−本期应退税额。

(6)留于下期续抵税额=期末未抵完的进项税额−本期免抵退税额。

要求：根据上述原始凭证进行采购业务的账务处理，填制相关记账凭证。

付款凭证

贷方科目 银行存款　　　　2012年01月02日　　　　银付字1号

摘要	借方总账科目	明细科目	√	亿	千	百	十	万	千	百	十	元	角	分
开出银行汇票	其他货币资金					4	6	8	0	0	0	0	0	0
合计					¥	4	6	8	0	0	0	0	0	0

附单据1张

财务主管：　　记账：李雪梅　　出纳：　　审核：　　制单：王纳

转账凭证

2012年01月02日　　　　转字1号

摘要	总账科目	明细科目	√	借方千	百	十	万	千	百	十	元	角	分	√	贷方千	百	十	万	千	百	十	元	角	分
购进面料	原材料	服装面料			4	0	0	0	0	0	0	0	0											
	应交税费	应交增值税(进项)				6	8	0	0	0	0	0	0											
	其他货币资金															4	6	8	0	0	0	0	0	0
合计				¥	4	6	8	0	0	0	0	0	0		¥	4	6	8	0	0	0	0	0	0

附单据1张

财务主管：　　记账：李雪梅　　出纳：　　审核：　　制单：王纳

【业务2】 1月5日，内销一批西装，价税合计1 170 000元，货款已转账收讫，开出增值税专用发票。

辽宁省增值税专用发票

记 账 联

No: 02400112

2401093141

此联不作报销、扣税凭证使用　　开票日期：2012年01月02日

购货单位	纳税人名称	沈阳东亚百货商场					密码区	（略）
	纳税人识别号	240102020156578						
	地址、电话	沈阳市沈河区中央路13号024-89507890						
	开户行及账号	工行沈阳市支行五四大道分理处0247-143888						
货物或应税劳务名称		规格型号	单位	数量	单价	金额	税率	税额
布料		AA	套	1 000	1 000.00	1 000 000.00	17%	170 000.00
合　计						1 000 000.00		170 000.00
价税合计（大写）		壹佰壹拾柒万元整				（小写）¥1 170 000.00		
销货单位	纳税人名称	沈阳黎明服装股份有限公司					备注	沈阳黎明服装股份有限公司 240103112436758 发票专用章
	纳税人识别号	240103112436758						
	地址、电话	沈阳市铁西区西二路105号024-24356262						
	开户行及账号	工行沈阳市支行铁西区分理处2401-145623						

收款人：王纳　　复核：　　开票人：徐媛　　销货单位：（盖章）

国税函[2001]873号北京印钞厂

第一联　记账联　销货方扣税凭证

注意：

生产企业出口货物涉税会计核算应注意的问题

(1)出口货物与内销货物应分别核算，否则不能免征出口环节增值税。

(2)退税率高低不同的出口货物应分别核算，否则退税时会按就低不就高的原则办理出口退税。

中国工商银行　进账单（回单或收账通知）

交款日期 2012年01月05日　　第0004号

付款人	全称	沈阳东亚百货商场	收款人	全称	沈阳黎明服装股份有限公司
	账号	0247-143888		账号	2401-145623
	开户银行	工行沈阳市支行五四大道分理处		开户银行	工行沈阳市支行铁西区分理处

人民币（大写）	壹佰壹拾柒万元整	亿	千	百	十	万	千	百	十	元	角	分
			¥	1	1	7	0	0	0	0	0	0
票据种类	转账支票	工行沈阳市支行铁西区分理处 2012.01.05 转账 转讫										
票据张数	1张											
单位主管　会计 李子　复核　记账 方敏		收款人开户银行签章										

此联是收款人开户银行交给收款人的回单或收账通知

要求：根据上述原始凭证进行内销货物的账务处理，填制相关记账凭证。

收款凭证

借方科目　银行存款　　2012年01月05日　　银收字1号

摘　要	贷方总账科目	明细科目	√	亿	千	百	十	万	千	百	十	元	角	分
销售西装	主营业务收入					1	0	0	0	0	0	0	0	0
	应交税费	应交增值税（销项）					1	7	0	0	0	0	0	0
合　计					¥	1	1	7	0	0	0	0	0	0

附单据2张

财务主管：　记账：李雪梅　出纳：　审核：　制单：王纳

【业务3】 1月10日，出口一批货物到英国伦敦大洋贸易公司，已向出口海关报关，并通过海关验货，海关已放行。英镑与人民币的汇率为1∶7。取得如下原始凭证。

> 注意：
>
> 生产企业出口货物增值税免抵退税管理
>
> (1)主管税务机关退税部门对生产企业申报的增值税免抵退税出口额，须在申报当月与"出口电子执法系统"出口退税子系统的出口货物报关单退税证明联的电子数据进行核对。
>
> (2)生产企业申报的增值税没有电子数据(有纸质报关单的除外)的免抵退税出口额和有电子数据但企业未在当月申报的出口额，应在次月视同内销缴纳增值税，并按计算的销项税额申报缴纳增值税。

中华人民共和国海关出口货物报关单

出口退税专用

00201201100045

纳税人编号：240103112436758　　海关编号：00246126875

出口口岸 沈阳机场　2402	备案号 0024345601	出口日期 2012－01－10	申报日期 2012－01－10
经营单位 沈阳黎明服装股份有限公司	运输方式 航空运输	运输工具名称	提运单号
发货单位 沈阳黎明服装股份有限公司	贸易方式	征税性质 免税 004	结汇方式 信用证

许可证号	运抵国（地区） 英国 201		接运港 伦敦　101	境内货源地 辽宁省沈阳市
批准文号	成交方式 FOB	运费	保费	杂费

续上表

合同协议号	件数 400	包装种类 纸箱	毛重(千克) 2 500	净重(千克) 2 500
集装箱编号 0(2)	随附单据 A			生产厂家　沈阳黎明服装股份有限公司

标记唛码记备注
随附单证号：310300106005001

项号	商品编号	商品名称	规格型号	数量及单位	最终目的地(地区)	单价	总价	币制	征免
	30006092	西装		4000 套	英国伦敦	150.00	600 000.00	GBP	免税

3604030023124589
张天

沈阳黎明服装股份有限公司 中国·沈阳 进出口专用章

税费征收情况
免征出口关税、增值税

录入员　录入单位	兹声明以上申报无讹 并承担法律责任	海关审单批注及 放行记录(盖章) 沈关2208
报关员		审单　审价 沈关2208
单位地址	申报单位(盖章) 沈阳丰华报关有限公司 报关专用章	征税　统计
邮编：110044　电话：024-25356262	填制日期：2012-01-10 沈阳机场(出口)	查验　放行

注意：

出口货物离岸价(FOB)的确定

出口货物离岸价以出口发票计算的离岸价为准，出口发票不能如实反映实际离岸价的，企业必须按照实际离岸价向主管税务机关申报，同时主管税务机关有权依照《中华人民共和国税收征收管理法》、《中华人民共和国增值税暂行条例》等有关规定予以核定。

要求：根据上述原始凭证进行出口货物的账务处理，填制相关记账凭证。

转 账 凭 证

2012年01月10日　　转字2号

摘要	总账科目	明细科目	√	借方金额 千	百	十	万	千	百	十	元	角	分	√	贷方金额 千	百	十	万	千	百	十	元	角	分
出口货物	应收外汇账款				4	2	0	0	0	0	0	0	0											
	主营业务收入															4	2	0	0	0	0	0	0	0
合计				¥	4	2	0	0	0	0	0	0	0		¥	4	2	0	0	0	0	0	0	0

附单据 1 张

财务主管：　记账：李雪梅　出纳：　审核：　制单：王纳

【业务4】 1月20日，接开户银行通知，伦敦大洋贸易公司货款已到账，折合成人民币420万元。同时企业办理了收汇核销手续，取得如下原始凭证。

SHENYANG DAYBREAK CLOTHING CO LTD

沈阳黎明服装股份有限公司

ADD:NO.105，WEST 2 ROAD TIEXI ZONE SHENYANG，LIAONING，CHINA

E-MAIL:lmfz@163.com

TEL:024-24356262 FAX:024-24356262

PROFORMA INVOICE: NO. JL-2012-0110

DATE:10-JANUARY-2012

NOTE:THIS PROFORMA INVOICE IS VALID UP TO 30-JANUARY-2012

唛头 MARKS	货品名称及规格 COMMODITIES &SPECIFICATIONS	数量 QUANTITY	单价 UNIT PRICE	总价 AMOUNT
B-130	SUITS	4 000	GBP150.00	GBP 600 000.00
TOTAL		4 000		GBP 600 000.00

1.PAYMENT:L/C AT SIGHT　2.PACKING:CARTON PACKAGING

3.PORT OF LOADING:SHENYANG CHINA　4.PORT OF DISPATCHING:LONDON

5.DELIVERY:ON/BEFORE 10-JANUARY-2012　6.OTHERS:

（印章：沈阳黎明服装股份有限公司 中国 进出口专用章）

注意：

出口形式发票的基本要素

(1)销售方名称、地址和通信方式，购货方名称、地址；

(2)出口货物唛头、货品名称及规格、数量、单价、总价、计价币种；

(3)发票号码、开具日期、发票有效期；

(4)付款方式、包装方式、起运港名称、目的港名称、保险条款等。

中国工商银行　进账单（回单或收账通知）

交款日期 2012年01月20日　第0014号

付款人		收款人	
全称	伦敦大洋贸易公司	全称	沈阳黎明服装股份有限公司
账号	XY-01023-123	账号	2401-145623
开户银行	英国央行伦敦支行	开户银行	工行沈阳市支行铁西区分理处

人民币（大写）	⊗肆佰贰拾万元整	亿	千	百	十	万	千	百	十	元	角	分
			¥	4	2	0	0	0	0	0	0	0
票据种类	电汇											
票据张数	1张											

单位　IGBP:7.0RMB

主管　会计 李子　复核　记账 方敏

收款人开户银行签章（印章：工行沈阳市支行铁西区分理处 2012.01.20 转账 转讫）

此联是收款人开户银行交给收款人的回单或收账通知

出口收汇核销单

存根 0045078055

编号：085644188

出口单位：沈阳黎明服装股份有限公司	（出口单位盖章）
单位代码：2401031123456589	
出口币种总价：600 000.00	
收汇方式：信用证、电汇	
预计收款日期：2012-01-10	
报关日期：2012-01-10	
备注：	
此单报关有效期截止到 2012-01-30	

出口收汇核销单

编号：085644188

出口单位：沈阳黎明服装股份有限公司			
单位代码：2401031123456589			
银行签注栏：类别	币种金额	日期	盖章
T恤衫 GBP600 000.00 12-01-20			
海关签注栏：			
外汇局签注栏： 2012年01月20日（盖章）			

出口收汇核销单

出口退税专用

编号：085644188

（出口单位盖章）	出口单位：沈阳黎明服装股份有限公司		
	单位代码：2401031123456658		
	货物名称：T恤衫		
	数量	币种	总价
（海关盖章）	2 000	GBP	600 000.00
	报关单编号：0024345601		
	外汇局签注栏：		

注意：

出口收汇核销单的基本作用

(1)出口收汇核销单主要是通过建立出口货物流与资金的联系，利用海关对出口货物通关管理的信息，督促企业出口后及时足额收汇，维护我国国际收支平衡，并有效防止逃汇、套汇和出口骗税现象的发生。

(2)根据我国出口退税管理办法的规定，收汇核销是办理出口退税的必备条件之一，如果企业出口货物未取得外汇或还未收到外汇，如向境外组织单位赠送、境外进口商欠付货款等，不得办理出口退税。

要求：根据上述原始凭证进行收汇的账务处理，填制相关记账凭证。

收款凭证

借方科目 银行存款　　2012年01月20日　　银收字2号

摘要	贷方总账科目	明细科目	√	亿	千	百	十	万	千	百	十	元	角	分
收到大洋公司货款	应收外汇账款					4	2	0	0	0	0	0	0	0
合计					¥	4	2	0	0	0	0	0	0	0

附单据2张

财务主管：　记账：李雪梅　出纳：　审核：　制单：王纳

【业务5】 月末，根据购销及进出口业务计算本期增值税应税及退免税额，并进行相应的账务处理。假定出口服装的增值税退税率为13%。

(1)计算当期不得抵减的进项税额：

当期不得抵减的进项税额＝4 200 000×(17%－13%)＝168 000(元)

(2)计算当期应纳税额：

当期应纳税额＝170 000－(680 000＋100 000－168 000)

＝－442 000(元)(未抵扣完的进项税)

(3)计算当期免抵退税额：

当期免抵退税额＝4 200 000×13%＝546 000(元)

(4)计算当期应退税额。由于当期应纳税额为负数，其绝对值442 000元小于当期免抵退税额546 000元，根据就低退税原则，当期应退税额为442 000元。

(5)计算当期免抵税额：

当期免抵税额＝546 000－442 000＝104 000(元)

经过免抵退税之后，本期进项税额没有余额，没有留于下期续抵的进项税额。

转账凭证

2012年01月31日　　转字3号

摘要	总账科目	明细科目	√	借方金额									√	贷方金额								
				百	十	万	千	百	十	元	角	分		百	十	万	千	百	十	元	角	分
计算不得免抵税额	主营业务成本				1	6	8	0	0	0	0	0										
	应交税费	应交增值税(进项)													1	6	8	0	0	0	0	0
合计				¥	1	6	8	0	0	0	0	0		¥	1	6	8	0	0	0	0	0

附单据　张

财务主管：　记账：李雪梅　出纳：　审核：　制单：王纳

转账凭证

2012年01月31日　　转字4号

摘要	总账科目	明细科目	√	借方金额										√	贷方金额									
				千	百	十	万	千	百	十	元	角	分		千	百	十	万	千	百	十	元	角	分
应收退税款	应收补贴款					4	4	2	0	0	0	0	0											
	应交税费	应交增值税(出口退税)															4	4	2	0	0	0	0	0
合计					¥	4	4	2	0	0	0	0	0			¥	4	4	2	0	0	0	0	0

附单据　张

财务主管：　记账：李雪梅　出纳：　审核：　制单：王纳

转账凭证

2012年01月31日　　　　转字5号

摘要	总账科目	明细科目	√	借方金额										√	贷方金额									
				千	百	十	万	千	百	十	元	角	分		千	百	十	万	千	百	十	元	角	分
出口抵减内销税额	应交税费	应交增值税（出口抵减）				1	0	4	0	0	0	0	0											
	应交税费	应交增值税（出口退税）															1	0	4	0	0	0	0	0
合计					¥	1	0	4	0	0	0	0	0			¥	1	0	4	0	0	0	0	0

附单据　张

财务主管：　　记账：李雪梅　　出纳：　　审核：　　制单：王纳

（三）出口退免税申报

沈阳黎明服装股份有限公司月末根据本月海关电子出口数据及退免税计算结果，填报《生产企业出口货物免、抵、退税申报汇总表》和《生产企业出口货物免、抵、退税申报明细表》，向主管税务机关出口退税部门办理退免税申报。

注意：

退免税申报要求

出口商办理退（免）税申报，首先应将单证准备齐全，包括出口货物退（免）税申报表、电子申报数据、增值税纳税申报表及附表二复印件、出口货物报关单（出口退税联）、收汇核销单（出口退税联）、购货发票等。

其次，按以下流程进行申报：出口商准备单证→向税务机关申报→办税服务厅受理→税收管理员初审→电子审核岗电子审核→科长岗复审→分管局长签批→上报市局审批。

最后，在货物报关出口之日（以出口货物报关单上注明的出口日期为准）起90日内，向所在地主管税务机关的出口退税部门申报办理出口货物免抵退税手续。申报期为每月1～15日，逢节假日顺延。

生产企业出口货物免、抵、退税申报汇总表

单位：元(列至分角)

企业代码：112467583		企业名称：沈阳黎明服装股份有限公司		
纳税人识别号：240103112436758		所属期：2012 年 1 月 1 日至 2012 年 1 月 31 日		
项　　目	栏　　次	当　　期	本年累计	与增值税纳税申报表差额
		a	b	c
当期免抵退出口货物销售额(英镑)	1	600 000.00		
当期免抵退出口货物销售额	2 = 3 + 4	4 200 000.00		
其中：单证不齐全销售额	3	0.00		
单证齐全销售额	4	4 200 000.00		
前期出口货物当期收齐单证销售额	5	0.00		
单证齐全出口货物销售额	6 = 4 + 5	4 200 000.00		
不予免抵退出口货物销售额	7	0.00		
出口销售额乘征退税率之差	8	168 000.00		
上期结转免抵退不得免征和抵扣税额抵减额	9	0.00		
免抵退税不得免征和抵扣税额抵减额	10	0.00		
免抵退税不得免征和抵扣税额	11(8 > 9 + 10，则为 8 - 9 - 10，否则为 0)	168 000.00		
结转下期免抵退税不得免征和抵扣税额抵减额	12(如 9 + 10 > 8，则为 9 + 10 - 8，否则为 0)	0.00		
出口销售额乘退税率	13	546 000.00		
上期结转免抵退税额抵减额	14	0.00		
免抵退税额抵减额	15	0.00		
免抵退税额	16(如 13 > 14 + 15，则为 13 - 14 - 15，否则为 0)	546 000.00		
结转下期免抵退税抵减额	17(如 14 + 15 > 13，则为 14 + 15 - 13，否则为 0)	0.00		
增值税纳税申报表期末留抵税额	18	442 000.00		
计算退税的期末留抵税额	19 = 18 - 11	442 000.00		
当期应退税额	20(如 16 > 19，则为 19，否则为 16)	442 000.00		
当期免抵税额	21 = 16 - 20	104 000.00		
出口企业		退税部门		
兹声明以上申报无讹并愿意承担一切法律责任。 经办人：任芝兰 财务负责人：杨桂花　　(公章) 企业负责人：李素丽　　2012 年 02 月 08 日		经办人：全金双 复核人：李荣宝 负责人： 2012 年 02 月 08 日		

沈阳黎明服装股份有限公司

生产企业出口货物免、抵、退税申报明细表

企业名称：沈阳黎明服装股份有限公司　　企业代码：112467583　　部门代码：

纳税人识别号：240103112436758　　所属期：2012 年 01 月　　单位：元（列至角分）

序号	出口发票号码	出口报关单号	出口日期	代理证明号	核销单号	出口商品代码	出口商品名称	计量单位	出口数量	出口销售额		征税税率	退税税率	出口销售额乘征退税率之差	出口销售额乘退税率	海关进料加工手册	单证不齐标志	备注
										美元	人民币							
1	2	3	4	5	6	7	8	9	10	11	12	13	14	15 = 12 × (13 − 14)	16 = 12 × 14	17	18	19
1	JL − 2012 − 0110	0020120 1100045	2012 − 01 − 10		085644188	001230006092	西装	套	4 000	600 000.00	4 200 000.00	17%	13%	168 000.00	546 000.00			
合计																		

出口企业	退税部门
兹声明以上申报无讹并愿意承担一切法律责任。 经办人：任芝兰　　财务负责人：杨桂花　　企业负责人：李素丽　　（公章） 2012 年 02 月 08 日	经办人：全金双　　复核人：　　负责人：李来宝　　签章 2012 年 02 月 08 日

沈阳黎明服装股份有限公司

沈阳国家税务局进出口分局 (02) 出口退税专用章

办理出口退税申报之后，填写出口退税申请书，申请出口退税款。

××国家税务局出口退税申请书

No：07000231

纳税人识别码：240103112436758　　　　计算机管理代码：00246678

申请单位	沈阳黎明服装股份有限公司	企业类型	股份公司	外贸企业（ ）；生产企业（√）	
企业海关代码	00246126875	开户银行	工行沈阳市支行铁西区分理处	账号	2401-145623
所属税务分局	沈阳市国家税务局进出口分局	办税员	丁香	联系电话	024-24356262
税种	所属期（年月）	申请退税金额	申请退税原因		
增值税	2012年1月	442 000.00	出口产品退税(√) 购买国产设备退税( ) 其他退税( )		
合计		¥442 000.00	申请单位 盖章 2012年02月08日	单位负责人 签章 2012年02月08日	
申请退税金额：人民币肆拾肆万贰仟元整					
基层征收单位意见	经审核，该企业2012年1月应退增值税442 000元 应退消费税__元 上报县局审批。 经办人：（公章） 负责人：2012年02月09日	县级退税部门意见	经审核，同意退还： 应退增值税442 000元 应退消费税__元 上报局长审批。 经办人：（公章） 负责人：2012年02月09日	局长审批意见	签名： 2012年02月09日 备注：

中华人民共和国税收收入退还书

国退00389号

经济类型：股份公司　填发日期：2012年02月10日　　税务机关：沈阳市国家税务局进出口分局

预算科目	编码	101010301	收款单位（人）	代码	112356789								
	名称	出口货物退增值税		全称	沈阳黎明服装股份有限公司								
	级次	中央		开户银行	工行沈阳市支行铁西区分理处								
退款国库		沈阳市中心支库		账号	2001-1234567								
退库性质		原税款征收品目名称		退库金额									
				千	百	十	万	千	百	十	元	角	分
出口退税						4	4	2	0	0	0	0	0
金额合计	（大写）⊗肆拾肆万贰仟元整				¥	4	4	2	0	0	0	0	0
税务机关		上列款项已办妥退库手续 并划转收款单位账户 国库（银行）盖章　2012年02月10日								备注			
（盖章）	负责人（章）	填票人（章）											

第四联　收款通知　由开户银行退收款单位

根据上述原始凭证进行账务处理，填制1张收款凭证。

收款凭证

借方科目 银行存款　　2012年02月10日　　银收字3号

摘要	贷方总账科目	明细科目	√	亿	千	百	十	万	千	百	十	元	角	分
收到出口退税款	应收补贴款	出口退税款					4	4	2	0	0	0	0	0
合计						¥	4	4	2	0	0	0	0	0

附单据1张

财务主管：　　记账：李雪梅　　出纳：　　审核：　　制单：王纳

注意：

生产企业免抵退税的账务处理

(1)确认当期销售收入时：

借：应收账款等

　　贷：主营业务收入

(2)结转当期免抵退税不得免征和抵扣税额时：

借：主营业务成本

　　贷：应交税费——应交增值税(进项税额转出)

(3)结转当期免抵额时：

借：应交税费——应交增值税(出口抵内销税额)

　　贷：应交税费—应交增值税(出口退税)

(4)结转当期应退税额时：

借：应收补贴款

　　贷：应交税费——应交增值税(出口退税)

注意：

增值税出口退税预算科目编码

增值税出口退税预算科目编码为：101010301。

(四)登记出口退免增值税涉税账户

核算增值税出口退税时主要涉及“应交税费——应交增值税”账户和“应收补贴款”账户。所涉及的三级账户不单独设置账页，而是在“应交税费——应交增值税”账户下采用多栏式账页进行明细核算。

根据沈阳黎明服装股份有限公司2012年11月份的1～5笔业务资料及其相关的凭证记录，登记“应交税费——应交增值税”明细账、“应收补贴款”账户。

应交税费——应交增值税　明细账

总第　页
分第　页

2012年		记账凭证号数	摘要	页数	借方					贷方				借或贷	余额
月	日				进项税额	已交税额	减免税额	出口抵内销税额	转出未交增值税额	销项税额	出口退税	进项税额转出	转出多交增值税额		
			上月结转											借	100 000.00
01	02	转1	采购布料		680 000.00										
	05	银收1	销售西装							170 000.00					
	30	转3	计提不得免抵扣额									168 000.00			
	30	转4	应收出口退税额								442 000.00				
	30	转5	出口抵减内销应纳税额					104 000.00			104 000.00				
			本月合计		680 000.00			104 000.00		170 000.00	546 000.00	168 000.00			
			本年累计		680 000.00			104 000.00		170 000.00	546 000.00	168 000.00		平	0.00

应收补贴款　总分类账

总第　页
分第　页

2012年		记账凭证号数	摘要	页数	借方										√	贷方										借或贷	余额									
月	日				千	百	十	万	千	百	十	元	角	分		千	百	十	万	千	百	十	元	角	分		千	百	十	万	千	百	十	元	角	分
			上月结转																																	
01	30	转4	应收出口退税款				4	4	2	0	0	0	0	0																						
			本月合计				4	4	2	0	0	0	0	0																						
			本年累计				4	4	2	0	0	0	0	0												借			4	4	2	0	0	0	0	0

第三节　外贸企业进出口账务处理与纳税申报

沈阳华厦对外贸易公司于2010年5月10日经沈阳市工商行政管理局注册登记成立，同年5月20日经国家外贸管理部门批准取得进出口经营权，6月5日向主管税务机关办理开业税务登记和增值税一般纳税人认定，7月10日办理了出口退免税资格认定手续。

一、企业基本资料

（1）组织机构代码：014957934，纳税人识别码：240103001215743，计算机管理代码：01236954；法定代表人：李梦琳，财务负责人：袁强飞，记账员：李庆丰，出纳员：张蕊初，办税员及报关员：刘晓义，开票员：陈建华。

（2）生产经营范围：公司主要从事化妆品、高档护肤品以及鞭炮、焰火等应税消费品的进出口业务。生产经营地址：沈阳市沈河区沿河路48号，电话：024－88560076。电子邮箱：syhx2010@163.com。

（3）开户银行：中国银行沈阳市支行沿河路分理处，结算账户：0273－4569735，网银缴税专用账户：0273－4569736，主管税务机关：沈阳市国家税务局进出口分局，组织机构代码：01235796，出口退税部门经办人：张德旺，电话：024－88375522。

二、进口业务账务处理

【业务1】 2012年1月3日，沈阳华厦对外贸易公司与伦敦TTT进出口贸易公司签订进口一批原产地为英国、商品编码为A50021的A型香水10箱，双方协定CIF沈阳港成交价格为130 000英镑，英镑与人民币的汇率为1∶7。公司即时开出承兑汇票。

中国银行　　承兑汇票

出票日期（大写）：贰零壹贰年零壹月零叁日　　2 $\frac{CA}{01}$ 00580078

出票人全称	沈阳华厦对外贸易公司	收款人	全　称	伦敦TTT进出口贸易公司
出票人账号	0273-4569735		账　号	ML-237-34-786
付款行全称	中国银行沈阳市支行沿河路分理处		开户银行	汇丰银行伦敦分行
出票金额	人民币（大写）⊗玖拾壹万元整		亿千百十万千百十元角分	¥91000000
汇票到期日（大写）	贰零壹贰年零壹月壹拾玖日	付款行	行号	0273-02
			地址	中国银行沈阳市支行沿河路分理处
承兑协议编号	013	本汇票已经承兑，到期日由本行付款。承兑行签章　承兑日期：2012年01月10日		
本汇票请你行承兑，到期无条件付款　1GBP:7RMB　出票人签章（沈阳华厦对外贸易公司 财务专用章）		（中国银行沈阳市支行 (01) 汇票专用章 0345-01）复核　记账		
		备注：6624		

此联由收款人开户行随托收凭证寄付款行作借方凭证附件

注意：

开出银行承兑汇票，并未真正付款，不需要进行账务处理。

【**业务2**】 2012年1月14日，沈阳华厦对外贸易公司接到海关通知，从英国进口的A型香水货已到港。公司接到通知后当日填报报关单向海关办理报关手续，并如数缴纳进口关税、进口增值税和进口消费税。

中华人民共和国海关进口货物报关单

INC　　003456789108901

纳税人编号：240103001212128　　海关编号：000000206100123

进口口岸 沈阳机场　2211	备案号 001230101	进口日期 2012-01-14	申报日期 2012-01-14
经营单位 辽宁省沈阳华厦对外贸易公司	运输方式 航空运输	运输工具名称	提运单号
收货单位 辽宁省沈阳华厦对外贸易公司	贸易方式	征免性质 一般征税　101	征税比例 照章
许可证号	起运国（地区） 英国　301	装货港 伦敦　401	境内目的地 辽宁省沈阳市
批准文号	成交方式 沈阳 CIF　／　运费　／　保费		杂费
合同协议号	件数 10　／　包装种类 纸箱	毛重（千克） 100	净重(千克) 100
集装箱编号 0(2)	随附单据 A		用途 销售
标记唛码及备注 随附单证号：310300106005555			

项号	商品编号	商品名称	规格型号	数量及单位	原产地(地区)	单价	总价	币制	征免
	A50021	A型香水		10箱	英国	13 000.00	130 000.00	GBP	照章

税费征收情况

进口关税税率10%，进口增值税税率17%，进口消费税税率30%

录入员　录入单位	兹声明以上申报无讹并承担法律责任	海关审单批注及放行记录（盖章）　沈关2208
报关员　3604030023124568　张国平	报关专用章	审单　审价
单位地址	申报单位（盖章）　沈阳丰华报关有限公司　沈阳机场（出口）	征税　统计　沈关2208
邮编：110044　电话：024-25356262　填制日期：2012-01-14		查验　放行

（印章：沈阳华厦对外贸易公司　中国·沈阳　进出口专用章）

海关进口关税专用缴款书

收入系统：海关系统　　填发日期 2012年01月15日　　No：011234569

收款单位	收入机关	中央金库			缴款单位（人）	名　称	沈阳华厦对外贸易公司
	科　目	进口关税	预算级次	中央		账　号	0273-4569736
	收款国库	沈阳市中心支库				开户银行	中行沈阳市支行沿河路分理处

税号	货物名称	数量	单位	完税价格	税率	税款金额
	A型香水	10	箱	910 000.00	10%	91 000.00
金额人民币（大写）⊗玖万壹仟元整					合计(¥)	91 000.00

申请单位编号		报关单编号	001230101	填制单位　收款国库
合同（批文）号		运输工具号		制单人　（银行）
缴款期限	2012年01月30日前	提/装货单号		
备注	一般征税 GBP7.0 国际代码：			复核人　业务公章 单位盖章

（印章：沈阳华厦对外贸易公司 财务专用章；中华人民共和国沈阳海关 (02) 单位专用章；中行沈阳市支行沿河路分理处 2012.01.15 转账 转讫）

第一联 收据 国库收款签章后交缴款单位

海关进口关税专用缴款书

收入系统：海关系统　　填发日期 2012年01月15日　　No：011234570

收款单位	收入机关	中央金库			缴款单位（人）	名　称	沈阳华厦对外贸易公司
	科　目	进口关税	预算级次	中央		账　号	0273-4569736
	收款国库	沈阳市中心支库				开户银行	中行沈阳市支行沿河路分理处

税号	货物名称	数量	单位	完税价格	税率	税款金额
	A型香水	10	箱	1 430 000.00	17%	243 100.00
金额人民币（大写）⊗贰拾肆万叁仟壹佰元整					合计(¥)	243 100.00

申请单位编号		报关单编号	001230101	填制单位　收款国库
合同（批文）号		运输工具号		制单人　（银行）
缴款期限	2012年01月30日前	提/装货单号		
备注	一般征税 GBP7.0 国际代码：			复核人　业务公章 单位盖章

（印章：沈阳华厦对外贸易公司 财务专用章；中华人民共和国沈阳海关 (02) 单位专用章；中行沈阳市支行沿河路分理处 2012.01.15 转账 转讫）

第一联 收据 国库收款签章后交缴款单位

注意：

进口专用缴款书应用知识

进口专用缴款书既是纳税人的完税凭证，同时又是纳税人缴纳税款的转账凭证，纳税人持征税机关开具的进口专用缴款书到银行缴纳税款，不需要另开具转账支票。

海关进口关税专用缴款书

收入系统：**海关系统**　　填发日期 2012年01月15日　　No：011234571

收款单位	收入机关	中央金库			缴款单位（人）	名称	沈阳华厦对外贸易公司
	科目	进口关税	预算级次	中央		账号	0273-4569736
	收款国库	沈阳市中心支库				开户银行	中行沈阳市支行沿河路分理处

税号	货物名称	数量	单位	完税价格	税率	税款金额
	A型香水	10	箱	1 430 000.00	30%	429 000.00
金额人民币（大写）⊗肆拾贰万玖仟元整					合计(¥)	429 000.00

申请单位编号		报关单编号	001230101	填制单位	收款国库（银行）
合同（批文）号		运输工具号		制单人	
缴款期限	2012年01月30日前	提/装货单号			
备注	一般征税 GBP7.0 国际代码			复核人 单位盖章	业务公章

（印章：沈阳华厦对外贸易公司 财务专用章；中华人民共和国沈阳海关（02）单位专用章；中行沈阳市支行沿河路分理处 2012.01.15 转账 转讫）

第一联 收据 国库收款签章后交缴款单位

要求：根据海关开出的专用缴款书缴纳进口关税、进口增值税、进口消费税，并进行相应的账务处理，填制相关记账凭证。

收款凭证

贷方科目 **银行存款**　　2012年01月15日　　银收字1号

摘要	借方总账科目	明细科目	√	亿	千	百	十	万	十	百	十	元	角	分
缴纳进口关税	物资采购	进口关税						9	1	0	0	0	0	0
合计							¥	9	1	0	0	0	0	0

附单据1张

财务主管：　记账：李庆丰　出纳：　审核：　制单：张初

注意：

进口货物报关单基本知识

(1)进口货物报关单，既是货物进口的报关凭证，又是进口货物税收的纳税申报凭证，同时还是进口货物会计核算的原始凭证。

(2)进口货物报关单共有五联，第一联为海关作业联，第二联为海关留存联，第三联为企业留存联，第四联为海关核销单，第五联为进口付汇证明联。

(3)如果企业对报关流程不熟悉或没有专业报关人员，可委托专业报关服务公司代为办理，这样既方便又快捷。

付款凭证

贷方科目 银行存款　　2012年01月15日　　银付字2号

摘要	借方总账科目	明细科目	√	金额										
				亿	千	百	十	万	千	百	十	元	角	分
支付进口增值税	应交税费	应交增值税（进项税额）					2	4	3	1	0	0	0	0
合计						¥	2	4	3	1	0	0	0	0

附单据1张

财务主管：　　记账：李庆丰　　出纳：　　审核：　　制单：张初

付款凭证

贷方科目 银行存款　　2012年01月15日　　银付字3号

摘要	借方总账科目	明细科目	√	金额										
				亿	千	百	十	万	千	百	十	元	角	分
支付进口消费税	物资采购	进口消费税					4	2	9	0	0	0	0	0
合计						¥	4	2	9	0	0	0	0	0

附单据1张

财务主管：　　记账：李庆丰　　出纳：　　审核：　　制单：张初

【业务3】 2012年1月16日，沈阳海关经对进口货物检验检疫后，同意放行。企业将进口货物运回入库，同时收到伦敦TTT进出口贸易公司的发票。

商品入库单

日期：2012年01月16日

商品名称	计量单位	数量	单位成本	金额	用途
A型香水	瓶	1 000	1 430.00	1 430 000.00	每箱100瓶
合　计				1 430 000.00	

主管：　　记账：李庆丰　　仓库负责人：何润东　　部门负责人：许俊杰

LONDON TTT IMPORT & EXPORT TRADING CO. , LTD
NO. 28, CHINATOWN ROAD, LONDON, UK
TEL: 0044 – 002 – 45632978　FAX: 0044 – 002 – 45632978　E – MAIL: UKN – TTT@ 163. com
PROFORMA INVOICE
TO:
SHENYANG HUA XIA EXTERNAL TRADING LTD.　　INV NO. 1212 – 101
NO. 88, YANHE ROAD SHENHE DISTRICT SHENYANG, LIAONING, CHINA　　DATE: 2012 – 01 – 09

ITEM NO. COMMODITY & DESCRIPTION QUANTITY PRUCE AMOUNT

CIF

A50021　PERFUDES　1 000BT　GBP 130. 00 GBP130 000. 00
MORE OR LESS: %　ARE　ALLOWED　LESS COMMISSION%　GBP　0. 00
SAY GBP　SIXTY　THOUSAND　ONLY　TOTAL: 1,000BT　GBP 130 000. 00

SHIPMENT:　BEFORE15 JANUARY 2012
DESTINAION: SHENYANG　　LOADPORT: LONDON
PAYMEN:　L/C
BANK A/C:　AYMENTO: LONDON TTT IMPORT & EXPORT TRADING CO. , LTD
BANK: LONDON BRANCHOF CITIBANKS
A/C: 1055 – 201 – 8083257 – 48
ADD: NO. 28　CHINATOWN ROAD, LONDON, UK
MARKS:　MADE IN UK

要求：根据上述原始凭证进行支付货款、结转采购成本的账务处理，填制相关记账凭证。

注意：

进口应税消费品的计税依据与账务处理技巧

(1) 进口关税以海关核定的到岸价格为计税依据，进口增值税和进口消费税以关税完税价格加关税再加消费税为计税依据。相关计算如下：

进口增值税、进口消费税的完税价格 = 关税完税价格 × (1 + 关税税率) ÷ (1 − 消费税税率)

(2) 为了简化账务处理，本例中的进口关税、进口消费税，没有通过"应交税费"账户反映，如果要详细反映进口关税、进口消费税的应税和完税的全过程，纳税人在取得海关开具的关税缴款书时，应贷记"应交税费"账户，缴纳税款时再借记"应交税费"账户。

付款凭证

贷方科目 银行存款　　2012年01月16日　　银付字4号

摘要	借方总账科目	明细科目	√	金额										
				亿	千	百	十	万	千	百	十	元	角	分
支付进口香水货款	物资采购						9	1	0	0	0	0	0	0
合计						¥	9	1	0	0	0	0	0	0

附单据2张

财务主管：　记账：李庆丰　出纳：　审核：　制单：张初

转账凭证

2012年01月16日　　转字1号

摘要	总账科目	明细科目	√	借方金额										√	贷方金额									
				千	百	十	万	千	百	十	元	角	分		千	百	十	万	千	百	十	元	角	分
结转进口货物成本	库存商品				1	4	3	0	0	0	0	0	0											
	物资采购															1	4	3	0	0	0	0	0	0
合计				¥	1	4	3	0	0	0	0	0	0		¥	1	4	3	0	0	0	0	0	0

附单据1张

财务主管：　记账：李庆丰　出纳：　审核：　制单：张初

三、出口业务账务处理

【业务4】 2012年2月5日，沈阳华厦对外贸易公司根据事先与国外进口商签订的出口货物合同，购入出口焰火一批，价税合计1 170 000元。取得以下原始凭证。

辽宁省增值税专用发票

No: 02404022

2401093141　　发 票 联　　开票日期：2012年02月05日

国税函［2001］873号北京印钞厂

购货单位	纳税人名称	沈阳华厦对外贸易公司					密码区	（略）
	纳税人识别号	240103001212128						
	地址、电话	沈阳市沈河区沿河路48号024-88560076						
	开户行及账号	中行沈阳市支行沿河路分理处0273-4569735						
货物或应税劳务名称		规格型号	单位	数量	单价	金额	税率	税额
焰火		AAG	箱	2 000	500.00	1 000 000.00	17%	170 000.00
合　计						1 000 000.00		170 000.00
价税合计（大写）		壹佰壹拾柒万元整				（小写）¥1 170 000.00		
销货单位	纳税人名称	沈阳杏花村焰火股份有限公司					备注	沈阳杏花村焰火股份有限公司 240103000556677 发票专用章
	纳税人识别号	240103000556677						
	地址、电话	工行沈阳市沈河区沈阳路49号024-862364666						
	开户行及账号	工行沈阳市支行沈阳路分理处0234-103578						

收款人：王希　　复核：　　开票人：唐蕊　　销货单位：（盖章）

第二联　发票联　销货方记账凭证

注意：

出口退税适用税率

增值税出口退税率自成体系，与征税率不同。一般来说，退税率要比征收率低，但消费税的出口退税率与征税率相同。

辽宁省增值税专用发票

No: 02404022

2401093141　　抵 扣 联　　开票日期：2012年02月05日

国税函［2001］873号北京印钞厂

购货单位	纳税人名称	沈阳华厦对外贸易公司					密码区	（略）
	纳税人识别号	240103001212128						
	地址、电话	沈阳市沈河区沿河路48号024-88560076						
	开户行及账号	中行沈阳市支行沈河区分理处0273-4569735						
货物或应税劳务名称		规格型号	单位	数量	单价	金额	税率	税额
焰火		AAG	箱	2 000	500.00	1 000 000.00	17%	170 000.00
合　计						1 000 000.00		170 000.00
价税合计（大写）		壹佰壹拾柒万元整				（小写）¥1 170 000.00		
销货单位	纳税人名称	沈阳杏花村焰火股份有限公司					备注	沈阳杏花村焰火股份有限公司 发票专用章
	纳税人识别号	240103000556677						
	地址、电话	工行沈阳市沈河区沈阳路49号024-862364666						
	开户行及账号	工行沈阳市支行沈阳路分理处0234-103578						

收款人：王希　　复核：　　开票人：唐蕊　　销货单位：（盖章）

第三联　抵扣联　购货方扣税凭证

中国银行 转账支票存根 AX–70056255
科　　目：__________
对方科目：__________
出票日期：2012年02月05日
收 款 人：杏花村焰火公司
金　　额：1 170 000.00
用　　途：支付货款
单位主管：　　会计：

中国银行　　转账支票　　（辽）70056255

出票日期（大写）贰零壹贰年零贰月零伍日　付款行名称：沈阳市支行沿河路分理处

收款人：沈阳杏花村焰火股份有限公司　出票人账号：0273–4569735

本支票付款期限10天

人民币（大写）	⊗壹佰壹拾柒万元整	亿	千	百	十	万	千	百	十	元	角	分
			¥	1	1	7	0	0	0	0	0	0

用途：支付货款

上述款项请从

我账户内支付

出票人盖章

（财务专用章）

科目（借）__________

对方科目（贷）__________

出票日期2012年02月05日

复核　李梦琳　　记账

03456　3456789　2121345677889　01

注意：

退免税政策及其适用范围

(1)退免税政策：出口货物退免税的基本政策包括出口免税并退税、出口免税不退税和出口不免税不退税。

(2)外贸企业收购货物出口：从一般纳税人和小规模纳税人购入持增值税专用发票的出口货物、从小规模纳税人购入持增值税普通发票的12类特定出口货物实行免税并退税政策，持增值税普通发票的12类以外的出口货物实行免税不退税政策。

(3)生产企业自产货物出口：一般货物出口的增值税实行免税并退税政策，一般货物出口的消费税实行免税不退税政策。

要求：根据上述原始凭证进行采购货物、支付货款的账务处理，填制相关记账凭证。

付 款 凭 证

贷方科目　银行存款　　　　2012年02月05日　　　　银付字5号

摘　要	借方总账科目	明细科目	√	亿	千	百	十	万	千	百	十	元	角	分
采购出口焰火	库存商品					1	0	0	0	0	0	0	0	0
	应交税费	应交增值税（进项）					1	7	0	0	0	0	0	0
合　　计					¥	1	1	7	0	0	0	0	0	0

附单据4张

财务主管：　　记账：李庆丰　　出纳：　　审核：　　制单：张初

【业务5】 2月8日，沈阳华厦对外贸易公司根据合同将该批焰火送往沈阳海关，填报出口货物报关单，向海关申报出口货物报关，并如数缴纳了出口关税，取得以下原始单证。假定该批焰火出口关税税率为20%，免征出口增值税和出口消费税。英镑与人民币的汇率为1∶7。

海关进口关税专用缴款书

收入系统：海关系统　　填发日期 2012年02月08日　　No：011202566

收款单位	收入机关	中央金库			缴款单位（人）	名称	沈阳华厦对外贸易公司
	科目	进口关税	预算级次	中央		账号	0273-4569736
	收款国库	沈阳市中心支库				开户银行	中行沈阳市支行沿河路分理处

税号	货物名称	数量	单位	完税价格	税率	税款金额
	焰火	2 000	箱	1 400 000.00	20%	280 000.00
金额人民币（大写）⊗贰拾捌万元整					合计(¥)	280 000.00

申请单位编号		报关单编号	00123415678	填制单位	收款国库（银行）
合同（批文）号		运输工具号		制单人	
交缴期限	2012年02月23日前	提/装货单号		复核人	业务公章
备注	一般征税 GBP1:7 国际代码:			单位盖章	工行沈阳市支行沿河路分理处 2012.01.15 转账 转讫

印章：沈阳华厦对外贸易公司 财务专用章；中华人民共和国沈阳海关 (02) 单位专用章

第一联　收据　国库收款签章后交缴款单位

注意：

进出口货物常用价格条款

(1) FOB。FOB为Free On Board的缩写，即船上交货价格，如"FOB中国口岸"，意为以中国口岸的离岸价格为成交价。

(2) CFR。CFR为Cost and Freight的缩写，即成本加运费，又称离岸加费用价格。如"CFR香港"，意为以香港口岸的到岸价格为成交价。

(3) CIF。CIF为Cost, Insurance and Freight的缩写，即成本加运费、保险费。如"CIF天津新港"，意为以天津新港的到岸价格为成交价。

中华人民共和国海关出口货物报关单

出口退税专用

002012020809012

纳税人编号：240103001212128　　　　海关编号：00206126875

进口口岸 沈阳机场 1211	备案号 0012345678	出口日期 2012-02-08	申报日期 2012-02-08
经营单位 辽宁省沈阳华厦对外贸易公司	运输方式 海洋运输	运输工具名称	提运单号
收货单位 辽宁省沈阳华厦对外贸易公司	贸易方式	征免性质 一般征税 101	结汇方式 信用证
许可证号	运抵国（地区） 英国 201	接货港 伦敦 101	境内货源地 辽宁省沈阳市
批准文号	成交方式 FOB　运费	保费	杂费
合同协议号	件数 2 000　包装种类 纸箱	毛重（千克） 100 000	净重(千克) 100 000
集装箱编号 0(2)	随附单据 A		生产厂家 沈阳杏花村烟火股份有限公司

标记唛码及备注

随附单证号：310300106005485

项号	商品编号	商品名称	规格型号	数量及单位	原产地(地区)	单价	总价	币制	征免
	01230356091	焰火		2 000件	英国伦敦	100.00	200 000.00	GBP	照章

税费征收情况

免征出口关税、增值税

录入员　录入单位	兹声明以上申报无讹并承担法律责任	海关审单批注及放行记录（盖章） 沈关2208
2401030023124568		
报关员 张国平	报关专用章	审单　审价
单位地址	申报单位（盖章） 沈阳机场（出口）	征税　统计 沈关2208
邮编：332000　电话：024-25356262　填制日期：2012-02-08		查验　放行

沈阳华厦对外贸易公司 中国·沈阳 进出口专用章

沈阳丰华报关有限公司 报关专用章

SHENYANG HUAXIA EAST ASIA EXTERNAL TRADING LTD
沈阳华厦对外贸易公司

ADD:NO.88，YANHE ROAD SHENHE DISTRICT SHENYANG，LIAONING，CHINA
E-MAIL:SYHX2010@163.com　TEL:0086-024-88560076 FAX:024-88560076
PROFORMA INVOICE:NO.NL-2012-0208　DATE:8-FEBRUARY-2012
NOTE:THIS PROFORMA INVOICE IS VALID UP TO 29-FEBRUARY-2012

唛头 MARKS	货品名称及规格 COMMODITIES&SPECIFICATIONS	数量 QUANTITY	单价 UNIT PRICE	总价 AMOUNT
NL-0034-11	FIREWORKS	2 000	GBP100.00	GBP 200 000.00
TOTAL				GBP 200 000.00

(印章：沈阳华厦对外贸易公司 中国·沈阳 进出口专用章)

1.PAYMENT:L/C AT SIGHT　2.PACKING:CARTON PACKAGING
3.PORT OF LOADING:SHENYANG CHINA　4.PORT OF DISPATCHING:LONDON
5.DELIVERY:ON/BEFORE 10-JANUARY-2012　6.OTHERS:

要求：根据上述原始凭证进行应收外汇账款、缴纳关税的账务处理，填制相关记账凭证。

转 账 凭 证

2012年02月08日　转字2号

摘要	总账科目	明细科目	√	借方金额 千	百	十	万	千	百	十	元	角	分	√	贷方金额 千	百	十	万	千	百	十	元	角	分
出口货物	应收外汇账款				1	4	0	0	0	0	0	0	0											
	主营业务收入															1	4	0	0	0	0	0	0	0
合计				¥	1	4	0	0	0	0	0	0	0		¥	1	4	0	0	0	0	0	0	0

附单据1张

财务主管：　记账：李庆丰　出纳：　审核：　制单：张初

付款凭证

贷方科目 **银行存款**　　　　2012年02月08日　　　　银付字6号

摘要	借方总账科目	明细科目	√	亿	千	百	十	万	千	百	十	元	角	分
支付出口关税	营业税金及附加						2	8	0	0	0	0	0	0
合计						¥	2	8	0	0	0	0	0	0

附单据1张

财务主管：　记账：李庆丰　出纳：　审核：　制单：张初

> 注意：
>
> 出口货物报关单基本知识
>
> 出口货物报关单一式六联，第一联为海关作业联，第二联为海关留存联，第三联为企业留存联，第四联为海关核销联，第五联为出口收汇核销联，第六联为出口退税证明联。

【业务6】 2月20日，沈阳华厦对外贸易公司收到开户银行的通知，国外进口商支付的购货款已收到。公司当日填制出口收汇核销单，向收汇管理部门及海关办理出口及收汇核销手续。取得以下原始凭证。

出口收汇核销单

存根

编号：085644192

出口收汇核销单（存根）
出口单位：沈阳华厦对外贸易公司
单位代码：24013001212128
出口币种总价：200 000.00
收汇方式：信用证
预计收款日期：2012-02-08
报关日期：2012-02-08
备注：
此单报关有效期截止到 2012-02-29

（出口单位盖章）

出口收汇核销单

0045078055

编号：085644192

出口单位：沈阳华厦对外贸易公司			
单位代码：24013001212128			
银行签注栏：类别	币种金额	日期	盖章
焰火 GBP200 000.00 2012-02-20			
海关签注栏：			
外汇局签注栏： 2012年02月20日（盖章）			

（出口单位盖章）

（沈阳华厦对外贸易公司 中国·沈阳 进出口专用章）

出口收汇核销单

出口退税专用

编号：085644192

出口单位：沈阳华厦对外贸易公司		
单位代码：24013001212128		
货物名称：焰火		
数量	币种	总价
2 000	GBP	200 000.00
报关单编号：0012345678		
外汇局签注栏：		

（海关盖章）

（中华人民共和国沈阳海关 (02) 单位专用章）

中国银行　进账单（回单或收账通知）

2012年02月20日　　　　第0004号

付款人	全　称	伦敦大洋贸易公司	收款人	全　称	沈阳华厦对外贸易公司
	账　号	XY-01023-123		账　号	2101-123456
	开户银行	英国央行伦敦支行		开户银行	中行沈阳市支行沿河区分理处

人民币（大写）	壹佰肆拾万元整	亿	千	百	十	万	千	百	十	元	角	分
			¥	1	4	0	0	0	0	0	0	0
票据种类	信用证	收款人开户银行签章										
票据张数	1张											
单位　IGBP:7.0RMB												
主管　会计 李林　复核　记账 王英												

沈阳市支行沿河路分理处　2012.02.20　转账　转讫

此联是收款人开户银行交给收款人的回单或收账通知

要求：根据上述原始凭证进行收汇核销的账务处理，填制相关记账凭证。

收款凭证

贷方科目　银行存款　　　2012年02月20日　　　银收字1号

摘　要	借方总账科目	明细科目	√	亿	千	百	十	万	千	百	十	元	角	分
收到伦敦大洋贸易公司货款	应收汇外账款	进口关税				1	4	0	0	0	0	0	0	0
合　计					¥	1	4	0	0	0	0	0	0	0

附单据3张

财务主管：　　记账：李庆丰　　出纳：　　审核：　　制单：张初

【业务7】 2月29日，月末根据出口货物单证，进行不予免退税的进项税和应收出口退税（增值税和消费税）的账务处理，填制3张转账凭证。

不予免退税税额 = 1000 000 ×（17% − 13%）= 40 000（元）

应退增值税税额 = 1000 000 × 13% = 130 000（元）

应退消费税税额 = 1000 000 × 15% = 150 000（元）

转账凭证

2012年02月29日　　　　转字3号

摘要	总账科目	明细科目	√	借方金额								√	贷方金额							
				十	万	千	百	十	元	角	分		十	万	千	百	十	元	角	分
应收增值税出口退税	应收出口退税				4	0	0	0	0	0	0									
	应交税费	应交增值税（出口退税）												4	0	0	0	0	0	0
合计				¥	4	0	0	0	0	0	0		¥	4	0	0	0	0	0	0

附单据　张

财务主管：　　记账：李庆丰　　出纳：　　审核：　　制单：张初

注意：

出口退税账务处理技巧

（1）出口货物免征出口环节销项税；进项税中不得免抵的进项税部分，应从“应交税费——应交增值税”账户中转出，计入出口货物成本中。

（2）外贸企业购入已税消费品出口，免征出口环节消费税；由于消费税是价内税，其已纳消费税额属于价格的组成部分，因此出口退消费税应作为出口应税消费品的成本。

（3）生产企业由于生产应税消费品所用的外购原材料一般为非应税消费品，未含有已纳消费税额，将自产应税消费品用于出口，也就不退消费税。

转账凭证

2012年02月29日　　　　转字4号

摘要	总账科目	明细科目	√	借方金额									√	贷方金额								
				百	十	万	千	百	十	元	角	分		百	十	万	千	百	十	元	角	分
应收增值税出口退税	应收出口退税				1	3	0	0	0	0	0	0										
	应交税费	应交增值税（出口退税）													1	3	0	0	0	0	0	0
合计				¥	1	3	0	0	0	0	0	0		¥	1	3	0	0	0	0	0	0

附单据　张

财务主管：　　记账：李庆丰　　出纳：　　审核：　　制单：张初

转 账 凭 证

2012年02月29日　　　　转字5号

摘要	总账科目	明细科目	√	借方金额									√	贷方金额								
				百	十	万	千	百	十	元	角	分		百	十	万	千	百	十	元	角	分
应收消费税出口退税	应收出口退税				1	5	0	0	0	0	0	0										
	主营业务收入														1	5	0	0	0	0	0	0
合计				¥	1	5	0	0	0	0	0	0		¥	1	5	0	0	0	0	0	0

附单据　张

财务主管：　　记账：李庆丰　　出纳：　　审核：　　制单：张初

四、填报出口退免税申报资料

出口退免税实行一税一申报制度，当企业出口应税消费品，需要办理退免增值税和退免消费税时，应分别填写《出口货物退免税申报明细表》。在此基础上，再填制《外贸企业出口退税汇总申报表》。

纳税人办理出口退免税申报后，还需填制出口退税申请书，报经主管税务机关出口退税部门审批。如果企业同时申请办理增值税出口退税和消费税出口退税，则需分别填制出口退税申请书。

纳税人申请出口退税经批准后，主管税务机关收入核算部门根据审批税项，开出收入退还书，交纳税人开户银行办理税款退库。

沈阳华厦对外贸易公司月末根据本月海关电子出口数据及退免税计算结果，填报《出口货物退免税申报明细表》、《外贸企业出口退税汇总申报表》等，并向主管税务机关退税部门办理退免申报。

出口货物退税申报明细表

企业名称：沈阳华厦对外贸易公司　　企业代码：001212128

部门代码：　　税种：增值税　　所属期：2012 年 02 月　　第 1 页

序号	出口发票号	报关单号	离境日期	核销单号	商品代码	商品名称	单位	出口数量	出口进货金额	退税率	应退增值税额	应退消费税额	代理证明号	备注
1	NL－2012－0208	002012020809012	2012－02－08	085644192	001230356091	焰火	件	2 000	1 400 000.00	13%	130 000.00			
页计								2000	1 400 000.00	13%	130 000.00			
合计								2000	1 400 000.00		130 000.00			

企业负责人：李梦琳　　财务负责人：袁强飞　　填表人：刘晓义

出口货物退税申报明细表

企业名称：沈阳华厦对外贸易公司　　企业代码：001212128

部门代码：　　税种：消费税　　所属期：2012 年 02 月　　第 2 页

序号	出口发票号	报关单号	离境日期	核销单号	商品代码	商品名称	单位	出口数量	出口进货金额	退税率	应退增值税额	应退消费税额	代理证明号	备注
1	NL－2012－0208	002012020809012	2012－02－08	085644192	001230356091	焰火	件	2 000	1 400 000.00	15%		150 000.00		
页计								2000	1 400 000.00	15%		150 000.00		
合计								2000	1 400 000.00			150 000.00		

企业负责人：李梦琳　　财务负责人：袁强飞　　填表人：刘晓义

外贸企业出口退税汇总申报表

（适用于增值税一般纳税人）

金额单位：元（列至角分）、美元

出口企业申报						主管退税机关审核	
出口退税出口明细申报表	1	份	记录		条	审单情况	机审情况
出口发票	1	张	出口额	200 000.00	美元		本次机审通过退增值税额 65 000.00 元
出口报关单	1	张					其中：上期结转疑点退增值税　　元
代理出口货物证明		张					本期申报数据退增值税 65 000.00 元
收汇核销单	1	张	收汇额	200 000.00	美元		本次机审通过退消费税额 75 000.00 元
远期收汇证明		张	其他凭证		张		其中：上期结转疑点退消费税　　元
出口退税进货明细申报表		份	记录		条		本期申报数据退消费税 75 000.00 元
增值税专用发票	1	张	其中非税控专用发票		张		结余疑点数据退增值税　　元
普通发票		张	专用税票	1	张		结余疑点数据退消费税　　元
其他凭证		张	总进货金额	1 000 000.00	元		
总进货税额	160 000.00	元					授权人申明
其中：增值税	117 000.00	元	消费税	150 000.00	元		（如果你已委托代理申报人，请填写下列资料）为代理出口货物退税申报事宜，现授权______为本纳税人的代理申报人，任何与本申报表有关的往来文件都可寄予此人。 授权人签字 （盖章）
本月申报退税额	280 000.00	元					
其中：增值税	150 000.00	元	消费税	150 000.00	元		
进料应抵扣税额		元					
申报开具单证							
代理出口货物证明		份	记录		条		
内销抵扣专用发票		张	其中非退税专用发票		张	审单人：	审核人： 2012 年 3 月 9 日
申报人证明							
此表各栏填报内容是真实、合法的，与实际出口货物情况相符，否则，本企业愿意承担由此产生的相关责任。 企业填表人：　　企业负责人：李梦琳 财务负责人：袁强飞　　2012 年 03 月 09 日						签批人：	

受理人：张德旺　　受理日期：2012 年 03 月 09 日　　受理税务机关（签章）

沈阳市国家税务局出口退税申请书

No：07000231

纳税人识别码：240103001212128　　　　计算机管理代码：01230954

<table>
<tr><td>申请单位</td><td>沈阳华厦对外贸易公司</td><td>企业类型</td><td>股份公司</td><td colspan="2">外贸企业(√)；生产企业( )</td></tr>
<tr><td>企业海关代码</td><td>00246126875</td><td>开户银行</td><td>中行沈阳市支行沿河路分理处</td><td>账号</td><td>0723-4569735</td></tr>
<tr><td>所属税务分局</td><td>沈阳市国税局进出口分局</td><td>办税员</td><td>刘晓义</td><td>联系电话</td><td>88560076</td></tr>
<tr><td>税种</td><td>所属期（年月）</td><td colspan="2">申请退税金额</td><td colspan="2">申请退税原因</td></tr>
<tr><td>增值税</td><td>2012年02月</td><td colspan="2">130 000.00</td><td colspan="2" rowspan="4">出口产品退税(√)
购买国产设备退税( )
其他退税( )</td></tr>
<tr><td></td><td></td><td colspan="2"></td></tr>
<tr><td></td><td></td><td colspan="2"></td></tr>
<tr><td></td><td></td><td colspan="2"></td></tr>
<tr><td>合计</td><td></td><td colspan="2">￥130 000.00</td><td rowspan="2">申请单位
盖章
2012年03月09日</td><td rowspan="2">单位负责人
签章
2012年03月09日</td></tr>
<tr><td colspan="4">申请退税金额：人民币 壹拾叁万元整</td></tr>
<tr><td>基层征收单位意见</td><td>经审核，该企业2012年2月应退增值税130 000元
应退消费税__元
上报县局审批。
经办人：　（公章）
负责人：2012年03月09日</td><td>县级退税部门意见</td><td>经审核，同意退还：
应退增值税130 000元
应退消费税__元
上报局长审批。
经办人：　（公章）
负责：2012年03月09日</td><td>局长审批意见</td><td>签名：

2012年03月09日</td><td>备注：</td></tr>
</table>

沈阳市国家税务局出口退税申请书

No：07000232

纳税人识别码：240103001212128　　　　计算机管理代码：00234512

<table>
<tr><td>申请单位</td><td>沈阳华厦对外贸易公司</td><td>企业类型</td><td>股份公司</td><td colspan="2">外贸企业(√)；生产企业( )</td></tr>
<tr><td>企业海关代码</td><td>00246126875</td><td>开户银行</td><td>中行沈阳市支行沿河路分理处</td><td>账号</td><td>0723-123457</td></tr>
<tr><td>所属税务分局</td><td>沈阳市国税局进出口分局</td><td>办税员</td><td>刘晓义</td><td>联系电话</td><td>88560076</td></tr>
<tr><td>税种</td><td>所属期（年月）</td><td colspan="2">申请退税金额</td><td colspan="2">申请退税原因</td></tr>
<tr><td>消费税</td><td>2012年02月</td><td colspan="2">150 000.00</td><td colspan="2" rowspan="4">出口产品退税(√)
购买国产设备退税( )
其他退税( )</td></tr>
<tr><td></td><td></td><td colspan="2"></td></tr>
<tr><td></td><td></td><td colspan="2"></td></tr>
<tr><td></td><td></td><td colspan="2"></td></tr>
<tr><td>合计</td><td></td><td colspan="2">￥150 000.00</td><td rowspan="2">申请单位
盖章
2012年03月09日</td><td rowspan="2">单位负责人
签章
2012年03月09日</td></tr>
<tr><td colspan="4">申请退税金额：人民币 壹拾伍万元整</td></tr>
<tr><td>基层征收单位意见</td><td>经审核，该企业2012年2月应退增值税____
应退消费税150 000元
上报县局审批。
经办人：　（公章）
负责人：2012年03月09日</td><td>县级退税部门意见</td><td>经审核，同意退还：
应退增值税____元
应退消费税150 000元
上报局长审批。
经办人：　（公章）
负责：2012年03月09日</td><td>局长审批意见</td><td>签名：

2012年03月09日</td><td>备注：</td></tr>
</table>

中华人民共和国税收收入退还书

国退00378号

经济类型：股份公司　填发日期：2012年03月10日　税务机关：沈阳市国家税务局进出口分局

预算科目			收款单位（人）		
预算科目	编码	101010301	收款单位（人）	代码	001212128
	名称	出口货物退增值税		全称	沈阳华厦对外贸易公司
	级次	中央		开户银行	中行沈阳市支行沿河路分理处
退款国库		沈阳市中心支库		账号	0273-4569735

退库性质	原税款征收品目名称	千	百	十	万	千	百	十	元	角	分
出口退税	增值税						0	0	0	0	0
金额合计（02）大写⊗壹拾叁万元整			¥	1	3	0	0	0	0	0	0

（退库金额）

税务机关（盖章）	负责人（章）	填票人（章）	上列款项已办妥退库手续并划转收款单位账户　国库（银行）盖章　2012年03月10日	备注

第四联　收款通知　由开户银行退收款单位

沈阳市国家税务局进出口分局　出口退税专用章　公章

中行沈阳市支行沿河路分理处　2012.03.10　转账　转讫

中华人民共和国税收收入退还书

国退00378号

经济类型：股份公司　填发日期：2012年03月10日　税务机关：沈阳市国家税务局进出口分局

预算科目			收款单位（人）		
预算科目	编码	101010301	收款单位（人）	代码	001212128
	名称	出口货物退消费税		全称	沈阳华厦对外贸易公司
	级次	中央		开户银行	中行沈阳市支行沿河路分理处
退款国库		沈阳市中心支库		账号	0273-4569735

退库性质	原税款征收品目名称	千	百	十	万	千	百	十	元	角	分
出口退税	消费税						0	0	0	0	0
金额合计（02）大写⊗壹拾伍万元整			¥	1	5	0	0	0	0	0	0

（退库金额）

税务机关（盖章）	负责人（章）	填票人（章）	上列款项已办妥退库手续并划转收款单位账户　国库（银行）盖章　2012年03月10日	备注

第四联　收款通知　由开户银行退收款单位

沈阳市国家税务局进出口分局　出口退税专用章　公章

中行沈阳市支行沿河路分理处　2012.03.10　转账　转讫

根据上述原始凭证进行账务处理，填制相关记账凭证。

收款凭证

借方科目 银行存款　　　　2012年02月20日　　　　银收字2号

摘要	贷方总账科目	明细科目	√	金额										
				亿	千	百	十	万	千	百	十	元	角	分
收到增值税出口退税款	应收出口退税						1	3	0	0	0	0	0	0
合　　计						¥	1	3	0	0	0	0	0	0

附单据1张

财务主管：　　记账：李庆丰　　出纳：　　审核：　　制单：张初

收款凭证

借方科目 银行存款　　　　2012年02月20日　　　　银收字3号

摘要	贷方总账科目	明细科目	√	金额										
				亿	千	百	十	万	千	百	十	元	角	分
收到消费税出口退税款	应收出口退税						1	5	0	0	0	0	0	0
合　　计					¥		1	5	0	0	0	0	0	0

附单据1张

财务主管：　　记账：李庆丰　　出纳：　　审核：　　制单：张初

注意：

外贸企业消费税出口退税的账务处理

(1)申报申请出口退税时：

借：应收出口退税

　　贷：商品销售成本

(2)收到出口退税款时：

借：银行存款

　　贷：应收出口退税

外贸企业增值税出口退税的账务处理

(1)申报申请出口退税时：

借：应收出口退税

　　贷：应交税费——应交增值税(出口退税)

(2)收到出口退税款时：

借：银行存款

　　贷：应收出口退税

五、登记出口退免税涉税账户

外贸企业出口退税业务主要涉及“应交税费——应交增值税”和“应收出口退税”两个账户。其中“应交税费——应交增值税”账户下的三级账户不单独设计账页，而是通过采用多栏式账页在“应交税费——应交增值税”账户中进行明细核算。

根据沈阳华厦对外贸易公司2012年2月份的业务资料及其相关凭证记录，登记“应交税费——应交增值税”明细账、“应收出口退税”总分类账。

应交税费——应交增值税 明细账

总第 页
分第 页

2012年		记账凭证号数	摘要	页数	借方					贷方				借或贷	余额
月	日				进项税额	已交税额	减免税额	出口抵免税额	转出未交增值税额	销项税额	出口退税	进项税额转出	转出多交增值税额		
			上月结转		170 000.00									平	0.00
02	05	银付5	采购出口焰火												
	29	转3	不予免退的销项税									40 000.00			
	29	转4	应收增值税出口退税		170 000.00						130 000.00				
			本月合计		170 000.00						130 000.00	40 000.00		平	0.00
			本年累计								130 000.00	40 000.00		平	0.00

应收出口退税 总分类账

总第 页
分第 页

2012年		记账凭证号数	摘要	页数	借方										√	贷方										借或贷	余额									
月	日				千	百	十	万	千	百	十	元	角	分		千	百	十	万	千	百	十	元	角	分		千	百	十	万	千	百	十	元	角	分
			上月结转																																	
02	29	转4	应收增值税出口退税				1	3	0	0	0	0	0	0																						
	29	转5	应收消费税出口退税				1	5	0	0	0	0	0	0																						
			本月合计				2	8	0	0	0	0	0	0												借			2	8	0	0	0	0	0	0
			本年累计				2	8	0	0	0	0	0	0												借			2	8	0	0	0	0	0	0

实训五　营业税纳税处理实训

【实训目的】 本实训主要引导学生按照"设置营业税账户→进行涉税账务处理→登记营业税费账户、填报纳税申报资料→填制电子缴库专用缴款书→通过网银缴税专用账户缴纳税款"的程序，系统全面地学习营业税费会计核算与纳税申报的知识与应用技能。

【实训要求】 本实训要求学生根据"综合服务企业营业税会计核算与纳税申报"、"建筑工程企业营业税会计核算与纳税申报"、"交通运输企业营业税会计核算与纳税申报"实训资料，进行仿真模拟操作。

第一节　营业税概述

一、营业税的概念

营业税是以在我国境内提供应税劳务、转让无形资产或销售不动产所取得的营业额为课税对象而征收的一种商品劳务税。

营业税属传统商品劳务税，实行普遍征收，计税依据为营业额全额，税额不受成本、费用高低影响，对于保证财政收入的稳定增长具有十分重要的意义。现行营业税征税范围为增值税征税范围之外的所有经营业务，因而税率设计的总体水平一般较低。但由于各经营业务盈利水平高低不同，因此，实际税负设计中，往往采取按不同行业、不同经营业务设立税目、税率的方法，实行同一行业同税率，不同行业不同税率。

二、纳税义务人及征税范围

纳税义务人的一般规定：

在中华人民共和国境内提供应税劳务、转让无形资产或者销售不动产的单位和个人，为营业税的纳税义务人。

1. 在中华人民共和国境内是指税收行政管辖权的区域。具体情况为：

(1)提供或者接受应税劳务的单位或者个人在境内；

(2)所转让的无形资产(不含土地使用权)的接受单位或者个人在境内；

(3)所转让或者出租土地使用权的土地在境内；

(4)所销售或者出租的不动产在境内。

2. 上述应税劳务是指属于交通运输业、建筑业、金融保险业、邮电通信业、文化体育业、娱乐业、服务业税目征收范围的劳务。加工和修理修配劳务属于增值税的征税范围，因此不属于营业税的应税劳务。单位和个体工商户聘用的员工为本单位或雇主提供的劳务，也不属于营业税的应税劳务。

上述保险劳务：一是指境内保险机构为境内标的物提供的保险，不包括境内保险机构为出口货物提供的保险；二是指境外保险机构以在境内的物品为标的物所提供的保险。

三、营业税的税率

营业税按照行业、类别的不同分别采用不同的比例税率，具体规定为：

(1)交通运输业、建筑业、邮电通信业、文化体育业，税率为3%。

(2)服务业、销售不动产、转让无形资产，税率为5%。

(3)金融保险业税率为5%。

(4)娱乐业执行5%～20%的幅度税率，具体适用的税率，由各省、自治区、直辖市人民政府根据当地的实际情况和税法规定的幅度内决定。

四、营业税应纳税额的计算及征收管理

(一)计算

营业税的计税依据是营业额，营业额为纳税人提供应税劳务、转让无形资产或者销售不动产向对方收到的全部价款和价外费用。其计算公式为：应纳税额＝营业额×税率。

(二)征收管理

1. 纳税期限

(1)营业税的纳税期限，分别为5日、10日、15日、1个月或1个季度。纳税人的具体纳税期限，由主管税务机关根据纳税人应纳税额的大小分别核定；不能按照固定期限纳税的，可以按次纳税。

纳税人以1个月或1个季度为一期纳税的，自期满之日起15日内申报纳税；以5日、10日或者15日为一期纳税的，自期满之日起5日内预缴税款，于次月1日起15日内申报纳税并结清上月应纳税款。

(2)扣缴义务人的解缴税款期限，比照上述规定执行。

(3)银行、财务公司、信托投资公司、信用社、外国企业常驻代表机构的纳税期限为1个季度。自纳税期满之日起15日内申报纳税。

(4)保险业的纳税期限为1个月。

2. 纳税地点

(1)纳税人提供应税劳务，应当向应税劳务发生地的主管税务机关申报纳税。纳税人从事运输业务的，应当向其机构所在地主管税务机关申报纳税。

(2)纳税人转让土地使用权，应当向土地所在地主管税务机关申报纳税。纳税人转让其他无形资产，应当向其机构所在地的主管税务机关申报纳税。

(3)单位和个人出租土地使用权、不动产的营业税纳税地点为土地、不动产所在地；单位和个人出租物品、设备等动产的营业税纳税地点为出租单位机构所在地或个人居住地。

(4)纳税人销售不动产，应当向不动产所在地主管税务机关申报纳税。

第二节　营业税账务处理

一、设置营业税费涉税账户

进行营业税、城建税及教育费附加的会计核算，需要在“应交税费”一级账户下设置“应

交税费——应交营业税”、“应交税费——应交城建税”、“应交税费——应交教育费附加”二级账户，同时还应设置“营业税金及附加”一级账户。

“应交税费——应交营业税”账户贷方核算纳税人提供应税劳务、转让无形资产或销售不动产按规定应缴纳的营业税；借方核算纳税人实际缴纳的营业税；贷方余额表示纳税人本期应交而未交的营业税，借方余额表示纳税人本期多交的营业税。

“应交税费——应交城建税”账户贷方核算纳税人按规定应当缴纳的城建税；借方核算纳税人实际缴纳的城建税；贷方余额表示纳税人本期应交而未交的城建税，借方余额表示纳税人本期多交的城建税。

“应交税费——应交教育费附加”账户贷方核算纳税人按规定应当缴纳的教育费附加；借方核算纳税人实际缴纳的教育费附加；贷方余额表示纳税人本期应交而未交的教育费附加，借方余额表示纳税人本期多交的教育费附加。

二、营业税费涉税账户格式

由于营业税、城建税和教育费附加的会计核算相对简单，在实际工作中，对“应交税费——应交营业税”、“应交税费——应交城建税”、“应交税费——应交教育费附加”等账户均采用借、贷、余三栏式活页账页。为了强化职业技能培养，本实训按业务逐项进行应税计算、应税账务处理，逐项登记涉税账户。

三、营业税费涉税账务处理

沈阳民生集团股份有限公司，于2001 年3 月15 日经沈阳市工商行政管理部门注册登记成立，同年3 月30 日向主管税务机关办理开业税务登记，采用查账征收、按月纳税的征收方式。

（一）企业基本资料

（1）组织机构代码：000088888，纳税人识别码：240103000088888，计算机管理代码：00124512；法定代表人：刘利，财务负责人：孙红民，办税员兼出纳员：郑民浩，记账员：刘丽芬，开票员：杨丽华；电子邮箱：msjt@163.com。

（2）生产经营地址：沈阳市和平区南湖路214 号，电话：024－28343355，开户银行：工商银行沈阳市支行南湖路分理处，结算账户：1123－048888，网银缴税专用账户：1123－048889。

（3）地税主管税务机关：沈阳市地方税务局直属分局，经办人：熊乐乐，负责人：张文华，办公电话：024－28551223。

（二）涉税账务处理

沈阳民生集团股份有限公司是一家综合性企业，下属企业包括旅游产品加工厂、南湖宾馆、货物运输公司、房地产开发公司、集装箱服务公司等。假定该公司实行统一核算、统一纳税。2012 年5 月该公司发生下述业务。

【业务1】 5 月5 日，公司下属南湖宾馆承接全市农业减负工作会议，会期5 天，2012 年5 月13 日会议结束。取得如下原始凭证。

辽宁省服务业统一发票

记　账　联

税务登记号：240103000088888　　发票代码：000123450012

收款单位：沈阳民生集团股份有限公司　　发票号码：00001268

付款单位：沈阳市政府办公室　　密码：

信息码：00000000000

经营项目	金　额
食宿费用	2 000 000.00
会议室租金	360 000.00
歌舞厅费用	400 000.00
出租车费用	100 000.00
其他服务费用	200 000.00
合计金额（大写）叁佰零陆万元整	小写 ¥ 3 060 000.00
机打代码：00001268	
税控装置防伪码：EX-01-28867	开票日期：2012年05月13日

沈阳市地方税务局印制（2007.6）

收款单位（盖章）　　税控装置打印发票手开无效

（印章：沈阳民生集团股份有限公司 发票专用章）

兑奖区

1. 凭盖有收款方发票专用章和中奖者签名的发票联和兑奖联到地税局兑奖。
2. 对提供废、旧、假发票或不符合兑奖要求的发票或拒不提供发票的，消费者有权举报，经查实有奖。

索取发货票
保护消费者权益

中国工商银行　进账单（回单或收账通知）

交款日期 2012年05月13日　　　　第0516号

付款人		收款人	
全　称	沈阳市政府办公室	全　称	沈阳民生集团股份有限公司
账　号	1124-123401	账　号	1124-123401
开户银行	工行长虹大道分理处	开户银行	工行沈阳市支行南湖路分理处

人民币（大写）	亿	千	百	十	万	千	百	十	元	角	分
⊗叁佰零陆万元整		¥	3	0	6	0	0	0	0	0	0

票据种类	转账
票据张数	1张

单位主管　会计 肖月红　复核　记账 李丽

收款人开户银行签章（印章：工行沈阳市支行南湖路分理处 2012.05.13 转账 转讫）

此联是收款人开户银行交给收款人的回单或收账通知

注意：

营业税、城建税及教育费附加均属于价内税，需要确认主营业务收入的，可于月末一次性进行应税账务处理。

要求：根据上述原始凭证进行账务处理，填制相关记账凭证。

(1)根据开出的服务业发票记账联，计算应纳营业税、城建税和教育费附加：

服务项目营业税额＝(2 000 000＋360 000＋200 000)×5%＝128 000(元)

娱乐项目营业税额＝400 000×20%＝80 000(元)

运输项目营业税额＝100 000×3%＝3 000(元)

应纳营业税额合计＝128 000＋80 000＋3 000＝211 000(元)

应纳城建税额＝211 000×7%＝14 770(元)

应交教育费附加＝211 000×3%＝6 330(元)

(2)根据原始凭证和应纳税额进行服务业务及其应税的账务处理，填制1张收款凭证、1张转账凭证。

收款凭证

借方科目 银行存款　　2012年05月13日　　银收字1号

摘要	贷方总账科目	明细科目	√	金额										
				亿	千	百	十	万	千	百	十	元	角	分
收市政府会议服务费	主营业务收入	宾馆服务收入				3	0	6	0	0	0	0	0	0
合计					¥	3	0	6	0	0	0	0	0	0

附单据1张

财务主管：　　记账：刘丽芳　　出纳：　　审核：　　制单：郑民浩

转账凭证

2012年05月13日　　转字1号

摘要	总账科目	明细科目	√	借方金额									√	贷方金额								
				百	十	万	千	百	十	元	角	分		百	十	万	千	百	十	元	角	分
计提营业税费	营业税金及附加				2	3	2	1	0	0	0	0										
	应交税费	应交营业税													2	1	1	0	0	0	0	0
		应交城建税														1	4	7	7	0	0	0
		应交教育费附加															6	3	3	0	0	0
合计				¥	2	3	2	1	0	0	0	0		¥	2	3	2	1	0	0	0	0

附单据1张

财务主管：　　记账：刘丽芳　　出纳：　　审核：　　制单：郑民浩

【业务2】 5月14日，公司下属房地产开发部承建的沈阳化工职业技术学院职工宿舍区(滨江花园)一期工程二栋住宅楼土木工程完工，并与基建单位进行竣工结算，一次性收到结算工程价款1 600万元，款项已收存银行。取得如下原始凭证。

建筑业统一发票（自开）

记 账 联　　　发票代码：236040922213

开票日期2012年05月14日　　　发票号码：06098815

机打代码 机打号码 机器号码	236040922213 06098815 3604011-02	税控码	（略）		
付款方名称	沈阳化工职业技术学院	身份证号/组织机构代码/纳税人识别码	240103123456789	是否为总承包人	
收款方名称	沈阳民生集团股份有限公司	身份证号/组织机构代码/纳税人识别码	240103000088888	是否为分包人	
工程项目名称	工程项目编号	结算项目	金额（元）	完税凭证编号代扣代缴税款	
滨江花园	003	住宅工程款	16 000 000.00		
合计金额（元）（大写）⊗壹仟陆佰万元整			（小写）¥16 000 000.00		
备注：代建工程款	主管税务机关及代码		沈阳市地方税务局直属分局12340026		

开票人：杨丽华　　收款人：郑民浩　　开票单位盖章

北京新华印刷厂2007年3月5日(6000×4)

第三联 记账联 收款方记账证

注意：

建筑业营业税计税依据

建筑、安装业务，以工程总造价为应税营业额。其中，建筑工程总造价不含建设方提供的设备价款，但作为安装工程产值的设备价款应计入应税营业额，即建筑工程合同工程款中所包含的设备价款。

中国工商银行　进账单（回单或收账通知）

交款日期 2012年05月14日　　第00517号

付款人	全　称	沈阳化工职业技术学院	收款人	全　称	沈阳民生集团股份有限公司
	账　号	1125-123456		账　号	1123-048888
	开户银行	工行沈阳市支行湖滨路分理处		开户银行	工行沈阳市支行南湖路分理处

人民币（大写）	壹仟陆佰万元整	亿	千	百	十	万	千	百	十	元	角	分
		¥	1	6	0	0	0	0	0	0	0	0
票据种类	转账											
票据张数	1张											
单位 IGBP:7.0RMB 主管　会计 肖月红　复核　记账 李丽		收款人开户银行签章										

工行沈阳市支行南湖路分理处 2012.05.14 转账 转讫

此联是收款人开户银行交给收款人的回单或收账通知

要求：根据上述原始凭证进行账务处理，填制相关记账凭证。

(1)根据开出的建筑业统一发票，计算应纳营业税、城建税和教育费附加：

应纳营业税额＝16 000 000×3%＝480 000(元)

应纳城建税额＝480 000×7%＝33 600(元)

应交教育费附加＝480 000×3%＝14 400(元)

应纳营业税费合计＝480 000＋33 600＋14 400＝528 000(元)

(2)进行代建业务及其应税的账务处理，填制1张收款凭证、1张转账凭证。

收 款 凭 证

借方科目 银行存款　　　　2012年05月14日　　　　银收字2号

摘要	贷方总账科目	明细科目	√	金额										
				亿	千	百	十	万	千	百	十	元	角	分
收滨江花园工程款	主营业务收入	工程服务收入			1	6	0	0	0	0	0	0	0	0
合　计				¥	1	6	0	0	0	0	0	0	0	0

附单据2张

财务主管：　　记账：刘丽芳　　出纳：　　审核：　　制单：郑民浩

注意：

清包工装饰业务应税营业额的确定

(1)清包工是指包工不包料业务，对于包工不包料的装饰业务，以纳税人向客户实际收取的人工费、管理费和辅助材料费等收入为计税营业额计征营业税。

(2)清包工的计税方法只适用于装饰业务，不适于土木工程业务。土木工程如果采用清包工方式承建，应以工程总造价作为营业额计征营业税。

转 账 凭 证

2012年05月14日　　　　转字2号

摘要	总账科目	明细科目	√	借方金额									√	贷方金额								
				百	十	万	千	百	十	元	角	分		百	十	万	千	百	十	元	角	分
计提营业税费	营业税金及附加				5	2	8	0	0	0	0	0										
	应交税费	应交营业税													4	8	0	0	0	0	0	0
		应交城建税														3	3	6	0	0	0	0
		应交教育费附加														1	4	4	0	0	0	0
合　计				¥	5	2	8	0	0	0	0	0		¥	5	2	8	0	0	0	0	0

附单据1张

财务主管：　　记账：刘丽芳　　出纳：　　审核：　　制单：郑民浩

【业务3】 5月15日，愉景花园一期工程5栋中档住宅楼开始动工，同时开始销售。沈阳移动通信股份有限公司定购12套，共计1 440平方米，每平方米价款3 000元，共计432万元，预付定金为总价款的40%，款项已转存银行，开出预收款收据。取得如下原始凭证。

注意：

自建房屋销售的应税规定

(1)纳税人自建房屋销售，一方面要按建筑业税目计征建筑业营业税，另一方面要按转让房地产税目计征转让房地产的营业税。纳税人自建房屋是指由本公司的建筑施工队伍为本公司建造房屋。

(2)自建房屋销售的建筑业营业税应按组成计税价格计征，计算公式为：

$$组成计税价格 = 工程成本 \times (1 + 成本利润率) / (1 + 营业税税率)$$

转让、销售房地产计征的营业税以实际收取的房地产销售收入为计税依据，销售收入中包括预售价款。

(3)纳税人委托其他单位建设房屋用于销售的，应按销售不动产计征营业税；委托其他单位建设房屋自用的，不计征营业税，承建单位按建筑业计征营业税。

沈阳市房地产行业预收款专用收据

2001 辽地税

付款方：沈阳移动通信股份有限公司　　2012年05月15日　　No：002208002

收款项目	合同总造价	预收款									
		千	百	十	万	千	百	十	元	角	分
购房定金（总造价的40%）	肆佰叁拾贰万元		1	7	2	8	0	0	0	0	0
人民币（大写）⊗壹佰柒拾贰万捌仟元整		（小写）¥ 1 728 000.00									
说明	此收款收据不作为结算[illegible]票凭证使用	备注	愉景花园12套中档住宅 合同号：BJ08022号								

（印章：沈阳民生集团股份有限公司　财务专用章）

单位（盖章）：　　收款：郑民浩　　开票：杨丽华

中国工商银行 进账单（回单或收账通知）

交款日期2012年05月15日 第0518号

付款人	全称	沈阳移动通信股份有限公司	收款人	全称	沈阳民生集团股份有限公司
	账号	1125-010348		账号	1123-048888
	开户银行	工行沈阳市支行朝阳路分理处		开户银行	工行沈阳市支行南湖路分理处

人民币（大写）	壹佰柒拾贰万捌仟元整	亿	千	百	十	万	千	百	十	元	角	分
			¥	1	7	2	8	0	0	0	0	0
票据种类	转账											
票据张数	1张											
单位主管 会计 肖月红 复核 记账 李丽		收款人开户银行签章										

工行沈阳市支行南湖路分理处 2012.05.15 转账 转讫

此联是收款人开户银行交给收款人的回单或收账通知

要求：根据上述原始凭证进行账务处理，填制相关记账凭证。

（1）根据预收款收据计算应纳营业税、城建税和教育费附加：

应纳营业税额 = 1 728 000 × 5% = 86 400（元）

应纳城建税额 = 86 400 × 7% = 6 048（元）

应交教育费附加 = 86 400 × 3% = 2 592（元）

应纳营业税费合计 = 86 400 + 6 048 + 2 592 = 95 040（元）

（2）进行预收账款和应税业务的账务处理，填制 1 张收款凭证、1 张转账凭证。

收款凭证

借方科目 银行存款 2012年05月15日 银收字3号

摘要	贷方总账科目	明细科目	√	亿	千	百	十	万	千	百	十	元	角	分
预收移动公司购房款	预收账款	沈阳移动通信公司				1	7	2	8	0	0	0	0	0
合计					¥	1	7	2	8	0	0	0	0	0

附单据2张

财务主管： 记账：刘丽芬 出纳： 审核： 制单：郑民浩

注意：

房地产预收款纳税义务发生时间与账务处理

(1)转让土地使用权、销售不动产、提供建筑业或租赁业劳务，采用预收款方式的，以收到预收款的当天为纳税义务发生时间。

(2)预收购房款时，借记“银行存款”账户，贷记“预收账款”账户，月末确认销售收入时，借记“预收账款”账户，贷记“主营业务收入”账户。

转账凭证

2012年05月15日　　转字3号

摘要	总账科目	明细科目	√	借方金额								√	贷方金额							
				十	万	千	百	十	元	角	分		十	万	千	百	十	元	角	分
计提营业税费	营业税金及附加				9	5	0	4	0	0	0									
	应交税费	应交营业税												8	6	4	0	0	0	0
		应交城建税													6	0	4	8	0	0
		应交教育费附加													2	5	9	2	0	0
合　计				¥	9	5	0	4	0	0	0		¥	9	5	0	4	0	0	0

附单据1张

财务主管：　记账：刘丽芳　出纳：　审核：　制单：郑民浩

【业务4】 5月20日，公司梅园小区物业管理部为小区居民代收电费40 000元，代收水费21 000元，代收燃气费11 000元，合计代收费用72 000元，款项已暂存银行。取得如下原始凭证。

沈阳民生集团股份有限公司物业管理代收费用收据

No：8888023

交款单位(人)：张树阳　　2012年05月20日

款项内容	单位	数量	单价	金额								备注
				十	万	千	百	十	元	角	分	
代收水费	吨	20	2.00					4	0	0	0	
代收电费	度	480	0.50				2	4	0	0	0	
代收燃气费	立方米	4	15.00					6	0	0	0	
合计金额（大写）⊗叁佰肆拾元整				¥			3	4	0	0	0	

第一联　记账联

单位盖章　　收款人：郑民浩　　开票人：杨丽华

注：此类凭证共有60张。

注意：

物业管理收入应税营业额与账务处理

(1)从事物业管理的单位，以与物业管理有关的全部收入减去代业主支付的水费、电费、燃气费以及代承租者支付的水费、电费、燃气费、房屋租金的价款后的余额(即代理手续费)为计税营业额。

(2)物业管理单位代收水费、电费、燃气费、房屋租金时，贷记“其他应付款”账户，代付水费、电费、燃气费、房屋租金时，借记“其他应付款”账户，月末将差额转到“主营业务收入”或“其他业务收入”账户。

中国工商银行 现金缴款单

缴款单位填写	缴款单位	全称	沈阳民生集团股份有限公司									
		开户行	工商银行沈阳市支行南湖路分理处	账号	1123-048888							
	款项来源		代收费用									
	人民币(大写) 柒万贰仟元整			十	万	千	百	十	元	角	分	
				¥	7	2	0	0	0	0	0	
银行确认栏	客户号(账号) 币种及金额 缴款日期 流水号 本缴款单金额业已全数收讫 收款员签章			会计分录	借： 贷： 复核员 记账员							

第一联 银行代现金收入传票

（印章：工行沈阳市支行南湖分理处 2012.05.20 现金 转讫）

缴款人对上述银行记录确认签名 郑民浩

收款凭证

借方科目 银行存款 2012年05月20日 银收字4号

摘要	贷方总账科目	明细科目	√	亿	千	百	十	万	千	百	十	元	角	分
代收梅园小区居民水费等	其他应付款							7	2	0	0	0	0	0
合计							¥	7	2	0	0	0	0	0

附单据1张

财务主管： 记账：刘丽华 出纳： 审核： 制单：郑民浩

【业务5】 5月23日，梅园小区物业管理部支付供电部门电费39 200元，支付自来水公司水费20 000元，支付天然气公司燃气费10 000元。取得如下原始凭证。

中国工商银行
转账支票存根
AX-70050082

科　　目：	
对方科目：	
出票日期：2012年05月23日	
收 款 人：第二供电集团公司	
金　　额：39 200.00	
用　　途：支付电费	

单位主管：　　会计：

2007.6北京印刷厂

中国工商银行　转账支票

BY 70050082

出票日期(大写)贰零壹贰年零伍月贰拾叁日　付款行名称：沈阳市支行南湖路分理处

收款人：沈阳市第二供电集团公司　出票人账号：1123-048888

本支票付款期限10天

人民币（大写）	亿	千	百	十	万	千	百	十	元	角	分
⊗叁万玖仟贰佰元整				¥	3	9	2	0	0	0	0

用途：支付货款　　科目（借）

上述款项请从　　对方科目（贷）

我账户内支付　　出票日期2012年05月23日

出票人盖章　　复核 刘利　　记账

沈阳民生集团股份有限公司 财务专用章

03456　3456789　2121345677889　01

中国工商银行
转账支票存根
AX-70050083

科　　目：	
对方科目：	
出票日期：2012年05月23日	
收 款 人：和平自来水公司	
金　　额：20 000.00	
用　　途：支付水费	

单位主管：　　会计：

2007.6北京印刷厂

中国工商银行　转账支票

BY 70050083

出票日期(大写)贰零壹贰年零伍月贰拾叁日　付款行名称：沈阳市支行南湖路分理处

收款人：沈阳市和平自来水公司　出票人账号：1123-048888

本支票付款期限10天

人民币（大写）	亿	千	百	十	万	千	百	十	元	角	分
⊗贰万元整				¥	2	0	0	0	0	0	0

用途：支付货款　　科目（借）

上述款项请从　　对方科目（贷）

我账户内支付　　出票日期2012年05月23日

出票人盖章　　复核 刘利　　记账

沈阳民生集团股份有限公司 财务专用章

03456　3456789　2121345677889　01

注意：

（1）物业公司收取的费用主要有物业管理费、物业日常维护费、供暖费、固定停车费、卫生费以及其他相关费用。

（2）物业公司代收的费用主要有水费、电费、燃气费、有线电视费等。营业税法规中明确规定的代收的水费、电费、燃气费和房屋租金，计税时可以扣除；代收的其他费用，营业税法规中没有明确规定的，可比照执行。

中国工商银行
转账支票存根
AX-70050084

科　　目：
对方科目：
出票日期：2012年05月23日
收　款　人：宏发天然气公司
金　　额：10 000.00
用　　途：支付燃气费

单位主管：　　会计：

2007.6北京印刷厂

中国工商银行　转账支票

BY 70050084

出票日期（大写）贰零壹贰年零伍月贰拾叁日　付款行名称：沈阳市支行南湖路分理处

收款人：沈阳市宏发天然气供应公司　出票人账号：1123-048888

本支票付款期限10天

人民币（大写）	⊗ 贰万元整	亿	千	百	十	万	千	百	十	元	角	分
					¥	1	0	0	0	0	0	0

用途：支付货款　　科目（借）

上述款项请从　　对方科目（贷）

我账户内支付　　出票日期2012年05月23日

出票人盖章　　复核 刘利　　记账

沈阳民生集团股份有限公司 财务专用章

03456　3456789　2121345677889　01

注意：

营业税计税时可扣除的项目

（1）广告业务收入可扣除广告发布费后计征营业税；

（2）组团旅游服务收入可扣除代旅客支付的车船费、住宿费等费用后计征营业税；

（3）物业管理费收入可扣除代收的水费、电费、燃气费和房屋租金后计征营业税；

（4）运输服务收入可扣除支付给合作单位运输费后计征营业税；

（5）金融机构服务收入可扣除外汇转贷利息支出后计征营业税；

（6）工程承包收入可扣除支付给分包人、转包人分包转包工程款后计征营业税；

（7）销售购置的不动产可扣除购置原价后计征营业税；

（8）电信业务收入可扣除支付给合作方价款后计征营业税。

辽宁省增值税普通发票

发 票 联

2401093141　　No: 02430166

开票日期：2012年05月23日

购货单位	纳税人名称	沈阳民生集团股份有限公司				密码区	（略）
	纳税人识别号	240103000088888					
	地址、电话	沈阳市和平区南湖路2148号024-28343355					
	开户行及账号	工行沈阳市支行南湖路分理处1123-048888					

货物或应税劳务名称	规格型号	单位	数量	单价	金额	税率	税额
生活用电		度	78 400	0.5	39 200.00	17%	5 695.73
合　计					39 200.00		5 695.73
价税合计（大写）⊗叁万玖仟贰佰元整					（小写）¥ 39 200.00		

销货单位	纳税人名称	沈阳市第二供电集团公司	备注	沈阳市第二供电集团公司 240103000088888 发票专用章
	纳税人识别号	240103000008866		
	地址、电话	沈阳市铁西区西二路8号024-24021166		
	开户行及账号	工行沈阳市支行铁西区分理处0255-123456		

收款人：杨柳　　复核：　　开票人：李天　　销货单位：（盖章）

国税函[2007]873号北京印钞厂

第三联 发票联 购货方记账凭证

辽宁省增值税普通发票

发 票 联

2401093141　　No: 02430166

开票日期：2012年05月23日

购货单位	纳税人名称	沈阳民生集团股份有限公司				密码区	（略）
	纳税人识别号	240103000088888					
	地址、电话	沈阳市和平区南湖路128号024-28343355					
	开户行及账号	工行沈阳市支行南湖路分理处1123-048888					

货物或应税劳务名称	规格型号	单位	数量	单价	金额	税率	税额
天然气		立方米	800	12.5	10 000.00	13%	1 150.44
合　计					10 000.00		1 150.44
价税合计（大写）⊗壹万元整					（小写）¥ 10 000.00		

销货单位	纳税人名称	沈阳宏发天然气供应公司	备注	沈阳宏发天然气供应公司 发票专用章
	纳税人识别号	240103000056568		
	地址、电话	沈阳市梅园路4号024-24154698		
	开户行及账号	工行沈阳市支行梅园路分理处1128-120256		

收款人：龙腾　　复核：　　开票人：马强　　销货单位：（盖章）

国税函[2007]873号北京印钞厂

第三联 记账联 购货方记账凭证

辽宁省增值税普通发票

发 票 联

2401093141 No: 02430007

开票日期：2012年05月23日

国税函[2007]873号北京印钞厂

购货单位	纳税人名称	沈阳民生集团股份有限公司					密码区	（略）
	纳税人识别号	240103000088888						
	地址、电话	沈阳市和平区南湖路214号024-28343355						
	开户行及账号	工行沈阳市支行南湖路分理处1123-048888						
货物或应税劳务名称		规格型号	单位	数量	单价	金额	税率	税额
自来水			立方米	16 000	1.25	20 000.00	13%	2 300.88
合 计						20 000.00		2 300.88
价税合计（大写）	贰万元整					（小写）¥ 20 000.00		
销货单位	纳税人名称	沈阳市江边自来水公司					备注	沈阳市江边自来水公司 240103000056569 发票专用章
	纳税人识别号	240103000056569						
	地址、电话	沈阳市沿河路36号024-24154699						
	开户行及账号	工行沈阳市支行沿河路分理处1127-012123						

收款人：王军 复核： 开票人：李军 销货单位：（盖章）

第二联 发票联 购货方记账凭证

注意：

增值税普通发票的填开和使用范围

增值税一般纳税人销售货物给小规模纳税人、消费者个人时，销售免税货物、出口货物，购货方不需要抵扣进项税时，不得开具增值税专用发票，而应开具增值税普通发票。

(1)出口货物应开具出口形式发票，销售给其他不需要抵扣进项税的纳税人，可开具增值税普通发票、企业冠名发票或货物零售统一发票等普通发票。

(2)增值税普通发票的填开方法与增值税专用发票基本相同，区别主要在于，填开货物销售单价及销售金额时应按含税价填开，价税合计金额与销售金额相同。

(3)增值税普通发票限于增值税一般纳税人销售货物时使用，小规模纳税人销售货物时不得使用增值税普通发票。

(4)商贸企业一般纳税人零售烟、酒、服装(不含劳保用品)、化妆品等消费品不得开具增值税专用发票。

要求：根据上述原始凭证进行账务处理，填制相关记账凭证。

(1)根据实际支付水费、电费、燃气费发票，进行付费业务账务处理，填制3张付款凭证。

付款凭证

贷方科目　银行存款　　2012年05月23日　　银付字1号

摘　要	借方总账科目	明细科目	√	金额										
				亿	千	百	十	万	千	百	十	元	角	分
支付梅园小区电费	其他应付款							3	9	2	0	0	0	0
合　计							¥	3	9	2	0	0	0	0

附单据1张

财务主管：　　记账：刘丽芳　　出纳：　　审核：　　制单：郑民浩

付款凭证

贷方科目　银行存款　　2012年05月23日　　银付字2号

摘　要	借方总账科目	明细科目	√	金额										
				亿	千	百	十	万	千	百	十	元	角	分
支付梅园小区水费	其他应付款							2	0	0	0	0	0	0
合　计							¥	2	0	0	0	0	0	0

附单据2张

财务主管：　　记账：刘丽芳　　出纳：　　审核：　　制单：郑民浩

付款凭证

贷方科目　银行存款　　2012年05月23日　　银付字3号

摘　要	借方总账科目	明细科目	√	金额										
				亿	千	百	十	万	千	百	十	元	角	分
支付梅园小区燃气费	其他应付款							1	0	0	0	0	0	0
合　计							¥	1	0	0	0	0	0	0

附单据2张

财务主管：　　记账：刘丽芳　　出纳：　　审核：　　制单：郑民浩

(2)根据水费、电费、燃气费代收收据及5月23日实际支付水费、电费、燃气费的发票，计算代收手续费收入，并计算应纳的营业税费(也可于月末一次计算)。

手续费收入 = 72 000 − 39 200 − 20 000 − 10 000 = 2 800(元)

应纳营业税额 = 2 800 × 5% = 140(元)

应纳城建税额 = 140 × 7% = 9.80(元)

应交教育费附加 = 140 × 3% = 4.20(元)

应纳营业税费合计 = 140 + 9.80 + 4.20 = 154(元)

(3)根据计算出的应纳营业税费进行应税业务账务处理，填制1张转账凭证。

转账凭证

2012年05月23日　　转字4号

摘要	总账科目	明细科目	√	借方金额								√	贷方金额							
				十	万	千	百	十	元	角	分		十	万	千	百	十	元	角	分
计提营业税费	营业税金及附加						1	5	4	0	0									
	应交税费	应交营业税														1	4	0	0	0
		应交城建税																9	8	0
		应交教育费附加																4	2	0
合计						¥	1	5	4	0	0				¥	1	5	4	0	0

附单据1张

财务主管：　　记账：刘丽芳　　出纳：　　审核：　　制单：郑民浩

【业务6】 5月30日，公司停车场本月取得停车服务费收入112 200元，款项已存入银行，取得如下原始凭证。

注意：

(1)停车服务包括车辆代管、洗车、理货、提供饮食等，属营业税"服务业"税目，应按"服务业"税率计征营业税。

(2)从2012年下半年开始，在全国十一个省市对运输业和部分服务业(生产性服务)进行营业税改征增值税试点。

要求：根据上述原始凭证进行账务处理，填制相关记账凭证。

(1)根据停车场停车服务收入汇总表，计算应纳营业税、城建税和教育费附加：

应纳营业税额 = 112 200 × 5% = 5 610(元)

应纳城建税额 = 5 610 × 7% = 392.7(元)

应交教育费附加 = 5 610 × 3% = 168.3(元)

应纳营业税费合计 = 5 610 + 392.7 + 168.3 = 6 171(元)

2012 年 5 月 1 日至 30 日停车场停车服务收入汇总表

收费时间	收费收入	收费时间	收费收入
5 月 1 日	4 000.00	5 月 16 日	4 400.00
5 月 2 日	3 600.00	5 月 17 日	3 400.00
5 月 3 日	4 200.00	5 月 18 日	3 600.00
5 月 4 日	2 800.00	5 月 19 日	2 800.00
5 月 5 日	4 000.00	5 月 20 日	4 000.00
5 月 6 日	3 200.00	5 月 21 日	3 200.00
5 月 7 日	4 000.00	5 月 22 日	3 000.00
5 月 8 日	4 200.00	5 月 23 日	3 400.00
5 月 9 日	3 800.00	5 月 24 日	3 600.00
5 月 10 日	4 600.00	5 月 25 日	4 000.00
5 月 11 日	3 200.00	5 月 26 日	3 400.00
5 月 12 日	4 000.00	5 月 27 日	4 200.00
5 月 13 日	3 800.00	5 月 28 日	4 200.00
5 月 14 日	3 800.00	5 月 29 日	3 200.00
5 月 15 日	4 000.00	5 月 30 日	4 600.00
合计	¥112 200.00		

中国工商银行　现金缴款单（回单）①

2012年05月30日

<table>
<tr><td rowspan="4">缴款单位填写</td><td rowspan="2">缴款单位</td><td>全称</td><td colspan="3">沈阳民生集团股份有限公司</td></tr>
<tr><td>开户行</td><td>工商银行沈阳市支行南湖路分理处</td><td>账号</td><td>1123-048888</td></tr>
<tr><td colspan="2">款项来源</td><td colspan="3">代收费用</td></tr>
<tr><td colspan="2">人民币（大写）⊗壹拾壹万贰仟贰佰元整</td><td colspan="3">百 十 万 千 百 十 元 角 分
¥ 1 1 2 2 0 0 0 0</td></tr>
<tr><td>银行确认栏</td><td colspan="2">客户号（账号）　币种及金额
缴款日期　流水号
本缴款单金额业已全数收讫
收款员签章</td><td>会计分录</td><td colspan="2">借：
贷：
复核员　记账员</td></tr>
</table>

（印章：工行沈阳市支行南湖分理处　2012.05.30　现金　转讫）

第一联　银行代现金收入传票

缴款人对上述银行记录确认签名 郑民浩

(2)根据原始凭证和计算的应纳营业税费，进行收费业务和应税业务的账务处理，填制1张收款凭证、1张转账凭证。

收 款 凭 证

借方科目 银行存款　　　　2012年05月30日　　　　银收字5号

摘　要	贷方总账科目	明细科目	√	金额										
				亿	千	百	十	万	千	百	十	元	角	分
停车场停车服务收入	主营业务收入	停车场服务收入					1	1	2	2	0	0	0	0
合　计						¥	1	1	2	2	0	0	0	0

附单据2张

财务主管：　　记账：刘丽芬　　出纳：　　审核：　　制单：郑民浩

转 账 凭 证

2012年05月30日　　　　转字5号

摘　要	总账科目	明细科目	√	借方金额								√	贷方金额							
				十	万	千	百	十	元	角	分		十	万	千	百	十	元	角	分
计提营业税费	营业税金及附加					6	1	7	1	0	0									
	应交税费	应交营业税													5	6	1	0	0	0
		应交城建税														3	9	2	7	0
		应交教育费附加														1	6	8	3	0
合　计					¥	6	1	7	1	0	0			¥	6	1	7	0	0	0

附单据　张

财务主管：　　记账：刘丽芬　　出纳：　　审核：　　制单：郑民浩

【业务7】 5月30日，公司运输公司承接一项运输业务，取得运费收入234 000元，款项已存入银行，取得如下原始凭证。

中国工商银行　进账单（回单或收账通知）

交款日期2012年05月30日　　第0306号

<table>
<tr><td rowspan="3">付款人</td><td>全　称</td><td>沈阳日沈汽车股份有限公司</td><td rowspan="3">收款人</td><td>全　称</td><td colspan="11">沈阳民生集团股份有限公司</td></tr>
<tr><td>账　号</td><td>1121-015566</td><td>账　号</td><td colspan="11">1123-048888</td></tr>
<tr><td>开户银行</td><td>工行沈阳市支行铁西区分理处</td><td>开户银行</td><td colspan="11">工行沈阳市支行南湖路分理处</td></tr>
<tr><td rowspan="2">人民币（大写）</td><td colspan="3" rowspan="2">⊗贰拾叁万肆仟元整</td><td>亿</td><td>千</td><td>百</td><td>十</td><td>万</td><td>千</td><td>百</td><td>十</td><td>元</td><td>角</td><td>分</td></tr>
<tr><td></td><td></td><td>¥</td><td>2</td><td>3</td><td>4</td><td>0</td><td>0</td><td>0</td><td>0</td><td>0</td></tr>
<tr><td>票据种类</td><td colspan="3">转账支票</td><td colspan="11" rowspan="3">工行沈阳市支行南湖路分理处
2012.05.30
转账
转讫
收款人开户银行签章</td></tr>
<tr><td>票据张数</td><td colspan="3">1张</td></tr>
<tr><td colspan="4">单位
主管　　会计 肖月红　复核　　记账 李丽</td></tr>
</table>

此联是收款人开户银行交给收款人的回单或收账通知

公路、内河货物运输业统一发票

发　票　联

发票代码：236040912213

发票号码：00124568

开票日期：2012年05月30日

<table>
<tr><td>机打代码
机打号码
机器编号</td><td>236040912213
001234568
01-123-456</td><td>税控码</td><td colspan="4"></td></tr>
<tr><td>收货人及纳税人识别号</td><td colspan="2">漓江天亚汽车贸易公司
201303000012345</td><td>承运人及纳税人识别号</td><td colspan="3">沈阳民生集团股份有限公司
240103000088888</td></tr>
<tr><td>发货人及纳税人识别号</td><td colspan="2">沈阳市日沈汽车股份有限公司
306403001156789</td><td>主管税务机关及代码</td><td colspan="3">沈阳市地方税务局直属分局
12340026</td></tr>
<tr><td>运输项目及金额</td><td colspan="2">运输费　200 000.00</td><td>其他项目及金额</td><td>装卸费
保险费</td><td>4 000.00
30 000.00</td><td>备注</td></tr>
<tr><td>运费小计</td><td colspan="2">¥ 200 000.00</td><td>其他费用小计</td><td colspan="3">¥ 34 000.00</td></tr>
<tr><td>合计（大写）</td><td colspan="3">⊗贰拾叁万肆仟元整</td><td colspan="3">（小写）¥ 234 000.00</td></tr>
</table>

承运人盖章（沈阳民生集团股份有限公司 240103000088888 发票专用章）　　开票人：杨丽华

上海东亚印刷公司（2006）1200

第二联　发票联

要求：根据上述原始凭证进行账务处理，填制相关记账凭证。

（1）根据运输发票，计算应纳营业税、城建税和教育费附加：

应纳营业税额 = 234 000 × 3% = 7 020（元）

应纳城建税额 = 7 020 × 7% = 491.4（元）

应交教育费附加 = 7 020 × 3% = 210.6（元）

应纳营业税费合计 = 7 020 + 491.4 + 210.6 = 7 722（元）

(2)根据原始凭证和计算的应纳营业税费，进行运输业务和应税业务的账务处理，填制1张收款凭证、1张转账凭证。

收款凭证

借方科目 银行存款　　2012年05月30日　　银收字6号

摘要	贷方总账科目	明细科目	√	金额 亿	千	百	十	万	千	百	十	元	角	分
运输汽车到漓江	主营业务收入	货物运输收入					2	3	4	0	0	0	0	0
合计						¥	2	3	4	0	0	0	0	0

附单据1张

财务主管：　记账：刘丽芬　出纳：　审核：　制单：郑民浩

转账凭证

2012年05月30日　　转字6号

摘要	总账科目	明细科目	√	借方金额 十	万	千	百	十	元	角	分	√	贷方金额 十	万	千	百	十	元	角	分
计提营业税费	营业税金及附加					7	7	2	2	0	0									
	应交税费	应交营业税													7	0	2	0	0	0
		应交城建税															4	9	1	4	0
		应交教育费附加															2	1	0	6	0
合计					¥	7	7	2	2	0	0			¥	7	7	2	2	0	0

附单据张

财务主管：　记账：刘丽芬　出纳：　审核：　制单：郑民浩

【业务8】 5月20日，公司托运业务部承接沈阳清华电子厂一批货物托运业务，共收取各项托运服务费、代垫运输费11 000元，5月30日收到托运方支付的价款。取得如下原始凭证。

辽宁省托运业务专用发票

沈地（205023）　　　　　　　　　　记 账 联　　　　　　　　发票代码：236040972213

机器开票 手写无效　　　　　　　　　　　　　　　　　　　　　发票号码：00124568

纳税人识别号 240103000077889　　　　　　　　　　　　　　　开票日期：2012年05月30日

上海东亚印刷股份有限公司2007（4×5000）

发货人	沈阳清华电子厂	地址	沈阳市十里大道15号		始发站	沈阳	货票号
收货人	长春宏图电子贸易公司	地址	长春市城南区大东路5号		到达站	长春	008
货物名称		件数	包装种类	重量(千克)	收费项目		金额
电子元器件		100	木箱	2 000	铁路运费		1 000.00
GPS导航仪		40	纸箱	400	水路运费		
					公路运费		
收费项目	金额	收费项目		金额	航空运费		8 400.00
服务费	800.00	装卸费		600.00			
综合包干费		仓储费		200.00			
托运服务款小计		1 600.00			代垫款项小计		9 400.00
合计（大写）	壹万壹仟元整		¥11 000.00		结算方式		货到付款

第一联 记账联

沈阳民生集团股份有限公司 发票专用章

机器编号 01-123-456　　　税控码　　　　　　　　　　　　开票人：杨丽华

开票单位(盖章)　　　地址 沈阳市和平区南湖路214号　　　电话 024-28343355

注意：

税法对托运业务的规定

(1) 货物托运业务属于营业税“服务业”税目中的“其他业务”，不属于“交通运输业”税目，适用税率为5%。

(2) 向客户收取的为客户代垫的运输费，不作为托运单位的服务收入，不属于营业税的征税范围。

中国工商银行　进账单（回单或收账通知）

交款日期2012年05月30日　　　　　　　　　　　　第0308号

付款人	全　称	沈阳清华电子厂	收款人	全　称	沈阳民生集团股份有限公司
	账　号	2567-81234		账　号	1123-048888
	开户银行	工行沈阳市十里大道分理处		开户银行	工行沈阳市支行南湖路分理处

人民币（大写）	⊗壹万壹仟元整	亿	千	百	十	万	千	百	十	元	角	分
					¥	1	1	0	0	0	0	0
票据种类	转账支票											
票据张数	1张											
单位 主管　会计 肖月红　复核　记账 李丽		收款人开户银行签章										

工行沈阳市支行南湖路分理处 2012.05.30 转账 转讫

此联是收款人开户银行交给收款人的回单或收账通知

要求：根据上述原始凭证进行账务处理，填制相关记账凭证。

(1)根据托运业务发票，计算应纳营业税、城建税和教育费附加：

应纳营业税额 = 1 600 × 5% = 80(元)

应纳城建税额 = 80 × 7% = 5.60(元)

应交教育费附加 = 80 × 3% = 2.40(元)

应纳营业税费合计 = 80 + 5.60 + 2.40 = 88(元)

(2)根据原始凭证和计算的应纳营业税费，进行托运业务和应税业务的账务处理，填制1张收款凭证、1张转账凭证(支付代垫费用的账务处理略)。

收款凭证

借方科目 银行存款　　　　2012年05月30日　　　　银收字7号

摘要	贷方总账科目	明细科目	√	金额										
				亿	千	百	十	万	千	百	十	元	角	分
收清华电子厂托运费	主营业务收入	托运业务收入							1	6	0	0	0	0
	应收账款	沈阳清华电子厂							9	4	0	0	0	0
合计							¥	1	1	0	0	0	0	0

附单据2张

财务主管：　记账：刘丽芳　出纳：　审核：　制单：郑民浩

注意：

境内联运与跨境运输的计税依据

(1)境内联运以收取的全程运费减去支付给接运单位运费后的差额为计税营业额。

(2)跨境运输以收取的全程运费减去途中换装费、支付给境外承运企业运费后的差额为计税营业额。

转账凭证

2012年05月30日　　　　转字7号

摘要	总账科目	明细科目	√	借方金额								√	贷方金额							
				十	万	千	百	十	元	角	分		十	万	千	百	十	元	角	分
计提营业税费	营业税金及附加							8	8	0	0									
	应交税费	应交营业税															8	0	0	0
		应交城建税																5	6	0
		应交教育费附加																2	4	0
合计							¥	8	8	0	0					¥	8	8	0	0

附单据　张

财务主管：　记账：刘丽芳　出纳：　审核：　制单：郑民浩

营业税费汇总计算表

业务序号	记账凭证号	应纳营业税	应纳城建税	应交教育费附加	小计
业务 1	转 1	211 000.00	14 770.00	6 330.00	232 100.00
业务 2	转 2	480 000.00	33 600.00	14 400.00	528 000.00
业务 3	转 3	86 400.00	6 048.00	2 592.00	95 040.00
业务 5	转 4	140.00	9.80	4.20	154.00
业务 6	转 5	5 610.00	392.70	168.30	6 171.00
业务 7	转 6	7 020.00	491.40	210.60	7 722.00
业务 8	转 7	80.00	5.60	2.40	88.00
合计		790 250.00	55 317.50	23 707.50	869 275.00

【业务 9】　月末结转“营业税金及附加”账户，该账户月末结转后无余额。

转 账 凭 证

2012年05月31日　　　　转字8号

摘要	总账科目	明细科目	√	借方金额									√	贷方金额								
				百	十	万	千	百	十	元	角	分		百	十	万	千	百	十	元	角	分
月末结转账户	本年利润				8	6	9	2	7	5	0	0										
	营业税金及附加														8	6	9	2	7	5	0	0
合计				¥	8	6	9	2	7	5	0	0		¥	8	6	9	2	7	5	0	0

附单据　张

财务主管：　　记账：刘丽芳　　出纳：　　审核：　　制单：郑民浩

第三节　营业税登账及纳税申报

根据沈阳民生集团股份有限公司 2012 年 5 月份第 1 ~ 8 笔涉税业务的原始凭证及其相关账务处理，登记营业税费涉税账户。假定该公司 1—4 月累计应纳营业税 400 万元，应纳城建税 17 万元，应交教育费附加 12 万元，且全部缴清，至 5 月初没有任何应交未交税款。

一、"应交税费——应交营业税"账户录入

应交税费——应交营业税 明细账

总第 页
分第 页

2012年 月	日	记账凭证号码	摘要	对方科目	页数	借方金额	贷方金额	借或贷	余额
			上月结余						0.00
05	13	转1	宾馆服务营业税	营业税金及附加			211 000.00		
	14	转2	建筑工程营业税	营业税金及附加			480 000.00		
	15	转3	销售不动产营业税	营业税金及附加			86 400.00		
	23	转4	物业管理营业税	营业税金及附加			140.00		
	30	转5	停车场停车服务营业税	营业税金及附加			5 610.00		
	30	转6	贷物运输营业税	营业税金及附加			7 020.00		
	30	转7	托运业务营业税	营业税金及附加			80.00		
			本月合计				790 250.00	贷	790 250.00
			本年累计				4 790 250.00	贷	4 790 250.00

二、"应交税费——应交城建税"账户录入

应交税费——应交城建税 明细账

总第 页
分第 页

2012年 月	日	记账凭证号码	摘要	对方科目	页数	借方金额	贷方金额	借或贷	余额
			上月结余					平	0.00
05	13	转1	宾馆服务城建税	营业税金及附加			14 770.00		
	14	转2	建筑工程城建税	营业税金及附加			33 600.00		
	15	转3	销售不动产城建税	营业税金及附加			6 048.00		
	23	转4	物业管理城建税	营业税金及附加			9.80		
	30	转5	停车场停车服务城建税	营业税金及附加			392.70		
	30	转6	贷物运输城建税	营业税金及附加			491.40		
	30	转7	托运业务城建税	营业税金及附加			5.60		
			本月合计				55 317.50	贷	55 317.50
			本年累计				225 317.50	贷	225 317.50

三、“应交税费——应交教育费附加”账户录入

应交税费——应交教育费附加　明细账

总第　页
分第　页

2012年 月	日	记账凭证号码	摘要	对方科目	页数	借方金额	贷方金额	借或贷	余额
			上月结余						0.00
05	13	转1	宾馆服务教育费附加	营业税金及附加			6 330.00		
	14	转2	建筑工程教育费附加	营业税金及附加			14 400.00		
	15	转3	销售不动产教育费附加	营业税金及附加			2 592.00		
	23	转4	物业管理教育费附加	营业税金及附加			4.20		
	30	转5	停车场停车服务教育费附加	营业税金及附加			168.30		
	30	转6	贷物运输教育费附加	营业税金及附加			210.60		
	30	转7	托运业务教育费附加	营业税金及附加			2.40		
			本月合计				23 707.50	贷	23 707.50
			本年累计				143 707.50	贷	143 707.50

四、“营业税金及附加”账户录入

营业税金及附加　总账

总第　页
分第　页

2012年 月	日	记账凭证号码	摘要	对方科目	页数	借方金额	贷方金额	借或贷	余额
			上月结余						0.00
05	13	转1	宾馆服务营业税费	应交税费		232 100.00			
	14	转2	建筑工程营业税费	应交税费		528 000.00			
	15	转3	销售不动产营业税费	应交税费		95 040.00			
	23	转4	物业管理营业税费	应交税费		154.00			
	30	转5	停车场停车服务营业税费	应交税费		6 171.00			
	30	转6	贷物运输营业税费	应交税费		7 722.00			
	30	转7	托运业务营业税费	应交税费		88.00			
	30	转8	结转营业税费附加	本年利润			869 275.00		
	30		本月合计			869 275.00	869 275.00	平	0.00
			本年累计			5 159 275.00	5 159 275.00	平	0.00

五、填报营业税纳税申报资料

现阶段，各地税务机关采用分项与综合相结合的方法设计营业税纳税申报，具体包括《营业税纳税申报表(适用于综合服务企业纳税人)》、《建筑业营业税纳税申报表》、《金融保险业营业税纳税申报表》、《交通运输业营业税纳税申报表》、《娱乐业营业税纳税申报表》、《服务业营业税纳税申报表》。企业在填报纳税申报表的基础上，有的还须填报《减除项目金

额明细表申报表》等。

现以沈阳民生集团股份有限公司2012年5月份第1～8笔涉税业务为例编制《营业税纳税申报工作底稿》，并在此基础上填制填报《营业税纳税申报表（适用于综合服务企业纳税人）》、《城市维护建设税纳税申报表》、《教育费附加申报表》，以及“电子缴税专用缴款书”等。

1. 编制营业税纳税申报工作底稿

根据营业税纳税申报表的填制要求，填报该申报表时，应按对应税目及其子目明细分项填报，因此，在填报营业税纳税申报表之前应编制营业税纳税申报工作底稿。

营业税纳税申报工作底稿

项目 税目	计税依据（元）	适用税率	应纳税额（元）	备注
一、服务业				
1. 饮食住宿	2 000 000.00	5%	100 000.00	
2. 租赁	360 000.00	5%	18 000.00	
3. 物业管理	2 800.00	5%	140.00	
4. 其他	313 800.00	5%	15 690.00	
小计	2 676 600.00		133 830.00	
二、建筑业				
建筑工程	16 000 000.00	3%	480 000.00	
小计	16 000 000.00		480 000.00	
三、运输业				
1. 货物运输	234 000.00	3%	7 020.00	
2. 出租车营运	100 000.00	3%	3 000.00	
小计	334 000.00		10 020.00	
四、娱乐业				
歌舞厅	400 000.00	20%	80 000.00	
小计	400 000.00		80 000.00	
五、销售不动产				
预售住宅	1 728 000.00	5%	86 400.00	
小计	1 728 000.00		86 400.00	
总计	21 138 600.00		790 250.00	

注意：

营业税纳税义务发生时间

（1）一般情况下，营业税纳税义务发生时间为纳税人收讫营业收入款项或者填制营业收入凭证的当天。

（2）纳税人转让土地使用权、销售不动产、提供建筑租赁业劳务，采用预收款方式的，收到预收款的当天为纳税义务发生时间。

（3）纳税人将不动产或土地使用权无偿赠送他人的，不动产所有权、土地使用权转移的当天为纳税义务发生时间。

（4）单位和个人转让无形资产，向对方收取的预收款性质的价款，该款项按财务会计制度规定确认收入时间为纳税义务发生时间。

2. 填制《营业税纳税申报表(适用于综合服务企业纳税人)》

营业税纳税申报表

(适用于综合服务企业纳税人)

纳税人名称(签章)　　　　填表时间：2012 年 06 月 05 日

税款所属期：2012 年 05 月 01 日至 05 月 31 日　　纳税人管理码：00124512　　金额单位：元(列至角分)

税目	营业额				税率	本期税款计算			税款缴纳							
									期初欠缴税额	前期多缴税额	本期已缴税额			本期应缴税额计算		
	应税收入	应税减除项目金额	应税营业额	免税收入		小计	本期应纳税额	减免税额			小计	已缴本期应纳税额	本期已缴欠缴税额	小计	本期期末应缴税额	本期期末应缴欠缴税额
1	2	3	4 = 2 - 3	5	6	7 = 8 + 9	8 = (4 - 5) × 6	9 = 5 × 6	10	11	12 = 13 + 14	13	14	15 = 16 + 17	16 = 8 - 13	17 = 10 - 11 - 14
服务业	2 676 600.00		2 676 600.00		5%	133 830.00	133 830.00							133 830.00	133 830.00	
建筑业	16 000 000.00		16 000 000.00		3%	480 000.00	480 000.00							480 000.00	480 000.00	
运输业	334 000.00		334 000.00		3%	10 020.00	10 020.00							10 020.00	10 020.00	
娱乐业	400 000.00		400 000.00		20%	80 000.00	80 000.00							80 000.00	80 000.00	
销售不动产	1 728 000.00		1 728 000.00		5%	86 400.00	86 400.00							86 400.00	86 400.00	
合计			21 138 600.00			790 250.00	790 250.00							790 250.00	790 250.00	
以下由税务机关填写																
受理人：熊东东 2012 年 6 月 6 日									受理税务机关(签章)：							

说明：本表一式三份，受理部门、属地分局(所)各一份，一份审核签章后返回给纳税人。

3. 填制《城市建设维护税纳税申报表》、《教育费附加申报表》

城市维护建设税纳税申报表

填表日期：2012年06月05日

纳税人识别码240103000088888　　　　金额单位：元（列至角分）

纳税人名称	沈阳民生集团股份有限公司		税款所属时期	2012年05月01日至2012年05月31日	
计税依据	计税金额	税率	应纳税额	已纳税款	应补（退）税额
营业税	790 250.00	7%	55 317.50	0.00	55 317.50
合计	790 250.00		55 317.50	0.00	55 317.50
			如委托代理人填报，由代理人填写以下各栏		备注
会计主管 孙红民	纳税人 （公章） 沈阳民生集团股份有限公司		代理人名称		
			代理人地址		
			经办人		电话
收到申报表日期	2012年06月05日		接收人	熊东东	

教育费附加申报表

填表日期：2012年06月05日

纳税人识别码240103000088888　　　　金额单位：元（列至角分）

纳税人名称	沈阳民生集团股份有限公司		税款所属时期	2012年05月01日至2012年05月31日	
计税依据	计税金额	税率	应纳税额	已纳税款	应补（退）税额
营业税	790 250.00	3%	23 707.50	0.00	23 707.50
合计	790 250.00		23 707.50	0.00	23 707.50
如纳税人填报、申报，由纳税人填写以下各栏			如委托代理人填报，由代理人填写以下各栏		备注
会计主管 孙红民	纳税人 （公章） 沈阳民生集团股份有限公司		代理人名称		
			代理人地址		
			经办人		电话
以下由税务机关填写					
收到申报表日期	2012年06月05日		接收人	熊东东	

4. 填制“电子缴税专用缴款书”

根据上述纳税申报资料，为沈阳民生集团股份有限公司填写一份“电子缴税专用缴款书”，通知开户银行划拨缴纳营业税费。

电子缴税专用缴款书

填开日期：2012年06月06日　　　　2010 辽地税电库：0012345611

□已申报 申报序号：20120605001201　　　　□未申报

纳税人计算机代码	00124512	征收机关代码	
纳税人名称	沈阳民生集团股份有限公司	征收机关名称	沈阳市地方税务局直属分局
付款人名称	沈阳民生集团股份有限公司	收款国库名称	中华人民共和国国家金库和平区国库
付款人开户银行名称	工行沈阳市支行南湖路分理处	国库清算行号	1123
付款人账号	1123-048888	金额合计	869 275.00
纳税项目代码	课税数量	计税金额	实缴税额
1010304 一般企业		21 138 600.00	790 250.00
1010903 股份制企业 城市建设维护税		790 250.00	55 317.50
1020127 地方教育费附加收入		790 250.00	23 707.50
付款人：（盖章） 经办人：郑	税务机关：（盖章）	银行(盖章) 记账员（签章）	备注

第四节　营业税改增值税会计处理与纳税申报

一、营业税改增值税基本规范

根据财政部、国家税务总局《关于印发〈营业税改征增值税试点方案〉的通知》(财税[2011]110 号)，营业税改增值税的试点方案内容如下所述。

(一) 营业税改增值税试点的范围与时间

1. 试点地区

综合考虑服务业发展状况、财政承受能力、征管基础条件等因素，先选择经济辐射效应明显、改革示范作用较强的地区开展试点工作。目前，进行营业税改增值税的省市有上海、北京等十一个省市。

2. 试点行业

试点行业先选择交通运输业、部分现代服务业等生产性服务业，逐步推广至其他行业。条件成熟时，可选择部分行业在全国范围内进行全行业试点。

3. 试点时间

2012 年 1 月 1 日起开始试点，并根据情况及时完善方案，择机扩大试点范围。

（二）营业税改增值税试点的主要税制安排

1. 税率

在现行增值税17%标准税率和13%低税率基础上，新增11%和6%两档低税率。租赁有形动产等适用17%税率，交通运输业、建筑业等适用11%税率，其他部分现代服务业适用6%税率。

2. 计税方式

交通运输业、建筑业、邮电通信业、现代服务业、文化体育业、销售不动产和转让无形资产，原则上适用增值税一般计税方法。金融保险业和生活性服务业，原则上适用增值税简易计税方法。

3. 计税依据

纳税人计税依据原则上为发生应税交易取得的全部收入。对一些存在大量代收转付或代垫资金的行业，其代收代垫金额可予以合理扣除。

4. 服务贸易进出口

服务贸易进口在国内环节征收增值税，出口实行零税率或免税制度。

（三）营业税改增值税试点的过渡性政策安排

1. 税收收入归属

试点期间保持现行财政体制基本稳定，原归属试点地区的营业税收入，改征增值税后收入仍归属试点地区，税款分别入库。因试点产生的财政减收，按现行财政体制由中央和地方分别负担。

2. 税收优惠政策过渡

国家给予试点行业的原营业税优惠政策可以延续，但对于通过改革能够解决重复征税问题的，予以取消。试点期间针对具体情况采取适当的过渡政策。

3. 跨地区税种协调

试点纳税人以机构所在地作为增值税纳税地点，其在异地缴纳的营业税，允许在计算缴纳增值税时抵减。非试点纳税人在试点地区从事经营活动的，继续按照现行营业税有关规定申报缴纳营业税。

4. 增值税抵扣政策的衔接

现有增值税纳税人向试点纳税人购买服务取得的增值税专用发票，可按现行规定抵扣进项税额。

（四）营业税改增值税试点的组织实施

（1）财政部和国家税务总局根据本方案制定具体实施办法、相关政策和预算管理及缴库规定，做好政策宣传和解释工作。经国务院同意，选择确定试点地区和行业。

（2）营业税改征的增值税，由国家税务局负责征管。国家税务总局负责制定改革试点的征管办法，扩展增值税管理信息系统和税收征管信息系统，设计并统一印制货物运输业增值税专用发票，全面做好相关征管准备和实施工作。

（五）营业税改增值税涉税账户的设置

根据财政部、国家税务总局联合发布的《营业税改征增值税试点有关企业会计处理规定》（财税[2012]13号），营业税改征增值税的服务企业应按一般纳税人和小规模纳税人分别设置相关账户。

1. 一般纳税人

服务企业增值税一般纳税人，进行营业税改征增值税相关业务会计核算时，应增设“应交税费——应交增值税（营改增抵减的销项税额）”三级账户、“应交税费——增值税留抵税额”二级账户。

企业接受应税服务时，按规定允许扣减销售额而减少的销项税额，借记“应交税费——应交增值税（营改增抵减的销项税额）”账户，按实际支付或应付的金额与上述增值税额的差额，借记“主营业务成本”等账户，按实际支付或应付的金额，贷记“银行存款”、“应付账款”等账户。对于期末一次性进行账务处理的企业，期末按规定当期允许扣减销售额而减少的销项税额，借记“应交税费——应交增值税（营改增抵减的销项税额）”账户，贷记“主营业务成本”等账户。

试点地区兼有应税服务的原增值税一般纳税人，截止到开始试点当月月初的增值税留抵税额按照营业税改征增值税有关规定不得从应税服务的销项税额中抵扣的，应在“应交税费”账户下增设“增值税留抵税额”明细账户。开始试点当月月初，企业应按不得从应税服务的销项税额中抵扣的增值税留抵税额，借记“应交税费——增值税留抵税额”账户，贷记“应交税费——应交增值税（进项税额转出）”账户。待以后期间允许抵扣时，按允许抵扣的金额，借记“应交税费——应交增值税（进项税额）”账户，贷记“应交税费——增值税留抵税额”账户。“应交税费——增值税留抵税额”账户的期末余额应根据其流动性在资产负债表的“其他流动资产”项目或“其他非流动资产”项目列示。

2. 小规模纳税人

增值税小规模纳税人进行营业税改征增值税相关业务会计核算时，不另增账户，直接通过“应交税费——应交增值税”二级账户核算纳税人试点期间按规定扣减销售额而减少的应交增值税额及应纳增值税额。

企业接受应税服务时，按规定允许扣减销售额而减少的应交增值税，借记“应交税费——应交增值税”账户，按实际支付或应付的金额与上述增值税额的差额，借记“主营业务成本”等账户，按实际支付或应付的金额，贷记“银行存款”、“应付账款”等账户。对于期末一次性进行账务处理的企业，期末按当期允许扣减销售额而减少的应交增值税，借记“应交税费——应交增值税”账户，贷记“主营业务成本”等账户。

企业提供应税服务，取得营业收入时，采用简易征收办法计算应交增值税，按实际收取的收入借记“银行存款”账户，按应纳增值税额贷记“应交税费——应交增值税”账户，按不含增值税的收入贷记“主营业务收入”账户。

二、进行营业税改增值税的账务处理

衡阳迅捷运输股份有限公司于2012年10月1日被列为营业税改增值税试点企业。经税务机关核定认定为增值税一般纳税人，实行查账征收方式，按月办理增值税纳税申报，通过网银缴税专用账户缴纳增值税。

（一）企业基本资料

（1）组织机构代码：003322789，纳税人识别码：340404000055228，计算机管理代码：07093245，法定代表人：苏程宇，财务负责人：李嘉庆，办税员：刘福民，出纳人：孙欣怡，记账员：王大富。

（2）生产经营范围：公路及内河货物运输、长途客运。经营地址：衡阳市蒸湘区中山路

105 号，电话：0734 - 7856074，电子邮箱：hyxj2011@163.com。

(3)开户银行及账号：中国工商银行衡阳市支行中山路分理处，结算账户：GH - 0134 - 770123。网银缴纳专用账户：GH - 0134 - 770124。

(4)国税主管税务机关：衡阳市国家税务局直属分局，组织机构代码：340423456，办税服务厅电话：0734 - 7843569，经办人：向东明。

(二)涉税账务处理

现以衡阳迅捷运输股份有限公司2012年10月份的购货及承运等业务为例，进行增值税进项税、销项税、应纳增值税等业务的账务处理。

【业务1】 10月2日，公司根据主管税务机关营业税改增值税的计划安排，到指定公司购置防伪税控专用设备，支付购置费用，取得如下原始凭证。

衡阳市增值税专用发票 No: 02423015

3404102140 发票联 开票日期：2012年10月02日

购货单位	纳税人名称	衡阳迅捷运输股份有限公司					密码区	（略）
	纳税人识别号	340404000055228						
	地址、电话	衡阳市蒸湘区中山路105号0734-7856074						
	开户行及账号	工行衡阳市支行中山路分理处GH-0134-770123						
货物或应税劳务名称	规格型号	单位	数量	单价	金额	税率	税额	
金税卡		张	2	1 010.00	2 020.00	17%	343.40	
税控卡		张	2	80.00	160.00	17%	27.20	
读卡器		个	2	150.00	300.00	17%	51.00	
合计					2 480.00	17%	421.60	
价税合计(大写)	贰仟玖佰零壹元陆角零分				（小写）¥ 2 901.60			
销货单位	纳税人名称	衡阳金税科技股份有限公司					备注	
	纳税人识别号	340401000051234						
	地址、电话	衡阳市蒸湘区滨湖路66号0734-7896030						
	开户行及账号	工行衡阳市支行滨湖路分理处GH-0155-7231282						

收款人：夏黎昕 复核： 开票人：孟雅寒 销货单位：（盖章）

（印章：衡阳金税科技股份有限公司 发票专用章）

国税函[2010]873号北京印钞厂

第二联 发票联 购货方记账凭证

注意：

根据财税[2012]15号文件规定，纳税人初次购买增值税防伪税控系统专用设备(金税卡、IC卡、读卡器或金税盘、报税盘)支付的费用及缴纳的技术维护费可在增值税应纳税额中全额抵减，当期不足抵减的可结转至下期抵减。本期抵减数额填列在增值税纳税申报表(适用于增值税一般纳税人)的“应纳税额减征额”栏中。增值税一般纳税人支付增值税防伪税控系统专用设备费用的账务处理办法如下：

支付购置费用时，借记“应交税费——抵减增值税额”账户，贷记“银行存款”账户；转出未交增值税时，借记“应交税费——转出未交增值税”账户，贷记“应交税费——未交增值税”账户；抵减购置费用时，借记“应交税费——未交增值税”账户，贷记“应交税费——抵减增值税额”账户。

衡阳市增值税专用发票

No: 02423015

3404102140　　抵扣联　　开票日期：2012年10月02日

国税函[2010]873号北京印钞厂

购货单位	纳税人名称	衡阳迅捷运输股份有限公司					密码区	（略）
	纳税人识别号	340404000055228						
	地址、电话	衡阳市蒸湘区中山路105号0734-7856074						
	开户行及账号	工行衡阳市支行中山路分理处GH-0134-770123						
货物或应税劳务名称		规格型号	单位	数量	单价	金额	税率	税额
金税卡			张	2	1 010.00	2 020.00	17%	343.40
税控卡			张	2	80.00	160.00	17%	27.20
读卡器			个	2	150.00	300.00	17%	51.00
合计						2 480.00	17%	421.60
价税合计（大写）		贰仟玖佰零壹元陆角零分				（小写）¥ 2 901.60		
销货单位	纳税人名称	衡阳金税科技股份有限公司					备注	衡阳金税科技股份有限公司 340404000051234 发票专用章
	纳税人识别号	340401000051234						
	地址、电话	衡阳市蒸湘区滨湖路66号0734-7896030						
	开户行及账号	工行衡阳市支行滨湖路分理处GH-0155-7231282						

第三联　抵扣联　购货方扣税凭证

收款人：夏黎昕　　复核：　　开票人：孟雅寒　　销货单位：（盖章）

注意：

取得增值税专用发票后，应自开票之日起180天内到主管税务机关办理认证，否则不得抵扣进项税。

2007.6北京印刷厂

中国工商银行
转账支票存根
AX-600562314

科　　目：	
对方科目：	
出票日期：2012年10月02日	
收　款　人：衡阳金税科技公司	
金　　额：2 901.60	
用　　途：支付税控设备费用	

单位主管：　　会计：

中国工商银行　转账支票

（湘）600562314

出票日期（大写）贰零壹贰年壹拾月零贰日　付款行名称：衡阳市支行中山路分理处

收款人：衡阳金税科技股份有限公司　出票人账号：GH-0134-770123

本支票付款期限10天

人民币（大写）	⊗贰仟玖佰零壹元陆角零分	亿	千	百	十	万	千	百	十	元	角	分
						¥	2	9	0	1	6	0

用途：支付
上述款项请
我账户内支付
出票人盖章

衡阳迅捷运输股份有限公司 财务专用章

科目（借）________
对方科目（贷）________
出票日期2012年10月02日
复核　苏程宇　　记账

03456　3456789　2121345677889　01

注意：
小规模纳税人购置增值税防伪税控系统专用设备的账务处理
(1)支付购置费用时：
借：应交税费——抵减增值税额
　　贷：银行存款
(2)抵减购置费用时：
借：应交税费——应交增值税
　　贷：应交税费——抵减增值税额

要求：根据上述原始凭证进行外购货物及进项税的账务处理，填制相关记账凭证。

付款凭证

贷方科目 银行存款　　2012年10月02日　　银付字1号

摘要	借方总账科目	明细科目	√	亿	千	百	十	万	千	百	十	元	角	分
支付税控专用设备费用	应交税费	抵减增值税额							2	9	0	1	6	0
合计								¥	2	9	0	1	6	0

附单据2张

财务主管：　记账：王大富　出纳：　审核：　制单：孙欣怡

【业务2】 10月5日，因货物运输需要，公司从广州石油化工股份有限公司购入93号汽油100桶、润滑油40瓶，取得广州石油化工股份有限公司开具的增值税专用发票并开出银行汇票。

广东省增值税专用发票

No: 01413028

2601102140　　发票联　　开票日期：2012年10月05日

购货单位	纳税人名称	衡阳迅捷运输股份有限公司			密码区	(略)	
	纳税人识别号	340404000055228					
	地址、电话	衡阳市蒸湘区中山路105号0734-7856074					
	开户行及账号	工行衡阳市支行中山路分理处GH-0134-770123					
货物或应税劳务名称	规格型号	单位	数量	单价	金额	税率	税额
汽油	93号	桶	100	3 000.00	300 000.00	17%	51 000.00
润滑油	XL	瓶	40	200.00	8 000.00	17%	1 360.00
合计					308 000.00		52 360.00
价税合计(大写)	叁拾陆万零叁佰陆拾元整				(小写)¥360 360.00		
销货单位	纳税人名称	广州石油化工股份有限公司			备注	广州石油化工股份有限公司 260101000051118 发票专用章	
	纳税人识别号	260101000051118					
	地址、电话	广州市石化工业区香坛路321号0301-5689978					
	开户行及账号	工行广州市支行香坛路分理处GH-0155-7233218					

第二联 发票联 购货方记账凭证

收款人：冯语柔　复核：　开票人：韩诗蕾　销货单位：(盖章)

广东省增值税专用发票

2601102140　　抵 扣 联　　No: 01413028

开票日期：2012年10月05日

购货单位	纳税人名称	衡阳迅捷运输股份有限公司					密码区	（略）
	纳税人识别号	340404000055228						
	地址、电话	衡阳市蒸湘区中山路105号0734-7856074						
	开户行及账号	工行衡阳市支行中山路分理处GH-0134-770123						
货物或应税劳务名称		规格型号	单位	数量	单价	金额	税率	税额
汽油		93号	桶	100	3 000.00	300 000.00	17%	51 000.00
润滑油		XL	瓶	40	200.00	8 000.00	17%	1 360.00
合计						308 000.00		52 360.00
价税合计（大写）		叁拾陆万零叁佰陆拾元整				（小写）¥360 360.00		
销货单位	纳税人名称	广州石油化工股份有限公司					备注	
	纳税人识别号	260101000051118						
	地址、电话	广州市石化工业区香坛路321号0301-5689978						
	开户行及账号	工行广州市支行香坛路分理处GH-0155-7233218						

收款人：冯语柔　　复核：　　开票人：韩诗蕾　　销货单位：（盖章）

（印章：广州石油化工股份有限公司 260101000051118 发票专用章）

第三联 抵扣联 购货方扣税凭证

付款期限 壹个月

中国工商银行 2
银行汇票

地BA 名01　0034087811

出票日期（大写）贰零壹贰年壹拾月零伍日　　代理付款行：工行广州市支行香坛路分理处　行号：0155

收款人：广州石油化工股份有限公司		账号：		GH-0155-7233218						
出票金额	人民币（大写）	⊗叁拾陆万零肆佰元整		¥360 400.00						
申请人：衡阳迅捷运输股份有限公司		账号：GH-0134-770123								
出票行：工行衡阳市支行中山路分理处　行号：0134		密押：								科目（借）____
备注：		多余金额								对方科目______
凭票付款		十	万	千	百	十	元	角	分	兑付日期：2012年10月07日
出票行签章					¥	4	0	0	0	复核　记账

（印章：衡阳迅捷运输股份有限公司 财务专用章；中国工商银行股份有限公司衡阳市支行 2012.10.05 业务专用章）

第一联 存根 付款方记账传票

> 注意：
>
> 异地付款的账务处理方法
>
> 异地付款通常采用银行汇票的方式，开出银行汇票时，按出票金额借记"其他货币资金"账户，贷记"银行存款"账户；实际兑付货款时，按实际兑付金额借记"原材料"、"应交税费——应交增值税(进项税额)"等账户，贷记"其他货币资金"账户；实际兑付金额少于出票金额的，按出票金额与实际兑付金额之差，借记"银行存款"账户，贷记"其他货币资金"账户。

要求：根据上述原始凭证进行账务处理，填制相关记账凭证。

付 款 凭 证

贷方科目　银行存款　　　　2012年10月05日　　　　银付字2号

摘　要	借方总账科目	明细科目	√	亿	千	百	十	万	千	百	十	元	角	分
开出银行汇票	其他货币资金						3	6	0	3	6	0	0	0
合　　计						¥	3	6	0	3	6	0	0	0

附单据1张

财务主管：　　记账：王大富　　出纳：　　审核：　　制单：孙欣怡

转 账 凭 证

2012年10月05日　　　　转字1号

摘　要	总账科目	明细科目	√	借方金额								√	贷方金额							
				十	万	千	百	十	元	角	分		十	万	千	百	十	元	角	分
采购汽油等	原材料			3	0	8	0	0	0	0	0									
	应交税费	应交增值税(进项)			5	2	3	6	0	0	0									
	其他货币资金												3	6	0	3	6	0	0	0
合　计			¥	3	6	0	3	6	0	0	0	¥	3	6	0	3	6	0	0	0

附单据1张

财务主管：　　记账：王大富　　出纳：　　审核：　　制单：孙欣怡

收 款 凭 证

借方科目　银行存款　　　　2012年10月05日　　　　银收字1号

摘　要	贷方总账科目	明细科目	√	亿	千	百	十	万	千	百	十	元	角	分
转回银行汇票兑付余额	其他货币资金										4	0	0	0
合　　计										¥	4	0	0	0

附单据1张

财务主管：　　记账：王大富　　出纳：　　审核：　　制单：孙欣怡

【业务3】 10月10日，与衡阳东际机械股份有限公司签订货物运输合同，运输费及其他相关费用共计104万元。10月20日，合同执行完毕，开出货物运输增值税专用发票，款项已通过结算账户转账收讫，取得以下原始凭证。

注意：

(1)营业税改增值税后，在非试点地区取得当地公路、内河货物运输业发票，按运输发票上的金额乘以7%扣除并计算抵扣进项税，不能按11%计算抵扣进项税。

(2)在非试点地区取得试点地区企业开具的货物运输增值税专用发票，可按发票上金额的11%计算抵扣进项税。

货物运输业增值税专用发票

记账联　No 87654321

3100114760　此联不作报销、扣税凭证使用　开票时间：2012年10月20日

国税函[2012]15号上海天涯印刷股份有限公司

承运人及纳税人识别码	衡阳迅捷运输股份有限公司 340404000055228	密码区	略
实际受票方及纳税人识别码	衡阳东际食品机械股份有限公司 340401000053219		
收货人及纳税人识别码	庐州星源建筑工程股份有限公司 360403000012345	发货人及纳税人识别码	衡阳东际食品机械股份有限公司 340401000053219
起运地、经由、到达地	起运地：衡阳市，经由长沙、南昌，至庐州市		
费用项目及金额	货物运输费 1 000 000.00 装卸费 34 000.00 其他费用 6 000.00	运输货物信息	
金额合计	1 040 000.00	税率 11%	税额 114 400.00　机器编号 YZ002345
价税合计（大写）	⊗壹佰壹拾伍万肆仟肆佰圆整		（小写）¥1 154 400.00
车种车号	东风海G-Z0024	车船吨位 10吨	备注
主管税务机关及代码	衡阳市国家税务局直属分局 组织机构代码：340423456		

第一联 记账联 承运人记账凭证

中国工商银行　进账单（回单或收账通知）

交款日期2012年10月20日　第0004号

付款人	全称	衡阳东际食品机械股份有限公司	收款人	全称	衡阳迅捷运输股份有限公司
	账号	GH-0134-123968		账号	GH-0134-770123
	开户银行	工行衡阳支行黄河大道分理处		开户银行	工行衡阳市支行中山路分理处

人民币（大写）	壹佰壹拾伍万肆仟肆佰元整	亿	千	百	十	万	千	百	十	元	角	分
			¥	1	1	5	4	4	0	0	0	0
票据种类	转账支票	收款人开户银行签章										
票据张数	1张											
单位主管　会计 阮淑蕊　复核 齐靖柏　记账												

（印章：工行衡阳市支行中山路分理处 2012.10.20 转账 转讫）

此联是收款人开户银行交给收款人的回单或收账通知

要求：根据上述原始凭证进行提供运输服务及其销项税的账务处理，填制相关记账凭证。

收 款 凭 证

借方科目 银行存款　　　　2012年10月20日　　　　银收字2号

摘要	贷方总账科目	明细科目	√	亿	千	百	十	万	千	百	十	元	角	分
收取运输费	主营业务收入	运输费收入				1	0	4	0	0	0	0	0	0
	主营业务收入	应交增值税（销项）					1	1	4	4	0	0	0	0
合计					¥	1	1	5	4	4	0	0	0	0

附单据1张

财务主管：　　记账：王大富　　出纳：　　审核：　　制单：孙欣怡

【业务4】 10月22日，公司与衡阳东南货物运输公司合作承接衡阳汽车股份有限公司的货物运输业务，应收不含税运输费160万元，支付给东南货物运输公司不含税运输费60万元，取得以下原始凭证。

货物运输业增值税专用发票

记 账 联　　　　No 87654322

3404114760　　此联不作报销、扣税凭证使用　　开票时间：2012年10月22日

承运人及纳税人识别码	衡阳迅捷运输股份有限公司 340404000055228	密码区	略
实际受票方及纳税人识别码	衡阳汽车股份有限公司 340401000033651		
收货人及纳税人识别码	天津汽车交易中心 660402000012348	发货人及纳税人识别码	衡阳汽车股份有限公司 340401000053219
起运地、经由、到达地	起运地：衡阳市，经由长沙、南昌，至天津市		
费用项目及金额	货物运输费 1 540 000.00 装卸费 50 000.00 其他费用 10 000.00	运输货物信息	运输南汽2.0升家用轿车160辆到天津汽车交易中心
金额合计	1 600 000.00	税率	11%
税额	114 400.00	机器编号	XZ002345
价税合计（大写）	⊗壹佰柒拾柒万陆仟元整	（小写）	¥1 776 000.00
车种车号	东风海G-Z0025	车船吨位	10吨
主管税务机关及代码	衡阳市国家税务局直属分局 组织机构代码：340423456	备注	

收款人：孙欣怡　　复核：　　开票人：秦伟祺　　销货单位：（盖章）

衡阳迅捷运输股份有限公司 340404000055228 发票专用章

国税函[2010]873号北京印刷厂

第一联 记账联 承运人记账凭证

中国工商银行　进账单（回单或收账通知）

交款日期2012年10月22日　　第0005号

付款人	全　称	衡阳汽车股份有限公司	收款人	全　称	衡阳迅捷运输股份有限公司
	账　号	GH-0134-553122		账　号	GH-0134-770123
	开户银行	工行衡阳市支行云山路分理处		开户银行	工行衡阳市支行中山路分理处

人民币（大写）	⊗壹佰柒拾柒万陆仟元整	亿	千	百	十	万	千	百	十	元	角	分
			¥	1	7	7	6	0	0	0	0	0
票据种类	转账支票	收款人开户银行签章										
票据张数	1张											
单位主管　会计 阮凝蕊　复核 齐靖柏　记账												

工行衡阳市支行中山路分理处　2012.10.22　转账　转讫

此联是收款人开户银行交给收款人的回单或收账通知

货物运输业增值税专用发票

No 87654323

3404114760　　抵扣联　　开票时间：2012年10月22日

承运人及纳税人识别码	衡阳东南货物运输公司 340401000036123			密码区	略	
实际受票方及纳税人识别码	衡阳迅捷运输股份有限公司 340404000055228					
收货人及纳税人识别码	天津汽车交易中心 660402000012348			发货人及纳税人识别码	衡阳汽车股份有限公司 340401000033651	
起运地、经由、到达地	起运地：衡阳市，经由长沙、杭州，至天津市					
费用项目及金额	货物运输费 560 000.00 装卸费 34 000.00 其他费用 6 000.00			运输货物信息	运输南汽2.0升家用新车100辆到天津汽车交易中心	
金额合计	600 000.00	税率	11%	税额	66 000.00	机器编号 YZ0020055
价税合计（大写）	⊗陆拾陆万陆仟元整			（小写）¥666 000.00		
车种车号	东风海G-Z1021	车船吨位	10吨	备注		
主管税务机关及代码	衡阳市国家税务局直属分局 组织机构代码：340423456					

收款人：郝俊驰　　复核：　　开票人：邢旭尧　　销货单位：（盖章）

衡阳东南货物运输公司　340404000036123　发票专用章

国税函［2010］873号北京印钞厂

第三联　抵扣联　受票人扣税凭证

注意：

"运输货物信息"栏主要填写运输货物名称、规格、数量、是否危险等信息。

货物运输业增值税专用发票

No 87654323

3404114760　　发 票 联　　开票时间：2012年10月22日

承运人及纳税人识别码	衡阳东南货物运输公司 340401000036123	密码区	略
实际受票方及纳税人识别码	衡阳迅捷运输股份有限公司 340404000055228		
收货人及纳税人识别码	天津汽车交易中心 660402000012348	发货人及纳税人识别码	衡阳汽车股份有限公司 340401000033651
起运地、经由、到达地	起运地：衡阳市，经由长沙、杭州，至天津市		
费用项目及金额	货物运输费 560 000.00 装卸费 34 000.00 其他费用 6 000.00	运输货物信息	运输南汽2.0升家用轿车100辆到天津汽车交易中心
金额合计 600 000.00	税率 11%	税额 66 000.00	机器编号 YZ0020055
价税合计（大写）	⊗陆拾陆万陆仟元整	（小写）¥666 000.00	
车种车号 东风海G-Z1021	车船吨位 10吨	备注	衡阳东南货物运输公司 340404000036123 发票专用章
主管税务机关及代码	衡阳市国家税务局直属分局 组织机构代码：340423456		

收款人：郝俊驰　　复核：　　开票人：邢旭尧　　销货单位：（盖章）

国税函[2010]873号北京印刷厂

第二联 发票联 受票人记账凭证

中国工商银行
转账支票存根
AX-600562316

科目：
对方科目：
出票日期：2012年10月22日
收款人：东南货物运输公司
金额：666 000.00
用途：支付合作运输费用

单位主管：　　会计：

2007.6北京印刷厂

中国工商银行　转账支票

(湘) 600562314

出票日期(大写)贰零壹贰年壹拾月贰拾贰日 付款行名称：衡阳市支行中山路分理处

收款人：东南货物运输公司　　出票人账号：GH-0134-770123

本支票付款期限10天

人民币（大写）	亿	千	百	十	万	千	百	十	元	角	分
⊗陆拾陆万陆仟元整			¥	6	6	6	0	0	0	0	0

用途：支付货运费　　科目（借）______

上述款项请从　　对方科目（贷）______

我账户内支付　　出票日期2012年10月22日

出票人盖章　　复核　　记账

衡阳迅捷运输股份有限公司 财务专用章

03456　3456789　2121345677889　01

要求：根据上述原始凭证进行账务处理，填制相关记账凭证。

收 款 凭 证

借方科目　银行存款　　2012年10月22日　　银收字3号

摘　要	贷方总账科目	明细科目	√	金额										
				亿	千	百	十	万	千	百	十	元	角	分
收取运输费	主营业务收入	运输费收入				1	6	0	0	0	0	0	0	0
	应交税费	应交增值税（销项）					1	7	6	0	0	0	0	0
合　计					¥	1	7	7	6	0	0	0	0	0

附单据2张

财务主管：　记账：王大富　出纳：　审核：　制单：孙欣怡

付 款 凭 证

贷方科目　银行存款　　2012年10月22日　　银付字3号

摘　要	借方总账科目	明细科目	√	金额										
				亿	千	百	十	万	千	百	十	元	角	分
支付合作运输费	主营业务成本	运输费收入					6	0	0	0	0	0	0	0
	应交税费	应交增值税（抵减销项）						6	6	0	0	0	0	0
合　计						¥	6	6	6	0	0	0	0	0

附单据1张

财务主管：　记账：王大富　出纳：　审核：　制单：孙欣怡

【业务5】 10月25日，为了扩大运营能力，公司从衡阳东南汽车股份有限公司购置东南牌10吨货车4辆，取得如下原始凭证。

> 注意：
>
> (1)根据国家税务总局相关规定，货物运输增值税专用发票分为三联票和六联票两种。
>
> (2)三联票分别为记账联、抵扣联和发票联；六联票前三联与三联票相同，第四联至第六联由发票使用单位自行安排使用。

中国工商银行 转账支票 (湘) 600562317

中国工商银行 转账支票存根 AX-600562317
科　目：
对方科目：
出票日期：2012年10月25日
收款人：衡阳汽车股份公司
金　额：702 000.00
用　途：支付货车购置费用
单位主管：　会计：

2007.6北京印刷厂

出票日期（大写）贰零壹贰年壹拾月贰拾伍日 付款行名称：衡阳市支行中山路分理处

收款人：衡阳东南汽车股份有限公司 出票人账号：GH-0134-770123

本支票付款期限10天

人民币（大写）	亿	千	百	十	万	千	百	十	元	角	分
⊗柒拾万零贰仟元整			¥	7	0	2	0	0	0	0	0

用途：支付货车

上述款项请从

我账户内支付

出票人盖章

科目（借）

对方科目（贷）

出票日期2012年10月25日

复核 苏程宇 记账

03456 3456789 2121345677889 01

衡阳市增值税专用发票

No: 02422012

3404102140 抵扣联

开票日期：2012年10月25日

购货单位	纳税人名称	衡阳迅捷运输股份有限公司					密码区	（略）
	纳税人识别号	340404000055228						
	地址、电话	衡阳市蒸湘区中山路105号0734-7856074						
	开户行及账号	工行衡阳市支行中山路分理处GH-0134-770123						
货物或应税劳务名称		规格型号	单位	数量	单价	金额	税率	税额
10吨货车		A型	辆	4	150 000.00	600 000.00	17%	102 000.00
合计						600 000.00	17%	102 000.00
价税合计（大写）		柒拾万贰仟元整				（小写）¥702 000.00		
销货单位	纳税人名称	衡阳东南汽车股份有限公司				备注	340404000033651	
	纳税人识别号	340401000033651						
	地址、电话	衡阳市蒸湘区云山路305号0734-7869034						
	开户行及账号	工行衡阳市支行云山路分理处GH-0134-553122						

收款人：宋远航 复核： 开票人：汤昊磊 销货单位：（盖章）

国税函[2010]873号北京印钞厂

第三联 抵扣联 购货方扣税凭证

注意：

（1）先认真审阅该项经济业务所涉及的每一张原始凭证是否合法，内容是否完整，责任是否明确，各凭证之间、各栏目之间的金额对应关系是否准确。

（2）在审阅原始凭证的基础上进行应税分析，按照企业会计准则要求选择会计科目并进行账务处理。

衡阳市增值税专用发票

No: 02422012

3404102140　　发 票 联

开票日期：2012年10月25日

国税函[2010]873号北京印钞厂

购货单位	纳税人名称	衡阳迅捷运输股份有限公司				密码区	（略）
	纳税人识别号	340404000055228					
	地址、电话	衡阳市蒸湘区中山路105号0734-7856074					
	开户行及账号	工行衡阳市支行中山路分理处GH-0134-770123					
货物或应税劳务名称	规格型号	单位	数量	单价	金额	税率	税额
10吨货车	A型	辆	4	150 000.00	600 000.00	17%	102 000.00
合计					600 000.00	17%	102 000.00
价税合计（大写）	柒拾万贰仟元整				（小写）¥702 000.00		
销货单位	纳税人名称	衡阳东南汽车股份有限公司				备注	衡阳东南汽车股份有限公司 340404000033651 发票专用章
	纳税人识别号	340401000033651					
	地址、电话	衡阳市蒸湘区云山路305号0734-7869034					
	开户行及账号	工行衡阳市支行云山路分理处GH-0134-553122					

收款人：宋远航　　复核：　　开票人：汤昊磊　　销货单位：（盖章）

第二联　发票联　购货方记账凭证

要求：根据上述原始凭证进行账务处理，填制相关记账凭证。

付 款 凭 证

贷方科目　银行存款　　2012年10月25日　　银付字4号

摘要	借方总账科目	明细科目	√	亿	千	百	十	万	千	百	十	元	角	分
支付购车款	固定资产						6	0	0	0	0	0	0	0
	应交税费	应交增值税（进项）					1	0	2	0	0	0	0	0
合　计						¥	7	0	2	0	0	0	0	0

附单据2张

财务主管：　　记账：王大富　　出纳：　　审核：　　制单：孙欣怡

【业务6】　10月31日，根据上述第1～5笔业务计算衡阳迅捷运输股份有限公司2012年10月份应纳增值税并进行账务处理。

注意：

如果经济业务涉税事项比较复杂，可在记账凭证背面列示计算过程，计算过程较简单的可在摘要栏中列示；税额明确的，不需要列示。

2012年10月份应纳增值税额计算表

单位：元

序号	业务内容	进项税额	销项税额	抵减销项税额	抵减应纳税额
1	购置防伪专用设备				2 901.60
2	购买燃料等原材料	52 360.00			
3	收取运输费收入		114 400.00		
4	收取运输费收入		176 000.00		
5	支付合作方运费			66 000.00	
6	购置运输用货车	102 000.00			
	小计	154 360.00	290 400.00	66 000.00	2 901.60
应纳税额=(290 400.00−66 000.00)−154 360.00=70 040.00					
应缴未缴税额=70 040.00−2 901.60=67 138.40					

转 账 凭 证

2012年10月31日　　转字2号

摘　要	总账科目	明细科目	√	借方金额								√	贷方金额							
				十	万	千	百	十	元	角	分		十	万	千	百	十	元	角	分
结转应纳增值税	应交税费	应交增值税			7	0	0	4	0	0	0									
	应交税费	未交增值税												7	0	0	4	0	0	0
合　计				¥	7	0	0	4	0	0	0		¥	7	0	0	4	0	0	0

附单据1张

财务主管：　　记账：王大富　　出纳：　　审核：　　制单：孙欣怡

转 账 凭 证

2012年10月31日　　转字3号

摘　要	总账科目	明细科目	√	借方金额								√	贷方金额							
				十	万	千	百	十	元	角	分		十	万	千	百	十	元	角	分
结转抵减增值税	应交税费	未交增值税				2	9	0	1	6	0									
	应交税费	抵减增值税额													2	9	0	1	6	0
合　计				¥	2	9	0	1	6	0				¥	2	9	0	1	6	0

附单据1张

财务主管：　　记账：王大富　　出纳：　　审核：　　制单：孙欣怡

【业务7】 10月31日，根据营业税改征增值税的相关规定，在营改增试点期间，因实际税负增加可向财税部门申请财政扶持资金。假定按照地方政府规定，该公司当期可申请16 000元的财政扶持资金，填制相关记账凭证。

转 账 凭 证

2012年10月31日　　　　转字4号

摘　　要	总账科目	明细科目	√	借方金额								√	贷方金额							
				十	万	千	百	十	元	角	分		十	万	千	百	十	元	角	分
结转抵减增值税	应交税费	未交增值税			1	6	0	0	0	0	0									
	应交税费	抵减增值税额												1	6	0	0	0	0	0
合　计					¥	1	6	0	0	0	0			¥	1	6	0	0	0	0

附单据1张

财务主管：　　记账：王大富　　出纳：　　审核：　　制单：孙欣怡

注意：

营业税改征增值税的财政补助政策及账务处理

试点纳税人在新旧税制转换期间因实际税负增加而向财政部门申请财政扶持资金的，期末有确凿证据表明企业能够符合财政扶持政策的相关条件且预计能够收到财政扶持资金时，按应收的金额，借记“其他应收款”等账户，贷记“营业外收入”账户。待实际收到财政扶持资金时，按实际收到的金额，借记“银行存款”等账户，贷记“其他应收款”等账户。

【业务8】 根据上述第1～7笔业务的会计分录，登记增值税涉税账户。

应交税费——抵减增值税额　明细表

总第　页
分第　页

2012年		记账凭证号码	摘要	对方科目	页数	借方金额	贷方金额	借或贷	余额
月	日								
			上月结余					平	0.00
10	2	银付1	购置和防伪税控专用设备	银行存款		2 901.60			
	31	转3	结转抵减增值税额	应交税费			2 901.60		
			本月合计			2 901.60	2 901.60	平	0.00
			本年累计			2 901.60	2 901.60	平	0.00

应交税费——应交增值税(销项税额) 明细表

总第 页
分第 页

2012年		记账凭证号码	摘要	入账发票份数		借方	贷方					借或贷	余额
							应税劳务		视同销售		抵减销项税		
月	日			专用发票	普通发票		11%						
			上月结余									平	0.00
10	20	银收2	运输服务	1			114 400.00						
10	22	银收3	运输服务	1			176 000.00						
	22	银付3	合作运输	1							66 000.00		
			本月合计				290 400.00				66 000.00	贷	224 400.00
			本年累计				290 400.00				66 000.00	贷	224 400.00

应交税费——应交增值税(进项税额) 明细表

总第 页
分第 页

2012年		记账凭证号码	摘要	入账发票份数		借方			贷方	借或贷	余额
月	日			专用发票	普通发票	17%					
			上月结余							平	0.00
10	5	转1	购买燃料等	1		52 360.00					
	25	银付4	购置运货车	1		102 000.00					
			本月合计			154 360.00				借	154 360.00
			本年累计			154 360.00				借	154 360.00

应交税费——应交增值税 明细表

总第 页
分第 页

2012年		记账凭证号码	摘要	对方科目	页数	借方金额	贷方金额	借或贷	余额
月	日								
			上月结余					平	0.00
10	5	转1	购买车用燃料等	其他货币资金		52 360.00			
	20	银收2	取得运输收入	银行存款			114 400.00		
	22	银收3	取得运输收入	银行存款			176 000.00		
	22	银付3	支付合作运输费	银行存款			66 000.00		
	25	银付4	购置运货车	银行存款		102 000.00			
	31	转2	结转本期应纳税额	未交增值税		70 040.00			
			本月合计			224 400.00	224 400.00	平	0.00
			本年累计			224 400.00	224 400.00	平	0.00

应交税费——未交增值税　明细表

总第　页
分第　页

2012年 月	日	记账凭证号码	摘要	页数	借方：转入多交增值税额	借方：应交未交增值税额	借方：抵减增值税应纳税额	贷方：转入未交增值税额	借或贷	余额
			上月结转						平	0.00
10	31	转2	结转应纳税额					70 040.00		
	31	转3	结转抵减税额				2 901.600			
			本月合计				2 901.600	70 040.00	贷	67 138.40
			本年累计				2 901.600	70 040.00	贷	67 138.40

三、填制营业税改增值税纳税申报表

根据衡阳迅捷运输股份有限公司 2012 年 10 月份的增值税业务资料及应纳税额计算结果，填制《增值税纳税申报表(适用于增值税一般纳税人)》(附列资料略)。

增值税纳税申报表(适用于增值税一般纳税人)

根据《中华人民共和国增值税暂行条例》第二十二条和第二十三条的规定制定本表。纳税人不论有无销售额，均应按主管税务机关核定的纳税期限按期填报本表，并于次月 1 日起十日内，向当地税务机关申报。

税款所属时间：自 2012 年 10 月 01 日至 2012 年 10 月 31 日　　填表日期：2012 年 11 月 05 日

金额单位：元至角分

纳税人识别号	7	6	0	4	0	1	0	0	0	0	5	5	2	2	8	所属行业：运输业

纳税人名称	(公章)	法定代表人姓名	苏程宇	营业地址	衡阳市蒸湘区中山路 105 号
开户银行及账号	工行衡阳市支行中山路分理处 账号：GH－0134－770124	企业登记注册类型		电话号码	0734－7856074

	项　目	栏次	一般货物及劳务和应税服务 本月数	一般货物及劳务和应税服务 本年累计	即征即退货物及劳务和应税服务 本月数
销售额	(一)按适用税率征税货物及劳务销售额	1			
	其中：应税货物销售额	2			
	应税劳务销售额	3	2 640 000.00	2 640 000.00	
	纳税检查调整的销售额	4			
	(二)按简易征收办法征税货物销售额	5			
	其中：纳税检查调整的销售额	6			
	(三)免、抵、退税办法出口货物销售额	7			
	(四)免税货物及劳务销售额	8			
	其中：免税货物销售额	9			
	免税劳务销售额	10			

续上表

税款计算	销项税额	11	290 400.00	290 400.00	
	销项税额抵减额	12	66 000.00	66 000.00	
	进项税额	13	154 360.00	154 360.00	
	上期留抵税额	14			
	进项税额转出	15			
	免抵退货物应退税额	16			
	按适用税率计算的纳税检查应补缴税额	17			
	应抵扣税额合计	18	220 360.00	220 360.00	
	实际抵扣税额(如 17 < 11，则为 17)	19	220 360.00	220 360.00	
	应纳税额(11 - 18)	20	70 040.00	70 040.00	
	期末留抵税额(17 - 18)	21			
	按简易征收办法计算的应纳税额	22			
	按简易征收办法计算的纳税检查应补缴税额	23			
	应纳税额减征额	24			
	应纳税额抵减额	25	2 901.60	2 901.60	
	应纳税额合计(26 = 20 + 22 - 24 - 25)	26	67 138.40	67 138.40	
税款缴纳	期初未缴税额(多缴为负数)	27			
	实收出口开具专用缴款书退税额	28			
	本期已缴税额(29 = 30 + 31 + 32 + 33)	29			
	①分次预缴税额	30			
	②出口开具专用缴款书预缴税额	31			
	③本期缴纳上期应纳税额	32			
	④本期缴纳欠缴税额	33			
	期末未缴税额(34 = 26 + 27 + 28 - 29)	34	67 138.40	67 138.40	
	其中：欠缴税额(35 = 26 - 30 - 31)	35			
	本期应补(退)税额	36	67 138.40	67 138.40	
	即征即退实际退税额	37			
	期初未缴查补税额	38			
	本期入库查补税额	39			
	期末未缴查补税额(40 = 16 + 22 + 36 - 37)	40			

授权声明	申报人声明
如果你已委托代理人申报，请填写下列资料： 为代理一切税务事宜，现授权__________________（地址）为本纳税人的代理申报人，任何与本申报表有关的往来文件，都可寄予此人。 授权人签字：	此纳税申报表是根据《中华人民共和国增值税暂行条例》的规定填报的，我相信它是真实的、可靠的、完整的。 声明人签字：

以下由税务机关填写：

收到日期：	2012 年 11 月 05 日	接收人：	李南海	主管税务机关盖章：

实训六　所得税纳税处理实训

【实训目的】 通过实训为从事企业所得税的计税报税工作及个人所得税的代扣代缴及纳税申报工作做好充分的知识与技能准备。

【实训要求】 要求学生掌握利润调整表、企业所得税纳税调整工作底稿的编制和所得税纳税申报附列资料、所得税纳税申报表、电子缴库专用缴款书的填制，以及代扣代缴个人所得税的会计核算和纳税申报。

第一节　预缴企业所得税账务处理与纳税申报

一、企业所得税概述

企业所得税是指对中华人民共和国境内的企业(居民企业及非居民企业)和其他取得收入的组织以其生产经营所得为课税对象所征收的一种所得税。作为企业所得税纳税人，应依照《中华人民共和国企业所得税法》缴纳企业所得税，但个人独资企业及合伙企业除外。这两类企业征收个人所得税即可，避免重复征税。

企业所得税的征税对象是纳税人取得的所得，包括销售货物所得、提供劳务所得、转让财产所得、股息红利所得、利息所得、租金所得、特许权使用费所得、接受捐赠所得和其他所得。

居民企业应当就其来源于中国境内、境外的所得缴纳企业所得税。

根据《中华人民共和国企业所得税暂行条例》的规定，2008 年新的《中华人民共和国企业所得税法》规定，一般企业所得税的税率为 25%。

非居民企业在中国境内设立机构、场所的，应当就其所设机构、场所取得的来源于中国境内的所得，以及发生在中国境外但与其所设机构、场所有实际联系的所得，缴纳企业所得税。

符合条件的小型微利企业，减按 20% 的税率征收企业所得税。

国家税务总局下发的《关于小型微利企业所得税优惠政策有关问题的通知》(财税〔2011〕117 号)明确指出，自 2012 年 1 月 1 日至 2015 年 12 月 31 日，对年应纳税所得额低于 6 万元(含 6 万元)的小型微利企业，其所得减按 50% 计入应纳税所得额，按 20% 的税率缴纳企业所得税。

国家需要重点扶持的高新技术企业，减按 15% 的税率征收企业所得税。

二、预缴企业所得税基本规范

根据我国现行《企业所得税法》的规定，企业所得税采用“按年计征、分月(季)预缴、年终汇算清缴、多退少补”的纳税方法。企业预缴企业所得税时，按照月度或者季度的实际利润额预缴；按照月度或者季度的实际利润额预缴有困难的，可以按照上一纳税年度应纳税所得额的月度或者季度平均额预缴，或者按照经税务机关认可的其他方法预缴。

（一）预缴企业所得税的应税所得

企业预缴企业所得税的基数为实际利润额。实际利润额为按会计制度核算的利润总额减去以前年度待弥补亏损额以及不征税收入、免税收入后的余额。其中，收入项目中只扣除不征税收入和免税收入，不作其他收入的纳税调整，也不作扣除项目的纳税调整和资产类项目的纳税调整。实际利润额的计算公式为：

实际利润额 = 利润总额 - 可弥补亏损额 - 不征税收入 - 免税收入

1. 不征税收入

不征税收入包括财政拨款，依法收取并纳入财政管理的行政事业性收费、政府性基金，国务院规定的其他不征税收入。此类不征税收入，在会计上可能作为损益计入了当期利润，在所得税预缴时，按照“调表不调账”的原则，企业应作纳税调减处理。

2. 免税收入

免税收入包括：国债利息收入，符合条件的居民企业之间的股息、红利等权益性投资收益，在中国境内设立机构、场所的非居民企业从居民企业取得与该机构、场所有实际联系的股息、红利等权益性投资收益，以及符合条件的非营利组织的收入。免税收入可能形成永久性差异（如国债利息收入），也可能形成暂时性差异（如投资收益），企业应视具体情况进行分析。

（二）预缴企业所得税的纳税申报

企业按月度或季度预缴企业所得税时，自月度或季度终了之日起15日内，向主管税务机关报送企业所得税预缴纳税申报表，同时按规定报送财务会计报表和其他有关资料，填制“电子缴库专用缴款书”，通过网银缴税专用账户缴纳税款。企业所得税预缴纳税申报表包括以下两类：

（1）企业所得税月（季）度预缴纳税申报表（A 表），适用于采用查账征收方式申报企业所得税的居民纳税人及在中国境内设立机构、场所的非居民纳税人在月（季）度预缴企业所得税时使用。

（2）企业所得税月（季）度预缴纳税申报表（B 表），适用于采用核定征收管理办法缴纳企业所得税的纳税人（包括依法被主管税务机关指定的扣缴义务人）在月（季）预缴企业所得税时使用。

三、预缴企业所得税业务资料

江苏泰州泰安实业股份有限公司于2006 年 5 月 6 日经泰州市工商行政管理部门注册登记成立，同年 6 月 1 日向主管税务机关办理开业税务登记，经主管税务机关核定采用查账征收方式，按月征收增值税，按月预缴企业所得税。

（一）企业基本资料

（1）组织机构代码：0000226633，纳税人识别码：3104030000226633，计算机管理代码：00321382，法定代表人：张才明，财务负责人：沈唱，办税员：洪达，记账员：杨曼丽，出纳员：赵丹，财务部门电话：0531 - 81225533。

（2）生产经营地址：泰州市平安区上海路62 号，生产经营范围：糕点、饮料、罐头、速冻食品等食品、饮料的生产与销售，电子邮箱：tzsy2001@163.com，邮政编码：310020。

(3)开户银行：中国工商银行泰州市平安区上海路分理处，结算账户：GH－1234－553344，网银缴税专用账户：GH－1234－553345。

(4)国税主管税务机关：泰州市平安区国家税务局，组织机构代码：001024687，办税服务厅经办人：冯程礼，电话：0531－28236611。

(二)财务数据资料

现以泰州泰安实业股份有限公司2012年1月份财务数据为基础，模拟该企业预缴企业所得税的会计核算与纳税申报的实际操作。该企业2011年度亏损5万元，2012年1月份的收入、收益、成本、费用等数据资料如下表所示。

收入、收益明细表

单位：元

收入、收益项目	收入、收益明细	收入、收益金额	备注
主营业务收入	甲产品销售收入	1 200 000.00	
	乙产品销售收入	800 000.00	
	丙产品销售收入	400 000.00	
其他业务收入	包装物出租收入	20 000.00	
	材料销售收入	100 000.00	
营业外收入	处置固定资产净收益	40 000.00	
	债务重组收益	10 000.00	
投资收益	国债利息收入	3 6000.00	
公允价值变动损益	交易性金融资产增值	20 000.00	
合计		2 616 000.00	

缴纳税费明细表

单位：元

税费项目	税费明细	税费金额	备注
增值税		224 000.00	
城建税		15 680.00	
教育费附加		6 720.00	
房产税		2 520.00	
城镇土地使用税		1 300.00	
合计		250 220.00	

成本、费用明细表

单位：元

成本、费用项目	成本、费用明细	成本、费用金额	备注
主营业务成本	甲产品销售成本	800 000.00	
	乙产品销售成本	600 000.00	
	丙产品销售成本	300 000.00	
其他业务成本	包装物出租成本	14 000.00	
	材料销售成本	90 000.00	
管理费用		200 000.00	
财务费用	银行借款利息	20 000.00	利率 5%
	其他单位借款利息	40 000.00	利率 10%
销售费用	广告费	60 000.00	
营业外支出	税收滞纳金及罚款	40 000.00	

四、企业所得税应税计算与账务处理

以上述泰州泰安实业股份有限公司 2012 年 1 月份财务数据为依据，编制该企业 2012 年 1 月份利润表，计算 1 月份应缴纳的企业所得税并进行应税账务处理。该公司适用的企业所得税率为 25%。

利 润 表

编制单位：泰州泰安实业股份有限公司　　编制日期：2012 年 01 月 31 日　　单位：元(列至角分)

项　目	行次	本月数	本年累计数
一、营业收入	1	2 520 000.00	2 520 000.00
减：营业成本	2	1 804 000.00	1 804 000.00
营业税金及附加	3	22 400.00	22 400.00
减：销售费用	4	60 000.00	60 000.00
管理费用	5	200 000.00	200 000.00
财务费用	6	60 000.00	60 000.00
资产减值损失	7	0.00	0.00
加：公允价值变动收益(损失以“－”号填列)	8	40 000.00	40 000.00
投资收益(损失以“－”号填列)	9	6 000.00	6 000.00
其中：对联营企业和合营企业的投资收益	10	0.00	0.00
二、营业利润(亏损以“－”号填列)	11	419 600.00	419 600.00
加：营业外收入	12	50 000.00	50 000.00
减：营业外支出	13	40 000.00	40 000.00
其中：非流动资产处置损失	14	0.00	0.00
三、利润总额(亏损总额以“－”号填列)	15	429 600.00	429 600.00
减：所得税费用	16	80 900.00	80 900.00
四、净利润(净亏损以“－”号填列)	17	348 700.00	348 700.00

实际利润额 = 利润总额 - 可弥补亏损 - 不征税收入 - 免税收入

　　　　= 429 600 - 50 000 - 6 000 = 373 600(元)

应纳企业所得税 = 373 600 × 25% = 93 400(元)

递延所得税负债 = 20 000 × 25% = 5 000(元)

所得税费用 = 93 400 + 5 000 = 98 400 元)

转 账 凭 证

2012年01月31日　　　　转字12号

摘要	总账科目	明细科目	√	借方金额								√	贷方金额							
				十	万	千	百	十	元	角	分		十	万	千	百	十	元	角	分
计提企业所得税	所得税费用	当期所得税费用			9	3	4	0	0	0	0									
	应交税费	应交企业所得税												9	3	4	0	0	0	0
合　计					¥	9	3	4	0	0	0			¥	9	3	4	0	0	0

附单据　张

财务主管：　　记账：杨曼丽　　出纳：　　审核：　　制单：赵丹

转 账 凭 证

2012年01月31日　　　　转字13号

摘要	总账科目	明细科目	√	借方金额								√	贷方金额							
				十	万	千	百	十	元	角	分		十	万	千	百	十	元	角	分
递延所得税费用	所得税费用	递延所得税费用				5	0	0	0	0	0									
	递延所得税负债														5	0	0	0	0	0
合　计					¥	5	0	0	0	0	0			¥	5	0	0	0	0	0

附单据　张

财务主管：　　记账：杨曼丽　　出纳：　　审核：　　制单：赵丹

注意：

递延所得税相关的计算公式如下：

递延所得税负债 = 应纳税暂时性差异 × 税率

递延所得税资产 = 可抵扣暂时性差异 × 税率

递延所得税费用 = 递延所得税负债增加额 + 递延所得税资产减少额

递延所得税收益 = 递延所得税负债减少额 + 递延所得税资产增加额

所得税费用 = 当期所得税 + 递延所得税费用(- 递延所得税收益)

转账凭证

2012年01月31日　　转字14号

摘要	总账科目	明细科目	√	借方金额 十	万	千	百	十	元	角	分	√	贷方金额 十	万	千	百	十	元	角	分
结转所得税费用	本年利润				9	8	4	0	0	0	0									
	所得税费用													9	8	4	0	0	0	0
合计				¥	9	8	4	0	0	0	0		¥	9	8	4	0	0	0	0

附单据　张

财务主管：　记账：杨曼丽　出纳：　审核：　制单：赵丹

五、填报企业所得税预缴纳税申报资料

电子缴库专用缴款书

填开日期：2012年02月06日　　2010 国税电库：0012345678

☑已申报 申报序号：000012305667788　　□未申报

纳税人计算机代码	00321382	征收机关代码	001024687
纳税人名称	泰州泰安实业股份有限公司	征收机关名称	泰州市开发区国家税务局
付款人名称	泰州泰安实业股份有限公司	收款国库名称	中华人民共和国国家金库泰州市平安区国库
付款人开户银行名称	中国工商银行泰州市支行平安区上海路分理处	国库清算行号	GH-1234
付款人账号	GH-1234-553345	金额合计	玖万叁仟肆佰元整
纳税项目代码	课税数量	计税金额	实缴税额
101043399其他股份制企业所得税		283 600.00	93 400.00
付款人（盖章） 经办人（签章）	税务机关（盖章）	银行（盖章） 记账员（签章）	备注

泰州泰安实业股份有限公司 财务专用章

泰州市平安区国家税务局 (02) 征收专用章

注意：

企业所得税预算科目编码

集体企业所得税：101043200

其他股份制企业所得税：101043399

私营企业所得税：101043600

其他企业所得税：101043901

中华人民共和国企业所得税月（季）度预缴纳税申报表（A类）

税款所属期间：2012 年 01 月 01 日至 2012 年 01 月 31 日　　纳税人识别号：3104030000226633

纳税人名称：泰州泰安实业股份有限公司　　金额单位：元（列至角分）

<table>
<tr><th>行次</th><th colspan="2">项　　目</th><th>本期金额</th><th>累计金额</th></tr>
<tr><td>1</td><td colspan="4">一、按照实际利润额预缴</td></tr>
<tr><td>2</td><td colspan="2">营业收入</td><td>2 520 000.00</td><td>2 520 000.00</td></tr>
<tr><td>3</td><td colspan="2">营业成本</td><td>1 804 000.00</td><td>1 804 000.00</td></tr>
<tr><td>4</td><td colspan="2">利润总额</td><td>429 600.00</td><td>429 600.00</td></tr>
<tr><td>5</td><td colspan="2">加：特定业务计算的应纳税所得额</td><td>0.00</td><td>0.00</td></tr>
<tr><td>6</td><td colspan="2">减：不征税收入</td><td>0.00</td><td>0.00</td></tr>
<tr><td>7</td><td colspan="2">免税收入</td><td>6 000.00</td><td>6 000.00</td></tr>
<tr><td>8</td><td colspan="2">弥补以前年度亏损</td><td>50 000.00</td><td>50 000.00</td></tr>
<tr><td>9</td><td colspan="2">实际利润额（4 行 +5 行 -6 行 -7 行 -8 行）</td><td>373 600.00</td><td>373 600.00</td></tr>
<tr><td>10</td><td colspan="2">税率（25%）</td><td>25%</td><td>25%</td></tr>
<tr><td>11</td><td colspan="2">应纳所得税额</td><td>93 400.00</td><td>93 400.00</td></tr>
<tr><td>12</td><td colspan="2">减：减免所得税额</td><td>0.00</td><td>0.00</td></tr>
<tr><td>13</td><td colspan="2">减：实际已预缴所得税额</td><td>—</td><td>0.00</td></tr>
<tr><td>14</td><td colspan="2">减：特定业务预缴（征）所得税额</td><td>0.00</td><td>0.00</td></tr>
<tr><td>15</td><td colspan="2">应补（退）所得税额（11 行 -12 行 -13 行 -14 行）</td><td>—</td><td>93 400.00</td></tr>
<tr><td>16</td><td colspan="2">减：以前年度多缴在本期抵缴所得税额</td><td>0.00</td><td>0.00</td></tr>
<tr><td>17</td><td colspan="2">本期实际应补（退）所得税额</td><td>—</td><td>93 400.00</td></tr>
<tr><td>18</td><td colspan="4">二、按照上一纳税年度应纳税所得额平均额预缴</td></tr>
<tr><td>19</td><td colspan="2">上一纳税年度应纳税所得额</td><td>—</td><td></td></tr>
<tr><td>20</td><td colspan="2">本月（季）应纳税所得额（19 行 ×1 行 ÷12 行或 1 行 ÷4 行）</td><td></td><td></td></tr>
<tr><td>21</td><td colspan="2">税率（25%）</td><td></td><td></td></tr>
<tr><td>22</td><td colspan="2">本月（季）应纳所得税额（20 行 ×21 行）</td><td></td><td></td></tr>
<tr><td>23</td><td colspan="4">三、按照税务机关确定的其他方法预缴</td></tr>
<tr><td>24</td><td colspan="2">本月（季）确定预缴的所得税额</td><td></td><td></td></tr>
<tr><td>25</td><td colspan="4">总分机构纳税人</td></tr>
<tr><td>26</td><td rowspan="5">总机构</td><td>总机构应分摊所得税额（15 行或 22 行或 24 行 × 总机构应分摊预缴比例）</td><td></td><td></td></tr>
<tr><td>27</td><td>财政集中分配所得税额</td><td></td><td></td></tr>
<tr><td>28</td><td>分支机构应分摊所得税额（15 行或 22 行或 24 行 × 分支机构应分摊比例）</td><td></td><td></td></tr>
<tr><td>29</td><td>其中：总机构独立生产经营部门应分摊所得税额</td><td></td><td></td></tr>
<tr><td>30</td><td>总机构已撤销分支机构应分摊所得税额</td><td></td><td></td></tr>
</table>

续上表

<table>
<tr><td>行次</td><td colspan="2">项　目</td><td>本期金额</td><td>累计金额</td></tr>
<tr><td>31</td><td rowspan="2">分支机构</td><td>分配比例</td><td></td><td></td></tr>
<tr><td>32</td><td>分配所得税额</td><td></td><td></td></tr>
<tr><td colspan="5">谨声明：此纳税申报表是根据《中华人民共和国企业所得税法》、《中华人民共和国企业所得税法实施条例》和国家有关税收规定填报的，是真实的、可靠的、完整的。</td></tr>
<tr><td colspan="5">法定代表人(签字)：宁鹏威</td></tr>
<tr><td colspan="2">纳税人公章：</td><td>代理申报中介机构公章：</td><td colspan="2" rowspan="2">主管税务机关受理专用章：</td></tr>
<tr><td colspan="2" rowspan="2">会计主管：聂浩轩</td><td>经办人：</td></tr>
<tr><td>经办人执业证件号码：</td><td colspan="2">受理人：范予嘉</td></tr>
<tr><td colspan="2">填表日期：2012 年 02 月 06 日</td><td>代理申报日期：　　年　月　日</td><td colspan="2">受理日期：2012 年 02 月 16 日</td></tr>
</table>

第二节　汇算清缴企业所得税账务处理与纳税申报

一、汇算清缴企业所得税基本规范

根据现行《中华人民共和国企业所得税法》及其实施条例的规定，企业所得税采用“按年计征、分月(季)预缴、年终汇算清缴、多退少补”的纳税方法，年终汇算清缴时，应按照税务机关的管理规定，申报办理相关计税、报税手续。

(一)汇算清缴企业所得税纳税申报材料

根据企业所得税征收管理要求，纳税年度终了，纳税人需向主管税务机关报送企业所得税年度纳税申报资料和年度财务决算报表。其中，年度纳税申报资料包括企业所得税年度纳税申报表及其附表两部分。

1. 企业所得税年度纳税申报表

该表又称纳税申报主表，也有 A 表和 B 表两种格式，其适用范围与企业所得税季度预缴纳税申报表的适用范围相同。

2. 企业所得税年度纳税申报表附表

该表是年度纳税申报表的具体说明，根据主表 A 的要求，企业需要填制六种附表，即附表一《收入明细表》、附表二《成本费用明细表》、附表三《纳税调整项目明细表》、附表四《税前弥补亏损明细表》、附表五《税收优惠明细表》、附表六《境外所得税抵免计算明细表》。

另根据附表三的要求，企业还需填制五种附表，即附表七《以公允价值计量资产纳税调整表》、附表八《广告费和业务宣传费跨年度纳税调整表》、附表九《资产折旧、摊销纳税调整表》、附表十《资产减值准备项目调整明细表》、附表十一《长期股权投资所得(损失)明细表》。

(二)企业所得税应税计算及纳税申报期限

居民企业纳税人的应纳企业所得税等于应纳税所得额乘以适用税率，即应纳税额 = 应纳税所得额 × 适用税率 − 减免税额 − 抵免税额。其中，应纳税所得额的计算方法包括直接计算法和间接计算法两种。

1. 应纳税所得额的计算公式为：

应纳税所得额 = 收入总额 − 不征税收入 − 免税收入 − 扣除项目金额 − 弥补亏损

或　　应纳税所得额 = 会计利润总额 + 纳税调整增加额 − 纳税调整减少额

2. 会计利润总额是指按照会计准则和会计制度要求进行会计核算得出的利润总额，不包括错账因素。如果存在涉税错账，需先进行涉税错账调整，并重新计算会计利润总额后再进行纳税调整。错账调整要调账，纳税调整不调账。

3. 年终汇算清缴时，自年度终了之日起 5 个月内，向主管税务机关报送企业所得税年度纳税申报表，并进行汇总清算，结清应缴应退税款。

4. 在年度中间终止经营活动的，自经营活动终止之日起60 日内，向主管税务机关办理当期企业所得税的汇算清缴。

(三) 汇算清缴企业所得税纳税申报程序

企业所得税申报程序，按企业是否免税或是否汇总纳税分为一般纳税企业所得税申报程序、免税企业所得税申报程序和汇总纳税企业所得税申报程序三类。其中，一般纳税企业所得税申报程序如下：

1. 核查收入账户及主要原始凭证，计算当期各项应税收入；
2. 核查成本、费用、税金、损失账户及主要原始凭证，确定当期税前扣除项目金额；
3. 进行纳税项目调整，计算当期应纳税所得额，并按适用税率计算应纳税额；
4. 对应纳税企业所得税及期末确认递延所得税进行账务处理；
5. 填报企业所得税年度纳税申报表及其附表；
6. 填制“电子缴库专用缴款书”，通过网银缴税专用账户缴纳税款。

二、汇算清缴企业所得税业务资料

衡阳大华化工股份有限公司于 2010 年 2 月 10 日经衡阳市工商行政管理部门注册登记成立，同年 2 月 22 日向主管税务机关办理开业税务登记，经主管税务机关核定，采用增值税按月征收、企业所得税按月预缴、年终汇算清缴的纳税方式。

(一) 企业基本资料

(1) 组织机构代码：000068686，纳税人识别码：430404000068686，计算机管理代码：00202345，法定代表人：张星，财务负责人：华武，办税员：谢娜，记账员：刘琼，出纳员：邓艳，财务部门办公电话：0734 − 3436360。

(2) 生产经营范围：洗涤用品、食品添加剂、空气清新剂等日用化工产品的生产与销售，生产经营地址：衡阳市开发区西二路 153 号，邮政编码：421001，电子邮箱：hydh2010@163. com。

(3) 开户银行：中国工商银行衡阳市支行开发区西二路分理处，结算账号：GH − 1023 − 343636，网银缴税专用账户：GH − 1023 − 343942。

(4) 国税主管税务机关：衡阳市开发区国家税务局，组织机构代码：002345678，办税服务厅经办人：董天，电话：0734 − 8821345。

(二) 财务数据资料

现以衡阳大华化工股份有限为模型，以该公司2012 年度财务数据为基础，进行该公司年终汇算清缴企业所得税的会计核算与纳税申报实务操作，其相关财务数据如下表所示。

收入明细资料

单位：元

<table>
<tr><th>序号</th><th>收入项目</th><th>收入金额</th><th>备注</th></tr>
<tr><td>1</td><td>产品销售收入</td><td>150 000 000.00</td><td rowspan="6">(1)企业将自产新产品给职工福利未确认收入，直接冲减库存商品，成本价 1 000 000 元。
(2)企业将自产新产品低价销售给关系户，确认销售收入 400 000 元，成本价 600 000 元。
(3)新产品没有对外正常售价。</td></tr>
<tr><td>2</td><td>材料销售收入</td><td>200 000.00</td></tr>
<tr><td>3</td><td>出租出借包装物租金收入</td><td>70 000.00</td></tr>
<tr><td>4</td><td>处置固定资产净收益</td><td>100 000.00</td></tr>
<tr><td>5</td><td>处置无形资产净收益</td><td>300 000.00</td></tr>
<tr><td></td><td>合计</td><td>150 670 000.00</td></tr>
</table>

投资收益明细资料

单位：元

<table>
<tr><th>序号</th><th>投资项目</th><th>投资额</th><th>本期收益</th><th>备注</th></tr>
<tr><td>1</td><td>购买 A 股票</td><td>800 000.00</td><td>300 000.00</td><td rowspan="7">(1)本年度 12 月 2 日购入 A 股票，当月 20 日全部卖出。
(2)购买国库券及金融债券的投资收益为利息收入。
(3)参股投资收益为股息及红利。</td></tr>
<tr><td>2</td><td>购买国库券</td><td>800 000.00</td><td>40 000.00</td></tr>
<tr><td>3</td><td>投资金融债券</td><td>10 000 000.00</td><td>80 000.00</td></tr>
<tr><td>4</td><td>参股 A 公司</td><td>10 000 000.00</td><td>80 000.00</td></tr>
<tr><td>5</td><td>参股 B 公司</td><td>8 000 000.00</td><td>560 000.00</td></tr>
<tr><td>6</td><td>公允价值变动损益</td><td></td><td>200 000.00</td></tr>
<tr><td></td><td>合计</td><td>20 600 000.00</td><td>1 260 000.00</td></tr>
</table>

成本、费用、损失明细资料

单位：元

<table>
<tr><th>序号</th><th>成本、费用、损失项目</th><th>成本、费用、损失金额</th><th>备注</th></tr>
<tr><td>1</td><td>产品销售成本</td><td>90 000 000.00</td><td rowspan="11">(1)本期职工工资总额为 20 000 000 元，“工资三费”合计 4 040 000 元，其中职工福利费支出 3 000 000 元，职工教育经费支出 60 000 元，职工工会经费支出 440 000元。
(2)管理费用中业务招待费 1 040 000 元，科技研发费用支出 3 000 000 元。
(3)财务费用中，支付给非金融机构借款利息 1 200 000 元，年利率为 10%（银行同期利率为 6%）。</td></tr>
<tr><td>2</td><td>材料销售成本</td><td>190 000.00</td></tr>
<tr><td>3</td><td>管理费用</td><td>8 400 000.00</td></tr>
<tr><td>4</td><td>销售费用</td><td>6 400 000.00</td></tr>
<tr><td>5</td><td>财务费用</td><td>2 100 000.00</td></tr>
<tr><td>6</td><td>资产减值损失</td><td>1 060 000.00</td></tr>
<tr><td></td><td></td><td></td></tr>
<tr><td></td><td></td><td></td></tr>
<tr><td></td><td></td><td></td></tr>
<tr><td></td><td></td><td></td></tr>
<tr><td></td><td>合计</td><td>108 150 000.00</td></tr>
</table>

税费明细资料

单位：元

序号	税费种类	税费金额	备注
1	增值税	7 500 000.00	(1)计算企业所得税时，注意不同税种对企业所得税的影响。 (2)如果某税种已在成本或费用中列支，计算企业所得税时，不得再通过营业税金及附加扣除。
2	城建税	525 000.00	
3	教育费附加	225 000.00	
4	房产税	170 000.00	
5	城镇土地使用税	150 000.00	
6	印花税	106 500. 00	
7	车船税	20 000.00	
8	1～11 月预缴企业所得税	9 400 000.00	
	合计	18 096 500.00	

营业外支出明细资料

单位：元

序号	支出项目	支出金额	备注
1	罚款支出	70 000.00	(1)罚款支出中税务等行政罚款支出 60 000 元。 (2)赞助支出全部为非广告性赞助支出。 (3)非正常损失中自然灾害损失 80 000元。
2	赞助支出	200 000.00	
3	捐赠支出	1 600 000.00	
4	非常损失	400 000.00	
5	其他支出	100 000.00	
	合计	2 370 000.00	

递延所得税明细资料

单位：元

序号	项目	期初余额	期末余额	备注
1	交易性金融资产 A	1 000 000.00	1 400 000.00	(1)交易性金融资产已作公允价值变动 200 000 元的账务处理，但未确认递延所得税。 (2)应收账款已作计提坏账准备金 1 060 000 元的账务处理，但未确认递延所得税。
2	交易性金融资产 B	1 000 000.00	800 000.00	
3	应收账款	12 000 000.00	14 000 000.00	
	合计	14 000 000.00	16 200 000.00	

（三）涉税错账资料

公司会计主管期末检查年度账务处理时，发现全年共有四笔涉税错账（纳税人应在计税报税前进行涉税错账调整），具体情况如下。

【错账 1】 2012 年 3 月份转字 5 号凭证，3 月 6 日基建领用材料 6 400 元，记入“管理费用”账户，原记账凭证如下所示。

转 账 凭 证

2012年03月06日　　　　转字5号

摘　要	总账科目	明细科目	√	借方金额								√	贷方金额							
				十	万	千	百	十	元	角	分		十	万	千	百	十	元	角	分
基建领用材料	管理费用					6	4	0	0	0	0									
	原材料	A材料													6	4	0	0	0	0
合　计					¥	6	4	0	0	0	0			¥	6	4	0	0	0	0

附单据　张

财务主管：　　记账：刘琼　　出纳：　　审核：　　制单：邓艳

【错账 2】 2012 年 5 月份转字 5 号凭证，5 月 12 日销售一批货物，不含税销售收入为 64 000元，记账员错记成 46 000 元，该笔款项到年底还未收到。原记账凭证如下所示。

转 账 凭 证

2012年05月12日　　　　转字5号

摘　要	总账科目	明细科目	√	借方金额								√	贷方金额							
				十	万	千	百	十	元	角	分		十	万	千	百	十	元	角	分
销售产品	应收账款				5	3	8	2	0	0	0									
	主营业务收入	A材料												4	6	0	0	0	0	0
	应交税费	应交增值税（销项税额）													7	8	2	0	0	0
合　计				¥	5	3	8	2	0	0	0		¥	5	3	8	2	0	0	0

附单据　张

财务主管：　　记账：刘琼　　出纳：　　审核：　　制单：邓艳

【错账 3】 2012 年 6 月份银付字 6 号凭证，6 月 20 日委托机械厂修理机器设备，发生修理费 24 万元（该固定资产已提足折旧，修理后估计可延长使用 3 年），一次性全部记入“制造费用”账户，原记账凭证如下所示。

付款凭证

贷方科目　银行存款　　2012年06月20日　　银付字6号

摘　要	借方总账科目	明细科目	√	亿	千	百	十	万	千	百	十	元	角	分
支付设备修理费	制造费用	修理费					6	0	0	0	0	0	0	0
							1	0	2	0	0	0	0	0
合　计						¥	7	0	2	0	0	0	0	0

附单据1张

财务主管：　记账：刘琼　出纳：　审核：　制单：邓艳

注意：

固定资产大修理支出的会计核算：

(1)固定资产大修理支出，符合以下两个条件之一的，应作为大修理支出，按照固定资产尚可使用的年限分期摊销：一是修理支出达到取得该固定资产时的计税基础的50%以上；二是修理后使用年限可延长2年以上。

(2)发生修理支出时，借记“长期待摊费用”账户，贷记“银行存款”等账户；摊销修理支出时，借记“制造费用”等账户，贷记“长期待摊费用”账户。不得一次性全部记入“制造费用”等费用类账户。

【错账4】 2012年10月28日，公司成立非独立门市部，从2012年11月起租入营业门面3间，租期3年，年租金24万元，通过银行转账预付3年租金。经检查，发现当年多摊销费用10万元，原记账凭证如下。

付款凭证

贷方科目　银行存款　　2012年10月28日　　银付字6号

摘　要	借方总账科目	明细科目	√	亿	千	百	十	万	千	百	十	元	角	分
支付门面租金	管理费用	租赁费					3	4	0	0	0	0	0	0
	预付账款						3	8	0	0	0	0	0	0
合　计						¥	7	2	0	0	0	0	0	0

附单据1张

财务主管：　记账：刘琼　出纳：　审核：　制单：邓艳

三、企业所得税应税计算和账务处理

根据衡阳大华化工股份有限公司的上述资料，进行递延所得税的确认与账务处理、涉税错账调整，编制利润计算工作底稿，计算应纳企业所得税，进行应税账务处理。

（一）递延所得税的确认与账务处理

年初公司应收账款余额为 12 000 000 元，年末应收账款余额为 14 000 000 元，当年计提坏账准备 1 060 000 元。根据企业所得税法的规定，企业只有实际发生坏账损失时才可扣除，此笔业务形成可抵扣暂时性差异 1 060 000 元。

递延所得税资产 = 可抵扣暂时性差异 × 税率 = 1 060 000 × 25% = 265 000（元）

根据上述计算结果填制记账凭证如下。

转 账 凭 证

2012年12月31日　　　　转字10号

摘要	总账科目	明细科目	√	借方金额									√	贷方金额									
				百	十	万	千	百	十	元	角	分		百	十	万	千	百	十	元	角	分	
确认递延所得税资产	递延所得税资产				2	6	5	0	0	0	0	0											附
	所得税费用														2	6	5	0	0	0	0	0	单
																							据
																							张
合 计				¥	2	6	5	0	0	0	0	0		¥	2	6	5	0	0	0	0	0	

财务主管：　　记账：刘琼　　出纳：　　审核：　　制单：邓艳

年初公司交易性金融资产账面价值为 2 000 000 元，年末交易性金融资产账面价值为 2 200 000元，公允价值变动损益为200 000 元。根据企业所得税法的规定，企业交易性金融资产公允价值变动损益免征企业所得税，未来转让实现收益时再行计征。此笔业务形成应纳税暂时性差异 200 000 元。

递延所得税负债 = 应纳税暂时性差异 × 税率 = 200 000 × 25% = 50 000（元）

根据上述结果填制记账凭证如下。

转 账 凭 证

2012年12月31日　　　　转字11号

摘要	总账科目	明细科目	√	借方金额								√	贷方金额								
				十	万	千	百	十	元	角	分		十	万	千	百	十	元	角	分	
确认递延所得税负债	所得税费用				5	0	0	0	0	0	0										附
	递延所得税负债													5	0	0	0	0	0	0	单
																					据
合 计				¥	5	0	0	0	0	0	0		¥	5	0	0	0	0	0	0	张

财务主管：　　记账：刘琼　　出纳：　　审核：　　制单：邓艳

(二)涉税错账调整

对上述错账1～错账4进行账务调整，填制记账凭证如下。

转 账 凭 证

2012年12月31日　　　　转字12号

摘　要	总账科目	明细科目	√	借方金额								√	贷方金额							
				十	万	千	百	十	元	角	分		十	万	千	百	十	元	角	分
调整3月份转字5号凭证	在建工程					6	4	0	0	0	0									
	管理费用														6	4	0	0	0	0
合　计					¥	6	4	0	0	0	0			¥	6	4	0	0	0	0

附单据　张

财务主管：　　记账：刘琼　　出纳：　　审核：　　制单：邓艳

注意：

少计收入的错账调整方法：

(1)采用补充登记法，将少计的收入、应交增值税、应收账款悉数进行补充登记，编制补充登记记账凭证；

(2)少计收入及增值税的同时，也少计提了城建税和教育费附加，还应补充计提城建税和教育费附加，并进行相应的账务处理。

转 账 凭 证

2012年12月31日　　　　转字13号

摘　要	总账科目	明细科目	√	借方金额								√	贷方金额							
				十	万	千	百	十	元	角	分		十	万	千	百	十	元	角	分
调整5月份转字5号凭证	应收账款				2	1	0	6	0	0	0									
	主营业务收入													1	8	0	0	0	0	0
	应交税费	应交增值税(销项税额)													3	0	6	0	0	0
合　计				¥	2	1	0	6	0	0	0		¥	2	1	0	6	0	0	0

附单据　张

财务主管：　　记账：刘琼　　出纳：　　审核：　　制单：邓艳

转账凭证

2012年12月31日　　转字14号

摘要	总账科目	明细科目	√	借方金额								√	贷方金额							
				十	万	千	百	十	元	角	分		十	万	千	百	十	元	角	分
调整5月份转字5号凭证	营业税费及附加						3	0	6	0	0									
	应交税费	应交城建税														2	1	4	2	0
		应交教育费附加															9	1	8	0
合计						¥	3	0	6	0	0				¥	3	0	6	0	0

附单据　张

财务主管：　记账：刘琼　出纳：　审核：　制单：邓艳

转账凭证

2012年12月31日　　转字15号

摘要	总账科目	明细科目	√	借方金额									√	贷方金额								
				百	十	万	千	百	十	元	角	分		百	十	万	千	百	十	元	角	分
调整6月份银付字6号凭证	预付账款				1	6	0	0	0	0	0	0										
	制造费用	修理费													1	6	0	0	0	0	0	0
合计				¥	1	6	0	0	0	0	0	0		¥	1	6	0	0	0	0	0	0

附单据　张

财务主管：　记账：刘琼　出纳：　审核：　制单：邓艳

转账凭证

2012年12月31日　　转字16号

摘要	总账科目	明细科目	√	借方金额									√	贷方金额								
				百	十	万	千	百	十	元	角	分		百	十	万	千	百	十	元	角	分
调整10月份银付字6号凭证	预付账款				1	0	0	0	0	0	0	0										
	管理费用	租赁费													1	0	0	0	0	0	0	0
合计				¥	1	0	0	0	0	0	0	0		¥	1	0	0	0	0	0	0	0

附单据　张

财务主管：　记账：刘琼　出纳：　审核：　制单：邓艳

(三)编制利润计算工作底稿

利润计算工作底稿

编制单位：衡阳大华化工股份有限公司　　2012 年度　　单位：元

项　目	行次	错账调整前	错账调整	错账调整后
一、营业收入	1	150 270 000.00	+18 000.00	150 288 000.00
减：营业成本	2	90 190 000.00	-160 000.00	90 030 000.00
营业税金及附加	3	750 000.00	+306.00	750 306.00
减：销售费用	4	6 400 000.00		6 400 000.00
管理费用	5	8 400 000.00	-106 400.00	8293 600.00
财务费用	6	2 100 000.00		2 100 000.00
资产减值损失	7	1 060 000.00		1 060 000.00
加：公允价值变动收益(损失以"-"号填列)	8	200 000.00		200 000.00
投资收益(损失以"-"号填列)	9	1 060 000.00		1 060 000.00
其中：对联营企业和合营企业的投资收益	10			
二、营业利润(亏损以"-"号填列)	11	42 630 000.00	248 094.00	42 914 094.00
加：营业外收入	12	400 000.00		400 000.00
减：营业外支出	13	2 370 000.00		2 370 000.00
其中：非流动资产处置损失	14			
三、利润总额(亏损总额以"-"号填列)	15	40 660 000.00		40 944 094.00
减：所得税费用	16			
四、净利润(净亏损以"-"号填列)	17			
五、每股收益	18			
六、综合收益总额	19			

(四)计算应纳税额并进行账务处理

应纳企业所得税计算工作底稿

编制单位：衡阳大华化工股份有限公司　　2012 年度　　单位：元

行次	应税项目	纳税调整计算	应税计算
1	一、会计利润		40 944 094.00
2	二、纳税调整		512 438.00
3	视同销售	销售收入 1 000 000 × (1 + 10%) = 1 100 000	+1 100 000.00
4		销售成本 1 000 000 元	−1 000 000.00
5		1 000 000 × (1 + 10%) × 17% × (7% + 3%) = 18 700	−18 700.00
6	低价销售	600 000 × (1 + 10%) − 400 000 = 260 000	+260 000.00
7		260 000 × (1 + 10%) × 17% × (7% + 3%) = 4 862	−4 862.00
8	公允价值变动损益	免税	−200 000.00
9	职工福利费	3 000 000 − 20 000 000 × 14% = 200 000	+200 000.00
10	职工教育经费	600 000 − 20 000 000 × 2.5% = 100 000	+100 000.00
11	职工工会经费	440 000 − 20 000 000 × 2% = 40 000	+40 000.00
12	招待费	限额 1 = 1 040 000 × 60% = 624 000；限额 2 = 150 288 × 5‰ = 751.44；超标 = 1 040 000 − 624 000 = 416 000	+416 000.00
13	科技研发费	加计扣除 = 3 000 000 × 50% = 1 500 000	−1 500 000.00
14	利息	1 200 000 − 720 000 = 480 000	+480 000.00
15	坏账准备金	不得扣除	+1 060 000.00
16	行政罚款	不得扣除	+60 000.00
17	非广告性赞助	不得扣除	+200 000.00
18	免税收入	国债利息收入及权益性投资收益免税	−680 000.00
19	三、应税所得额	40 944 094 + 512 435 = 41 456532	41456 532.00
20	四、适用税率		25%
21	五、应纳所得税额	41456 532 × 25% = 10 364 133	10 364 133.00
22	六、应补交税额	10 364 133 − 9 400 000 = 964 133	964 133.00

根据上述计算结果填制记账凭证如下：

转 账 凭 证

2012年12月31日　　转字17号

摘　要	总账科目	明细科目	√	借方金额	√	贷方金额
计提企业所得税	所得税费用			964133.00		
	应交税费	应交所得税				964133.00
合　计				¥964133.00		¥964133.00

附单据　张

财务主管：　记账：刘琼　出纳：　审核：　制单：邓艳

转 账 凭 证

2012年12月31日　　　　转字18号

摘要	总账科目	明细科目	√	借方金额									√	贷方金额								
				百	十	万	千	百	十	元	角	分		百	十	万	千	百	十	元	角	分
结转所得税费用	本年利润				7	4	9	1	3	3	0	0										
	所得税费用														7	4	9	1	3	3	0	0
合　计				¥	7	4	9	1	3	3	0	0		¥	7	4	9	1	3	3	0	0

附单据　张

财务主管：　　记账：刘琼　　出纳：　　审核：　　制单：邓艳

四、登记企业所得税涉税账户

根据衡阳大华化工股份有限公司2012年上述企业所得税涉税会计核算资料，登记企业所得税涉税账户(其他有关账户登记略)。假定11月份未缴企业所得税900 000元(已于12月6日缴纳)，以前年度以及本年度12月份以前没有确认过递延所得税资产和递延所得税负债。

(一)登记“应交税费——应交所得税”账户

应交税费——应交所得税　明细账

总第　页
分第　页

2012年		记账凭证号码	摘要	对方科目	页数	借方金额	贷方金额	借或贷	余额
月	日								
			上月结转					贷	900 000.00
12	06	转5	预缴11月所得税	所得税费用		900 000.00			
12	31	转17	汇算清缴所得税	所得税费用			964 133.00		
			本月合计			900 000.00	964 133.00	贷	64 133.00
			本年累计			9 400 000.00	10 364 133.00	贷	964 133.00

注意：

账簿登记应注意的问题

(1)年度开设新账簿，每个账户用红字在第一行摘要栏填写“上年结转”，某一个账户跨月登记新账页时用红字在第一行填写“上月结转”或“承前页”，当月某一账户跨页登记时，用红字在第一行摘要栏填写“承前页”。无论何种账户，每张账页的最后一行均应用红字在摘要栏填写“过次页”。其中余额不得用红字填写，而应用蓝字填写。

(2)期末结账时，用红字在摘要栏填写“本月合计”、“本年累计”，并在“本月合计”的上线和“本年累计”的下线画一条单红线，但借、贷、余栏应用蓝字登记。

(二)登记“所得税费用”账户

所得税费用　明细账

总第　页
分第　页

2012年		记账凭证号码	摘要	对方科目	页数	借方金额	贷方金额	借或贷	余额
月	日								
			上月结转					平	0.00
12	31	转10	确认递延所得税资产	递延所得税资产			265 000.00		
	31	转11	确认递延所得税负债	递延所得税负债		50 000.00			
	31	转17	计提企业所得税	应交税费		964 133.00			
	31	转18	结转所得税费用	本年利润			749 133.00		
			本月合计			1 014 133.00	1 014 133.00	平	0.00
			本年累计			10 414 133.00	10 414 133.00	平	0.00

(三)登记“递延所得税资产”账户

递延所得税资产　明细账

总第　页
分第　页

2012年		记账凭证号码	摘要	对方科目	页数	借方金额	贷方金额	借或贷	余额
月	日								
			上月结余					平	0.00
12	31	转10	确认递延所得税资产	所得税费用		265 000.00			
			本月合计			265 000.00		借	265 000.00
			本年累计			265 000.00		借	265 000.00

（四）登记"递延所得税负债"账户

递延所得税负债　明细账

总第　页
分第　页

2012年 月	日	记账凭证号码	摘要	对方科目	页数	借方金额	贷方金额	借或贷	余额
			上月结余					平	0.00
12	31	转11	确认递延所得税负债	所得税费用			50 000.00		
			本月合计				50 000.00	贷	50 000.00
			本年累计				50 000.00	贷	50 000.00

五、填报企业所得税纳税申报资料

根据衡阳大华股份有限公司2012年度汇算清缴企业所得税相关资料，填制《中华人民共和国企业所得税年度纳税申报表（表A）》，以及《收入明细表》、《成本费用明细表》、《纳税调整项目明细表》（其他附列资料表略），在此基础上填开"电子缴库专用缴款书"。

收入明细表

填报时间：2013年1月6日　　　　金额单位：元（列至角分）

行次	项　　目	金额
1	一、销售（营业）收入合计（2+13）	150 648 000.00
2	（一）营业收入合计（3+8）	150 288 000.00
3	1. 主营业务收入（4+5+6+7）	150 018 000.00
4	（1）销售货物收入	150 018 000.00
5	（2）提供劳务收入	0.00
6	（3）让渡资产使用权收入	0.00
7	（4）建造合同收入	0.00
8	2. 其他业务收入（9+10+11+12）	270 000.00
9	（1）材料销售收入	200 000.00
10	（2）代购代销手续费收入	0.00
11	（3）包装物出租收入	70 000.00
12	（4）其他	0.00
13	（二）视同销售收入（14+15+16）	360 000.00
14	（1）非货币性交易视同销售收入	0.00
15	（2）货物、财产、劳务视同销售收入	360 000.00
16	（3）其他视同销售收入	0.00
17	二、营业外收入（18+19+20+21+22+23+24+25+26）	400 000.00
18	1. 固定资产盘盈	0.00

衡阳大华化工股份有限公司

续上表

行次	项　　目	金额
19	2. 处置固定资产净收益	100 000.00
20	3. 非货币性资产交易收益	0.00
21	4. 出售无形资产净收益	300 000.00
22	5. 罚款净收入	0.00
23	6. 债务重组收益	0.00
24	7. 政府补助收入	0.00
25	8. 捐赠收入	0.00
26	9. 其他	0.00

经办人(签章)：华威　　　　法定代表人(签章)：张星

注意：

(1)生产企业的修理修配、加工服务等业务收入均填列在“销售货物收入”栏；

(2)纳税人发生非货币性交易，会计核算未确认或未全部确认损益，按税法规定应视同销售确认的收入在“非货币性交易视同销售收入”栏填列；

(3)将货物、财产、劳务用于捐赠、广告、赞助、职工福利或利润分配等用途，按税法规定应视同销售确认的应税收入在“货物、财产、劳务视同销售收入”栏填列；

(4)具有商业实质且换出资产为固定资产、无形资产的非货币性交易净收益，在“非货币性资产交易收益”栏填列；

(5)包装物租金、逾期包装物押金收入均在“包装物出租收入”栏中填列，销售原材料、废料、废旧物资、下脚料等均在“材料销售收入”栏中填列。

成本费用明细表

填报时间：2013 年 09 月 06 日　　　　金额单位：元(列至角分)

行次	项　　目	金额
1	一、销售(营业)成本合计(2+7+12)	91 190 000.00
2	(一)主营业务成本(3+4+5+6)	90 000 000.00
3	1. 销售货物成本	90 000 000.00
4	2. 提供劳务成本	0.00
5	3. 让渡资产使用权成本	0.00
6	4. 建造合同成本	0.00
7	(二)其他业务成本(8+9+10+11)	190 000.00
8	1. 材料销售成本	190 000.00
9	2. 代购代销费用	0.00
10	3. 包装物出租成本	0.00
11	4. 其他	0.00
12	(三)视同销售成本(13+14+15)	1 000 000.00
13	1. 非货物性交易视同销售成本	0.00
14	2. 货物、财产、劳务视同销售成本	1 000 000.00

续上表

行次	项　目	金额
15	3. 其他视同销售成本	0.00
16	二、营业外支出(17+18+19+20+21+22+23+24)	2 370 000.00
17	1. 固定资产盘亏	0.00
18	2. 处置固定资产净损失	0.00
19	3. 出售无形资产损失	0.00
20	4. 债务重组损失	0.00
21	5. 罚款支出	70 000.00
22	6. 非常损失	400 000.00
23	7. 捐赠支出	1 600 000.00
24	8. 其他	300 000.00
25	三、期间费用	16 900 000.00
26	1. 销售(营业)费用	6 400 000.00
27	2. 管理费用	8 400 000.00
28	3. 财务费用	2 100 000.00

经办人(签章)：华威　　　　法定代表人(签章)：张星

纳税调整项目明细表

填报时间：2013 年 01 月 06 日　　　　金额单位：元(列至角分)

行次	项　目	账载金额	税收金额	调增金额	调减金额
		1	2	3	4
1	一、收入类调整项目			1 360 000.00	880 000.00
2	1. 视同销售收入(填附表一)	—	—	1 360 000.00	—
3	2. 接受捐赠收入	—			—
4	3. 不符合税法规定的销售折扣和折让				—
5	4. 境外应税所得(填附表六)	—	—	—	
6	5. 不征税收入(填附表一)	—	—	—	
7	6. 免税收入(填附表五)	—	—	—	880 000.00
8	7. 减计收入(填附表五)	—	—	—	
9	8. 减免税项目所得(填附表五)	—	—	—	
10	9. 抵扣应纳税所得额(填附表五)	—	—	—	
11	10. 其他				
12	二、扣除类调整项目	—	—	2 556 000.00	2 523 562.00
13	1. 视同销售成本(填附表二)	—	—		1 000 000.00
14	2. 工资薪金支出				
15	3. 职工福利费支出	3 000 000.00	2 800 000.00	200 000.00	
16	4. 职工教育经费支出	600 000.00	500 000.00	100 000.00	
17	5 工会经费支出	440 000.00	400 000.00	40 000.00	
18	6. 业务招待费支出	1 040 000.00	624 000.00	416 000.00	—

续上表

行次	项　　目	账载金额	税收金额	调增金额	调减金额
		1	2	3	4
19	7. 广告费宣传费支出(填附表八)				
20	8. 捐赠支出				
21	9. 利息支出	1 200 000.00	720 000.00	480 000.00	
22	10. 住房公积金				—
23	11. 罚金、罚款和被没收财产的损失		—		—
24	12. 税收滞纳金	60 000.00	—	60 000.00	—
25	13. 赞助支出	200 000.00	—	200 000.00	—
26	14. 各类基本社会保障性缴款				
27	15. 与取得收入无关的支出		—		—
28	16. 加计扣除(填附表五)	—	—		1 500 000.00
29	17. 其他			1 060 000.00	23 562.00
30	三、资产类调整项目	—	—		
31	1. 财产损失				
32	2. 固定资产折旧(填附表九)	—	—		
33	3. 长期待摊费用摊销(填附表九)	—	—		
34	4. 无形资产摊销(填附表九)	—	—		
35	5. 投资转让、处置所得(填附表九)	—	—		
36	6. 其他				
37	合计			3 916 000.00	3 403 562.00

经办人(签章)：华威　　　　法定代表人(签章)：张星

中华人民共和国企业所得税年度纳税申报表(A 类)

税款所属期间：2012 年 01 月 06 日至 2012 年 12 月 31 日　　纳税人识别号：430403000068686

纳税人名称：衡阳大华化工股份有限公司　　金额单位：元(列至角分)

类别	行次	项目	金额
利润总额计算	1	一、营业收入(填附表一)	150 288 000.00
	2	减：营业成本(填附表二)	90 030 000.00
	3	营业税金及附加	750 306.00
	4	销售费用(填附表二)	6 400 000.00
	5	管理费用(填附表二)	8 293 600.00
	6	财务费用(填附表二)	2 100 000.00
	7	资产减值损失	1 060 000.00
	8	加：公允价值变动收益	200 000.00
	9	投资收益	1 060 000.00
	10	二、营业利润	42 914 094.00
	11	加：营业外收入(填附表一)	400 000.00
	12	减：营业外支出(填附表二)	2 370 000.00
	13	三、利润总额(10 + 11 − 12)	40 944 094.00

续上表

类别	行次	项目	金额
应纳税所得额计算	14	加：纳税调整增加额（填附表三）	3 916 000.00
	15	减：纳税调整减少额（填附表三）	3 403 562.00
	16	其中：不征税收入	0.00
	17	免税收入	880 000.00
	18	减计收入	0.00
	19	减、免税项目所得	0.00
	20	加计扣除	1 500 000.00
	21	抵扣应纳税所得额	0.00
	22	加：境外应税所得弥补境内亏损	0.00
	23	纳税调整后所得（13＋14－15＋22）	41 456 532.00
	24	减：弥补以前年度亏损（填附表四）	0.00
	25	应纳税所得额（23－24）	41 456 532.00
应纳税额计算	26	税率（25%）	25%
	27	应纳所得税额（25×26）	10 364 133.00
	28	减：减免所得税额（填附表五）	0.00
	29	减：抵免所得税额（填附表五）	0.00
	30	（实际）应纳税额（27－28－29）	10 364 133.00
	31	减：本年累计实际已预缴的所得税额	9 400 000.00
	32	本年应补（退）的所得税额（30－31）	964 133.00
纳税人公章： 经办人：谢娜 申报日期：2013 年 01 月 06 日		代理申报中介机构公章： 经办人及执业证件号码： 代理申报日期：2013 年 01 月 06 日	主管税务机关受理专用章： 受理人：董天 受理日期：2013 年 01 月 06 日

注：此表为简化表，删除了境外所得应纳税额和应抵免税额相关栏目、汇总纳税相关栏目、以前年度多缴及应缴未缴相关栏目。

电子缴库专用缴款书

填开日期：2012年01月06日　　2010 湘国税电库：0012301628

☑已申报　申报序号：201301060034568　　☐未申报

纳税人计算机代码	00202345	征收机关代码	002345678
纳税人名称	衡阳大华化工股份有限公司	征收机关名称	衡阳市开发区国家税务局
付款人名称	衡阳大华化工股份有限公司	收款国库名称	中华人民共和国国家金库衡阳市开发区国库
付款人开户银行名称	工行衡阳市支行开发区西二路分理处	国库清算行号	GH－1023
付款人账号	GH－1023－343636	金额合计	玖拾陆万肆仟壹佰叁拾叁元整
纳税项目代码	课税数量	计税金额	实缴税额
101043899 其他股份制企业所得税		3 856 532.00	964 133.00
付款人（盖章） 经办人（签章）	税务机关（盖章）	银行（盖章） 记账员（签章）	备注

（印章：衡阳大华化工股份有限公司；衡阳市开发区国家税务局 (02) 征收专用章）

第三节 代扣代缴个人所得税账务处理与纳税申报

一、代扣代缴个人所得税规范

为了便于控制税源，防止漏税和逃税，国家税务总局专门制定了《个人所得税代扣代缴暂行办法》。该办法对代扣代缴义务人、代扣代缴范围、代扣代缴期限作了明确规定。

1. 代扣代缴义务人

代扣代缴义务人又称扣缴义务人，包括支付个人应税所得的企事业单位、机关、团体、军队、驻华机构、个体户等单位和个人。

2. 代扣代缴范围

扣缴义务人支付除生产经营所得以外的其他应税所得，不论纳税人是否属于本单位人员，均应为其代扣代缴个人所得税。

3. 代扣代缴期限

扣缴义务人每月所扣税款，应在次月 15 日前缴入国库，并向主管机关报送《扣缴个人所得税报告表》、代扣代收税款凭证及其他相关资料。

注意：

(1) 扣缴义务人支付所得的方式，包括现金支付、汇拨支付、转账支付和以有价证券、实物及其他形式支付。

(2) 扣缴义务人在代扣代缴税款时，必须向纳税人开具税务机关统一印制的代扣代收税款凭证。纳税人向扣缴义务人索取代扣代收税款凭证，扣缴义务人不得拒绝。

(3) 扣缴义务人应扣未扣税款的，税款仍由纳税人缴纳，扣缴义务人承担应扣未扣税款 50% 以上至 3 倍的罚款。

(4) 代扣代缴个人所得税的账户设置与账务处理：

企业核算代扣代缴个人所得税时，应设置“应交税费——代扣代缴个人所得税”账户，该账户采用三栏式账页，借方核算企业代缴的个人所得税，贷方核算企业代扣的个人所得税，贷方余额表示企业期末已代扣但未代缴的个人所得税。

企业支付工资并代扣个人所得税时，借记“应付职工薪酬”账户，贷记“应交税费——代扣代缴个人所得税”账户、“库存现金”或“银行存款”账户；代缴个人所得税时，借记“应交税费——代扣代缴个人所得税”账户，贷记“银行存款”账户。

二、代扣代缴个人所得税资料

衡阳市东亚旅游服务股份有限公司于 2010 年 3 月 8 日经衡阳市工商行政管理部门注册登记成立，同年 4 月 2 日向主管税务机关办理开业税务登记。经主管税务机关核定，该公司采用查账征收、按月缴纳营业税、按月代扣代缴个人所得税的纳税方式。

(一) 企业基本资料

(1) 注册类型：股份有限公司，组织机构代码：000343636，纳税人识别码：340404000456789，计算机管理代码：00143212，法定代表人：刘小梅，财务负责人兼出纳：李洁，会计兼办税员：徐少东。

(2)注册地址：衡阳市新城区蒸阳路153号，电话：0734－3436360，邮政编码：421002，电子邮箱：hydhly2010@163.com。经营范围：组团境内外旅游、旅游商品销售、旅游线路设计服务、旅游宾馆服务等。

(3)开户银行：中国工商银行衡阳市支行环湖路分理处，结算账户：0245－002356，纳税专用账户：0245－001314。

(4)地税主管税务机关：衡阳市新城区地方税务局，办税服务厅经办人：李显萧，负责人：刘小勇，办公电话：0734－8132215。

(二)个税涉税资料

衡阳东亚旅游服务股份有限公司雇用员工15名，本年底没有新雇用人员，也没有离职人员，2012年12月份公司支付给员工的工资及其收入情况如下表所示。

2012年12月份在职职工工资及补贴明细表

单位：元

序号	姓名	基本工资	营销提成	奖金	福利补贴	小计	扣缴社保	应发工资
1	王显贵	6 000.00	4 000.00	4 000.00	1 000.00	15 000.00	400.00	14 600.00
2	李媗	6 000.00	2 000.00	2 000.00	1 000.00	11 000.00	400.00	10 600.00
3	章良才	6 000.00	2 000.00	2 000.00	1 000.00	11 000.00	400.00	10 600.00
4	程国英	5 000.00	5 000.00	1 000.00	1 000.00	12 000.00	400.00	11 600.00
5	项民富	5 000.00	5 000.00	1 000.00	1 000.00	12 000.00	400.00	11 600.00
6	徐天志	5 000.00	5 000.00	1 000.00	1 000.00	12 000.00	400.00	11 600.00
7	吴明章	5 000.00	6 000.00	1 000.00	1 000.00	13 000.00	400.00	12 600.00
8	张建华	5 000.00	6 000.00	1 000.00	1 000.00	13 000.00	400.00	12 600.00
9	应小强	4 000.00	4 000.00	1 000.00	1 000.00	10 000.00	400.00	9 600.00
10	桑达	4 000.00	4 000.00	800.00	1 000.00	9 800.00	400.00	9 400.00
11	马能	4 000.00	4 000.00	800.00	1 000.00	9 800.00	400.00	9 400.00
12	东方明	3 000.00	3 000.00	800.00	1 000.00	7 800.00	400.00	7 400.00
13	程志高	3 000.00	3 000.00	600.00	1 000.00	7 600.00	400.00	7 200.00
14	王曼丽	3 000.00	2 000.00	600.00	1 000.00	6 600.00	400.00	6 200.00
15	李光辉	3 000.00	2 000.00	600.00	1 000.00	6 600.00	400.00	6 200.00
合计		67 000.00	57 000.00	18 200.00	15 000.00	157 200.00	60 000.00	151 200.00

2012年年度在职职工年终奖金表

单位：元

序号	姓名	年终奖	过年慰问金	小计	备注
1	王显贵	8 000.00	600.00	8 600.00	
2	李媗	8 000.00	600.00	8 600.00	
3	章良才	8 000.00	600.00	8 600.00	
4	程国英	6 000.00	600.00	6 600.00	
5	项民富	6 000.00	600.00	6 600.00	
6	徐天志	6 000.00	600.00	6 600.00	

续上表

序号	姓名	年终奖	过年慰问金	小计	备注
7	吴明章	4 000.00	600.00	4 600.00	
8	张建华	4 000.00	600.00	4 600.00	
9	应小强	4 000.00	600.00	4 600.00	
10	桑达	4 000.00	600.00	4 600.00	
11	马能	4 000.00	600.00	4 600.00	
12	东方明	3 000.00	600.00	3 600.00	
13	程志高	3 000.00	600.00	3 600.00	
14	王曼丽	3 000.00	600.00	3 600.00	
15	李光辉	3 000.00	600.00	3 600.00	
合计		74 000.00	9 000.00	83 000.00	

三、代扣代缴个人所得税应税计算

2012 年 12 月份职工工薪所得应税计算

单位：元

序号	姓名	应发工资	免征额	应纳税所得	适用税率	速算扣除数	应纳税额
1	王显贵	14 600.00	3 500.00	11 100.00	25%	1 005.00	1 770.00
2	李媗	10 600.00	3 500.00	7 100.00	20%	555.00	865.00
3	章良才	10 600.00	3 500.00	7 100.00	20%	555.00	865.00
4	程国英	11 600.00	3 500.00	8 100.00	20%	555.00	1 065.00
5	项民富	11 600.00	3 500.00	8 100.00	20%	555.00	1 065.00
6	徐天志	11 600.00	3 500.00	8 100.00	20%	555.00	1 065.00
7	吴明章	12 600.00	3 500.00	9 100.00	25%	1005.00	1 270.00
8	张建华	12 600.00	3 500.00	9 100.00	25%	1005.00	1 270.00
9	应小强	9 600.00	3 500.00	6 100.00	20%	555.00	665.00
10	桑达	9 400.00	3 500.00	5 900.00	20%	555.00	625.00
11	马能	9 400.00	3 500.00	5 900.00	20%	555.00	625.00
12	东方明	7 400.00	3 500.00	3 900.00	10%	105.00	285.00
13	程志高	7 200.00	3 500.00	3 700.00	10%	105.00	265.00
14	王曼丽	6 200.00	3 500.00	2 700.00	10%	105.00	165.00
15	李光辉	6 200.00	3 500.00	2 700.00	10%	105.00	165.00
合计		151 200.00	52 500.00	98 700.00			12 030.00

2012 年 12 月份职工年终奖金应税计算

单位：元

序号	姓名	年终奖金	补扣免征额	应税所得	适用税率	速算扣除数	应纳税额
1	王显贵	8 600.00	0.00	8 600.00	20%	555.00	1 165.00
2	李媗	8 600.00	0.00	8 600.00	20%	555.00	1 165.00
3	章良才	8 600.00	0.00	8 600.00	20%	555.00	1 165.00
4	程国英	6 600.00	0.00	6 600.00	20%	555.00	765.00
5	项民富	6 600.00	0.00	6 600.00	20%	555.00	765.00
6	徐天志	6 600.00	0.00	6 600.00	20%	555.00	765.00
7	吴明章	4 600.00	0.00	4 600.00	20%	555.00	365.00
8	张建华	4 600.00	0.00	4 600.00	20%	555.00	365.00
9	应小强	4 600.00	0.00	4 600.00	20%	555.00	365.00
10	桑达	4 600.00	0.00	4 600.00	20%	555.00	365.00
11	马能	4 600.00	0.00	4 600.00	20%	555.00	365.00
12	东方明	3 600.00	0.00	3 600.00	10%	105.00	255.00
13	程志高	3 600.00	0.00	3 600.00	10%	105.00	255.00
14	王曼丽	3 600.00	0.00	3 600.00	10%	105.00	255.00
15	李光辉	3 600.00	0.00	3 600.00	10%	105.00	255.00
合计		83 000.00	0.00	83 000.00			8 635.00

2012 年 12 月份职工应纳个人所得税合计

单位：元

序号	姓名	工薪所得应纳税额	年终奖金应纳税额	应纳税额合计
1	王显贵	1 770.00	1 165.00	2 935.00
2	李媗	8 65.00	1 165.00	2 030.00
3	章良才	8 65.00	1 165.00	2 030.00
4	程国英	1 065.00	765.00	1 830.00
5	项民富	1 065.00	765.00	1 830.00
6	徐天志	1 065.00	765.00	1 830.00
7	吴明章	1 270.00	365.00	1 635.00
8	张建华	1 270.00	365.00	1 635.00
9	应小强	665.00	365.00	1 030.00
10	桑达	625.00	365.00	990.00
11	马能	625.00	365.00	990.00
12	东方明	285.00	255.00	540.00
13	程志高	265.00	255.00	520.00
14	王曼丽	165.00	255.00	420.00
15	李光辉	165.00	255.00	420.00
合计		12 030.00	8 635.00	20 665.00

四、代扣代缴个人所得税应税账务处理

根据上述计算结果进行账务处理，填制记账凭证如下。

转 账 凭 证

2012年12月31日 转字19号

摘要	总账科目	明细科目	√	借方金额 十	万	千	百	十	元	角	分	√	贷方金额 十	万	千	百	十	元	角	分
计提个人所得税	应付职工薪酬				2	0	6	6	5	0	0									
	应交税费	应交个人所得税												2	0	6	6	5	0	0
合 计				¥	2	0	6	6	5	0	0		¥	2	0	6	6	5	0	0

附单据 张

财务主管： 记账：徐少东 出纳： 审核： 制单：张星

公司开具的代扣代收税款凭证如下所示。

中华人民共和国代扣代收税款凭证

09湘地代 No：000234568

填发日期：2012年12月31日 主管税务机关：衡阳市新城区地方税务局

湖南省国家税务局[2011]

纳税人 代码	340404196804060912	扣缴义务人 代码	340404000456789
纳税人 全称	王显贵	扣缴义务人 全称	衡阳东亚旅游服务股份有限公司
纳税人 地址	衡阳市新城区环湖路118号	扣缴义务人 地址	衡阳市新城区环湖路118号
注册类型	股份有限公司	税款所属时间	2012年12月01日～2012年12月31日

税种	征税项目	课税数量	计税金额	税率和单位税额	扣除额	金额 十	万	千	百	十	元	角	分
个人所得税	工资所得		11 100.00	25%	1 005			1	7	7	0	0	0
	年终奖		8 600.00	20%	555			1	1	6	5	0	0
金额合计（大写）贰仟玖佰叁拾伍元整							¥	2	9	3	5	0	0
主管税务机关（盖章）		纳税人(盖章)		填票人(盖章) 徐少东		备注							

衡阳市新城区地方税务局 (02) 征收专用章

第二联 扣税后交纳税人作记账凭证

注意：

企业代扣代缴个人所得税时，应向不同纳税人分别开具代扣代收税款凭证；如果纳税人不需要或不要求开具，可以不开。

五、填报《代扣代缴个人所得税明细申报表》

代扣代缴个人所得税明细申报表

计算机代码：00143212　　单位名称：衡阳东亚旅游服务股份有限公司　　有效联系电话：0734－8132215

税款所属期：2012 年 12 月　　申报日期：2013 年 01 月 05 日　　第 1 页　　共 2 页　　金额单位：元（列至角分）

本期本单位人数	15 人	全部人员收入总额	151 200.00	本期应扣缴税额	12 030.00
其中纳税总人数	15 人	纳税收入总额	151 200.00	本期实缴税额	12 030.00
本期非单位总人数	0	应纳税所得额	98 700.00	本期欠缴税额	0.00
其中纳税总人数	0	减免税额	0.00	缴款书号码	000234568－00234583

行次	身份证件号码	姓名	国籍编码	行业职业编码	所得项目	纳税人收入额	应纳税所得额	税率	减免税额	抵免境外税额	本期实缴税额
1	360403196804060912	王显贵			工薪所得	14 600.00	11 100.00	25%	1 005.00		1 770.00
2	360403196905230786	李媗			工薪所得	10 600.00	7 100.00	20%	555.00		865.00
3	360403196508110789	章良才			工薪所得	10 600.00	7 100.00	20%	555.00		865.00
4	360403196704150783	程国英			工薪所得	11 600.00	8 100.00	20%	555.00		1 065.00
5	360403197508090923	项民富			工薪所得	11 600.00	8 100.00	20%	555.00		1 065.00
6	360403197902040788	徐天志			工薪所得	11 600.00	8 100.00	20%	555.00		1 065.00
7	360403198009100867	吴明章			工薪所得	12 600.00	9 100.00	25%	1 005.00		1 270.00
8	360403197508230923	张建华			工薪所得	12 600.00	9 100.00	25%	1 005.00		1 270.00
9	360403197605250934	应小强			工薪所得	9 600.00	6 100.00	20%	555.00		665.00
10	360403197906120923	桑达			工薪所得	9 400.00	5 900.00	20%	555.00		625.00
11	360403198206050923	马能			工薪所得	9 400.00	5 900.00	20%	555.00		625.00
12	360403198503240955	东方明			工薪所得	7 400.00	3 900.00	10%	105.00		285.00
13	360403198606230912	程志高			工薪所得	7 200.00	3 700.00	10%	105.00		265.00
14	360403198707120945	王曼丽			工薪所得	6 200.00	2 700.00	10%	105.00		165.00
15	360403198808120902	李光辉			工薪所得	6 200.00	2 700.00	10%	105.00		165.00

扣缴义务人声明：我声明，此扣缴申报表根据《中华人民共和国个人所得税法》的有关规定填报，我确定它是真实、可靠、完整的。声明人签字：刘小梅

会计主管人签字：李浩　　扣缴单位或个人盖章

衡阳东亚旅游服务股份有限公司

代扣代缴个人所得税明细申报表

计算机代码：00143212　　单位名称：衡阳东亚旅游服务股份有限公司　　有效联系电话：0734－8132215

税款所属期：2012 年 12 月　　申报日期：2013 年 01 月 05 日　　第 1 页　　共 2 页　　金额单位：元（列至角分）

本期本单位人数	15 人	全部人员收入总额	83 000.00	本期应扣缴税额	8 635.00
其中纳税总人数	13 人	纳税收入总额	83 000.00	本期实缴税额	8 635.00
本期非单位总人数	0	应纳税所得额	83 000.00	本期欠缴税额	0.00
其中纳税总人数	0	减免税额	0.00	缴款书号码	000234568－00234583

行次	身份证件号码	姓名	国籍编码	行业职业编码	所得项目	纳税人收入额	应纳税所得额	税率	减免税额	抵免境外税额	本期实缴税额
1	360403196804060912	王显贵			年终奖金	8 600.00	8 600.00	20%	555.00		1165.00
2	430403196905230786	李媗			年终奖金	8 600.00	8 600.00	20%	555.00		1165.00
3	430403196508110789	章良才			年终奖金	8 600.00	8 600.00	20%	555.00		1165.00
4	430403196704150783	程国英			年终奖金	6 600.00	6 600.00	20%	555.00		765.00
5	430403197508090923	项民富			年终奖金	6 600.00	6 600.00	20%	555.00		765.00
6	430403197902040788	徐天志			年终奖金	6 600.00	6 600.00	20%	555.00		765.00
7	430403198009100867	吴明章			年终奖金	4 600.00	4 600.00	20%	555.00		365.00
8	430403197508230923	张建华			年终奖金	4 600.00	4 600.00	20%	555.00		365.00
9	430403197605250934	应小强			年终奖金	4 600.00	4 600.00	20%	555.00		365.00
10	430403197906120923	桑达			年终奖金	4 600.00	4 600.00	20%	555.00		365.00
11	430403198206050923	马能			年终奖金	4 600.00	4 600.00	10%	555.00		365.00
12	430403198503240955	东方明			年终奖金	3 600.00	3 600.00	10%	105.00		255.00
13	430403198606230912	程志高			年终奖金	3 600.00	3 600.00	10%	105.00		255.00
14	430403198707120945	王曼丽			年终奖金	3 600.00	3 600.00	10%	105.00		255.00
15	430403198808120902	李光辉			年终奖金	3 600.00	3 600.00	10%	105.00		255.00

扣缴义务人声明：我声明，此扣缴申报表根据《中华人民共和国个人所得税法》的有关规定填报，我确定它是真实、可靠、完整的。声明人签字：刘小梅

会计主管人签字：李洁　　扣缴单位或个人盖章

实训七　物业税会计核算与纳税申报

【实训目的】 本实训主要引导学生按照“设置物业税涉税账户→进行物业税涉税账务处理→登记物业税涉税账户→填报物业税纳税申报资料→填制电子缴税专用缴款书→通过网银缴税专用账户缴纳税款”的程序，系统、全面地学习其他税会计核算与纳税申报的基本技能。

【实训要求】 本实训要求学生根据“城镇土地使用税会计核算与纳税申报”、“房产税会计核算与纳税申报”、“土地增值税会计核算与纳税申报”的实训资料，进行仿真模拟操作。

第一节　物业税概述

一、物业税的基本原理

(一)物业税的概念

物业税又称财产税或地产税，主要是针对土地、房屋等不动产，要求其承租人或所有者每年都要缴纳一定税款，而应缴纳的税值会随着不动产市场价值的升高而提高。比如说公路、地铁等开通后，沿线的房产价格就会随之提高，相应地，物业税也要提高。从理论上说，物业税是一种财产税，是针对国民的财产所征收的一种税收。因此，首先政府必须尊重国民的财产，并为之提供保护；然后，作为一种对应，国民必须缴纳一定的税收，以保证政府相应的支出。物业税是政府以政权强制力，对使用或者占有不动产的业主征收的补偿政府提供公共品的费用。

(二)物业税的特点

物业税是一种对财富存量的课税，因此，大多数国家都把其归入财产税。根据物业税制实践的国际经验，财产税类的物业税，主要包括对土地价值的课税、对房产与土地总体价值的课税，其特点是均以财产的持有作为课税前提，以财产的价值为计税依据。因此，物业税建立的土地制度基础不是土地私有制，即土地所有权私有制并非开征物业税的必要条件。在土地国有制经济里，只要土地使用权具有价值便具备课征物业税的条件。这样，在我国现行的土地制度下，土地使用权和房屋分别属于财产所有权人享有的一种权利和财产权利所指向的对象，应归属于财产，因此，物业税在我国应把其归入财产税。

物业税除具有财产税的特征外，还可细化为：

第一，物业税为个别财产税。财产税按课征方式的不同，可分为一般财产税与个别财产税。一般财产税是对纳税人所有的一切财产的价值综合课征的税收。不同国家的一般财产税的课征对象不一，但大致包括土地、房屋等不动产，机器设备、库存商品等营业性动产，汽车、摩托车、船舶等家用动产，资源开采权、营业性专利权、股权、公司债券、有价证券等无形动产。这种模式从价值层面看较为公平，但从技术层面上要求税收征管制度比较先进，尤其是配套制度的建设较为完备。个别财产税是将个人的某些特定的财产，如房屋、土地、资本和其他财产有选择地进行课征。采用个别财产税制的国家以发展中国家居多，个别财产税制与一般财产税制相比，就价值目标而言，个别财产税制的公平性要弱于一般财产税，但就技术层面而言，个别财产税制对征管技术的要求要低于一般财产税，这种税收制度的塑造对正处于起步阶段的广大发展中国家而言，实现了另一种意义上的公平价值——横向公平。个别财产税的形式主要有对土地课征的土地税，对房屋及有关建筑物课征的房屋税，将土地及土地上建筑物合并课征的不动产税。

第二，物业税是对不动产课征的经常税。房地产主要是指已建成并具有使用功能和经济效用的不动产，那么物业税只能是对已建成的不动产征收的税收，即在不动产保有阶段设立的税收，而不涉及房地产的建设阶段。

第三，物业税是房地合一的税收。房地产不仅指房屋及配套设施，还包括屋宇所在的建筑地块、相关场地，因此，物业税不能仅就土地上的建筑物进行课征，还应包括建筑物所附着的土地。

二、物业税涉税账户

(一)设置房产税、城镇土地使用税涉税账户

纳税人核算房产税时，应在“应交税费”一级账户下设置“应交税费——应交房产税”二级账户，该账户的借方核算纳税人当期实际缴纳的房产税数额，贷方核算纳税人当期应交的房产税数额，贷方余额反映纳税人期末应交而未交的房产税数额。

纳税人核算城镇土地使用税时，应在“应交税费”一级账户下设置“应交税费——应交城镇土地使用税”二级账户。该账户的借方核算纳税人当期实际缴纳的城镇土地使用税数额，贷方核算纳税人当期应交的城镇土地使用税数额，贷方余额反映纳税人期末应交而未交的城镇土地使用税数额。

房产税与城镇土地使用税属于费用类税种，纳税人计提房产税和城镇土地使用税时，应借记“管理费用”账户，贷记“应交税费——应交房产税”或“应交税费——应交城镇土地使用税”账户。

(二)设置土地增值税、契税涉税账户

纳税人核算土地增值税时，应在“应交税费”一级账户下设置“应交税费——应交土地增值税”二级账户，该账户的借方核算纳税人当期实际缴纳的土地增值税数额，贷方核算纳税人当期应交的土地增值税数额，贷方余额反映纳税人期末应交而未交的土地增值税数额。纳税人计提土地增值税时，应借记“营业税金及附加”账户，贷记“应交税费——应交土地增值税”账户。

契税是对承受房地产的纳税人征收，属于一次性征收的税种，不存在与税务机关结算或清算的问题，因此，也不需要通过“应交税费”科目核算。企业进行契税核算时，按规定计算缴纳的契税，借记“固定资产”、“无形资产”、“管理费用”等账户，贷记“银行存款”账户。

第二节 物业税账务处理

一、房产税、城镇土地使用税的账务处理

沈阳黎明机械设备制造厂，于2000年4月8日经沈阳市工商行政管理部门注册登记成立，同年5月6日向主管税务机关办理开业税务登记，经主管税务机关核定，房产税及城镇土地使用税采用按年计征、分季缴纳的纳税方式。

(一)企业基本资料

(1)组织机构代码：000012345，纳税人识别号：240103000012345，计算机管理代码：00231568，邮政编码：110043，电子邮箱：lmjx2000@163.com，电话：024－88236655，法定代表人：王文斌，财务负责人：王小利，记账员：方梅红。

(2)生产经营范围：建筑机械、食品机械、服装设备的制造与销售。生产经营地址：沈阳市沈河区沿河路118号。开户银行：中国工商银行沈阳市支行沿河路分理处，结算账户：GH－0124－002345，网银缴税专用账户：GH－0124－002346。

(3)国税主管税务机关：沈阳市沈河区国家税务局，组织机构代码：00220216，办税大厅经办人：程欢，电话：024－28321155。地税主管税务机关：沈阳市沈河区地方税务局，组织机构代码：00230223，办税大厅经办人：钟灵丽，电话：024－28230808。

(二)涉税业务资料

现以沈阳黎明机械设备制造厂2012年第四季度房地产相关业务资料为基础，进行房产税及城镇土地使用税的应税计算及账务处理。假定当地政府规定的房屋一次性减除比例为30%。

【业务1】 该厂2012年第四季度存量房屋明细如下表所示。

2012年黎明机械设备制造厂存量房屋明细表

房屋名称	建造或出租时间	房屋原值(万元)	房屋面积(m^2)	房屋用途
办公楼	2001年2月	6 000	20 000	行政办公
一车间	2001年3月	2 800	8 000	生产
二车间	2003年5月	3 200	10 000	生产
综合楼	2005年7月	3 600	12 000	食堂、浴室
1号仓库	2001年3月	2 600	6 000	存储材料
2号仓库	2003年5月	2 800	8 000	存储产品
商务楼	2007年5月	10 000	14 000	租赁，年租金1 200万元
合计		31 000	78 000	

【业务 2】 该厂 2012 年第四季度办公楼改建明细如下表所示。

2012 年黎明机械设备制造厂办公楼改建明细表

单位：元

改建项目	原设备原值	新设备原值	其他改建费用	备注
更换电梯	1 600 000.00	2 400 000.00		房屋改建时间为 2012 年 09 月 01 日至 2012 年 10 月 31 日，电梯及空调列入房屋原值
安装智能系统		6 000 000.00		
更换部分空调	1 000 000.00	1 200 000.00		
更换办公设备	400 000.00	600 000.00		
墙体整固			800 000.00	
合计	3 000 000.00	10 200 000.00	800 000.00	

【业务 3】 该厂 2012 年第四季度存量土地明细如下表所示。

2012 年黎明机械设备制造厂存量土地明细表

用地项目	坐落地点	占地面积(m^2)	土地等级	土地性质
办公楼用地	沈河区沿河路 48 号	4 000	二级	国有
综合楼用地	沈河区沿河路 43 号	4 000	二级	国有
商务楼用地	沈河区顺利大道 75 号	4 000	一级	国有
车间用地	沈河区沿河路 43 号	40 000	二级	国有
仓库用地	沈河区沿河路 43 号	4 000	二级	国有
厂内绿化用地	沈河区沿河路 43 号	20 000	二级	国有
厂内道路用地	沈河区沿河路 43 号	12 000	二级	国有
待建用地	沈河区新兴路 31 号	20 000	三级	国有
合　计		108 000		

(三)应纳税额计算

沈阳黎明机械设备制造厂 2012 年第四季度房产税应纳税额如下表所示。

2012 年第四季度房产税应纳税额计算表

单位：元

房屋名称	房屋原值	计税依据	适用税率	年应纳税额	季应纳税额
办公楼	60 000 000.00	45 166 667.00	1.2%	542 000.00	164 000.00
一车间	28 000 000.00	19 600 000.00	1.2%	235 200.00	58 800.00
二车间	32 000 000.00	22 400 000.00	1.2%	268 800.00	67 200.00
综合楼	36 000 000.00	25 200 000.00	1.2%	302 400.00	75 600.00
1 号仓库	26 000 000.00	18 200 000.00	1.2%	218 400.00	54 600.00
2 号仓库	28 000 000.00	19 600 000.00	1.2%	235 200.00	58 800.00
商务楼	100 000 000.00	12 000 000.00	12%	1 440 000.00	360 000.00
合计	310 000 000.00	162 166 667.00		3 242 000.00	839 000.00

以办公楼全年房产税应纳税额和第四季度应纳税额的计算为例，列示上表各栏目的计算过程。

(1)计算办公楼全年应纳税额：

计税依据 $=60\ 000\ 000\times(1-30\%)\div12\times10+(60\ 000\ 000-2\ 600\ 000\ +3\ 600\ 000)\div12\times2$

$=45\ 166\ 667$(元)

房产税额 $=45\ 166\ 667\times1.2\%\ =542\ 000$(元)

(2)计算办公楼第四季度应纳税额：

计税依据 $=60\ 000\ 000\times(1-30\%)\div12\times1+(60\ 000\ 000-2\ 600\ 000\ +3\ 600\ 000)\div12\times2$

$=3\ 500\ 000+10\ 166\ 667$

$=13\ 666\ 667$(元)

房产税额 $=13\ 666\ 667\times1.2\%$

$=164\ 000$(元)

沈阳黎明机械设备制造厂 2012 年第四季度城镇土地使用税应纳税额如下表所示。

当地政府规定沈阳市城镇土地使用税单位税额为：一级土地 6 元/m^2；二级土地 5 元/m^2；三级土地 4 元/m^2。

2012 年第四季度城镇土地使用税应纳税额计算表

单位：元

用地项目	占用土地面积	土地等级	适用税率	年应纳税额	季应纳税额
办公楼用地	4 000	二级	5 元/m^2	20 000.00	5 000.00
综合楼用地	4 000	二级	5 元/m^2	20 000.00	5 000.00
商务楼用地	4 000	一级	6 元/m^2	24 000.00	6 000.00
车间用地	40 000	二级	5 元/m^2	200 000.00	50 000.00
仓库用地	4 000	二级	5 元/m^2	20 000.00	5 000.00
厂内绿化用地	20 000	二级	5 元/m^2	100 000.00	25 000.00
厂内道路用地	12 000	二级	5 元/m^2	60 000.00	15 000.00
待建土地	20 000	三级	4 元/m^2	80 000.00	20 000.00
合计	108 000			524 000.00	131 000.00

(四)应税账务处理

根据上述计算结果进行账务处理，填制相关记账凭证。

转 账 凭 证

2012年12月31日 转字1号

摘要	总账科目	明细科目	√	借方金额									√	贷方金额								
				百	十	万	千	百	十	元	角	分		百	十	万	千	百	十	元	角	分
计提四季度房产税	管理费用				8	3	9	0	0	0	0	0										
	应交税费	应交房产税													8	3	9	0	0	0	0	0
合计				¥	8	3	9	0	0	0	0	0		¥	8	3	9	0	0	0	0	0

附单据1张

财务主管： 记账：方红梅 出纳： 审核： 制单：傅鸿雷

转 账 凭 证

2012年12月31日 转字2号

摘要	总账科目	明细科目	√	借方金额									√	贷方金额								
				百	十	万	千	百	十	元	角	分		百	十	万	千	百	十	元	角	分
计提税费	管理费用				1	3	1	0	0	0	0	0										
	应交税费	应交城镇土地使用税													1	3	1	0	0	0	0	0
合计				¥	1	3	1	0	0	0	0	0		¥	1	3	1	0	0	0	0	0

附单据1张

财务主管： 记账：方红梅 出纳： 审核： 制单：傅鸿雷

二、土地增值税、契税的账务处理

沈阳绿州房地产开发股份公司，于2000年8月15日经沈阳市工商行政管理部门注册登记成立，主要从事房地产开发、物业管理、房屋租赁等业务。

(一)企业基本资料

(1)组织机构代码：000055668，纳税人识别号：240103000055668，计算机管理代码：00128936，邮编：110042，电子邮箱：sylz2000@163.com，法定代表人：沈开扬，财务负责人：王巍，办税员：邓珍花，记账员：刘亚珉，出纳员：方国华。

(2)生产经营地址：沈阳市新城区庐花路82号，电话：024－88558866，开户银行：中国建设银行沈阳市支行庐花路分理处，结算账户：JH－0102－123455，网银缴税专用账户：JH－0102－123456。

(3)地税主管税务机关：沈阳市地方税务局直属分局，组织机构代码：002301289，办税服务大厅电话：024－88235511，经办人：王长富，负责人：郑光明。

(二)涉税业务资料

沈阳绿州房地产开发股份有限公司于2010年2月开始进行锦绣花园住宅区项目开发，项目编号：028，建筑面积80 000万平方米。2012年11月开始对外销售该商品房，截至年底全部实现销售，取得收入60 000万元。该项目的业务资料如下。

【业务1】 2010年2月15日，公司中拍沈阳市铁西区西二路028号土地。2月20日，公司向沈阳市国土资源局支付土地出让金6 000万元，支付过户费等费用6万元，合计6 006万元，同时向主管税务机关缴纳契税240万元。取得以下原始凭证。

注意：契税的纳税方法

契税以不动产交易价格为计税依据，向产权承受人征收，实行3%～5%的幅度比例税率。纳税人自纳税义务发生之日起10日内向不动产所在地主管税务机关申报纳税。

中国建设银行
转账支票存根
AX-1200221101

科　目：	
对方科目：	
出票日期：	2010年02月20日
收　款　人：	沈阳市国土资源局
金　额：	60 060 000.00
用　途：	支付土地出让金等

单位主管：　　会计：

中国建设银行　转账支票　(辽) 1200221101

出票日期（大写）贰零壹零年零贰月贰拾日　付款行名称：沈阳市支行庐花路分理处

收款人：沈阳市国土资源局　出票人账号：JH-0102-12345

本支票付款期限10天

人民币(大写)	亿	千	百	十	万	千	百	十	元	角	分
⊗陆仟零陆万元整	¥	6	0	0	6	0	0	0	0	0	0

用途：支付土地出让金等　　科目（借）＿＿＿＿

上述款项请从我账户内支付　　对方科目（贷）＿＿＿＿

出票人盖章　　出票日期2010年02月20日

（印章：沈阳绿州房地产开发股份有限公司　财务专用章）

复核　沈开扬　　记账

03456　3456789　2121345677889　01

辽宁省国有土地使用权出让金专用票据

开票日期：2010年02月20日　　收据联　　No：2004580

缴款单位	沈阳绿州房地产开发股份公司													
缴款内容	出让沈阳市铁西区西路028号地块													
缴款金额	币种单位		十	亿	千	百	十	万	千	百	十	元	角	分	汇率
	小写	元													
		人民币		¥	6	0	0	0	0	0	0	0	0	0	
	大写	元													
		人民币	⊗陆仟万元整												

收款单位（章）（印章：沈阳市国土资源管理局 (04) 收费专用章）　　经手人：李童

南昌八一印刷厂 2006（3000×4）

第二联　交款单位记账凭证

辽宁省政府非税收入统一票据

收据联　　No：00530821

填制日期：2010年02月20日　　执收款单位名称 沈阳市国土资源局

缴款人：沈阳绿洲房地产开发股份公司　　执收款单位编号：000056892

南昌八一印刷厂（2005—2006）

项目编码	项目名称	单位	数量	收费标准	金额
028	土地登记费	m^2	200 000	0.3元/m^2	60 000.00
人民币（大写）⊗陆万元整				（小写）￥60 000.00	

第二联　交款单位记账凭证

校验码：007720　　制单：李童　　执收单位（盖章）

沈阳市国土资源管理局 (04) 收费专用章

中华人民共和国
税收通用缴款书

隶属关系：其他　　（2003）辽地缴××号

注册类型：股份公司　填发日期：2010年02月20日　征收机关：沈阳市地方税务局直属分局

缴款单位	代码	240103000055668	预算科目	编码	1011901
	全称	沈阳绿洲房地产开发股份公司		名称	契税
	开户银行	建行沈阳市支行庐花路分理处		级次	地方
	账号	JH-0102-123456	收缴国库		沈阳市新城区国库
税款所属时期：2010年2月20日至　年　月　日			税款限缴日期：2010年2月28日		

品目名称	课税数量	计税金额或销售收入	税率或单位税额	已缴或扣除额	亿	千	百	十	万	千	百	十	元	角	分
契税		60 000 000.00	4%				2	4	0	0	0	0	0	0	0
人民币合计（大写）⊗贰佰肆拾万元整						￥	2	4	0	0	0	0	0	0	0

缴款单位（人）（盖章）经办人（章）	上列款项已收妥并划转收款单位账户 国库（银行）盖章 2010年02月20日	备注：

第一联（收据）国库（银行）收款　盖章后退缴库单位作完税凭证

沈阳绿洲房地产开发股份公司 财务专用章

建行沈阳市支行庐花路分理处 2010.02.20 转账 转讫

逾期不缴按税法规定加收滞纳金

注意：契税的账务处理

（1）企业购买房产缴纳契税时，借记“固定资产”账户，贷记“银行存款”账户；受赠房产缴纳契税时，借记“管理费用”账户，贷记“银行存款”账户。

（2）企业买地缴纳契税时，借记“无形资产——土地使用权”账户，贷记“银行存款”账户；企业将土地用于开发商品房，借记“开发成本”账户，贷记“无形资产——土地使用权”账户；若买地后随即立项开发，可直接借记“开发成本——土地价款”账户，贷记“银行存款”账户。

要求：根据上述原始凭证进行账务处理，填制相关记账凭证。

付 款 凭 证

贷方科目　银行存款　　2012年02月20日　　银付字1号

摘要	借方总账科目	明细科目	√	金额											附单据1张
				亿	千	百	十	万	千	百	十	元	角	分	
支付地价款	开发成本	土地价款			6	0	0	6	0	0	0	0	0	0	
合计				¥	6	0	0	6	0	0	0	0	0	0	

财务主管：　记账：刘亚珉　出纳：　审核：　制单：方国华

付 款 凭 证

贷方科目　银行存款　　2012年02月20日　　银付字2号

摘要	借方总账科目	明细科目	√	金额											附单据1张
				亿	千	百	十	万	千	百	十	元	角	分	
支付契税	开发成本	土地价款				2	4	0	0	0	0	0	0	0	
合计					¥	2	4	0	0	0	0	0	0	0	

财务主管：　记账：刘亚珉　出纳：　审核：　制单：方国华

【业务2】 2011年8月至2012年5月，公司先后支付建筑公司建筑工程款三次，合计12 000万元，取得以下原始凭证。

建筑业统一发票（自开）

发 票 联　　发票代码：236040922212

开票日期：2011年08月05日　　发票号码：05900516

北京新华印刷厂2007年3月5日

机打代码 机打号码 机器号码	236040922212 05900235 AX-020-1024		税控码	（略）		
付款方名称	沈阳绿洲房地产开发股份公司	身份证号/组织机构代码/纳税人识别码		240103000055668	是否为总承包人	
收款方名称	沈阳市第二建筑工程公司	身份证号/组织机构代码/纳税人识别码		240103000023128	是否为分包人	
工程项目名称	工程项目编号	结算项目		金额（元）	完税凭证编号代扣代缴税款	
锦绣花园	028	建筑工程款		40 000 000.00		
合计金额（元）（大写）⊗肆仟万元整				（小写）¥40 000 000.00		
备注：	主管税务机关及代码		沈阳市地方税务局直属分局002301289			

开票人：袁圆　　开票单位(盖章)：沈阳市第二建筑工程公司 240103000023128 发票专用章

第二联　发票联　付款方记账凭证

注意：房地产开发成本的构成

房地产的开发成本包括：土地价款、前期准备费、主体建筑工程费、主体安装工程费、社区网管工程费、园林环境工程费、配套设施费、开发间接费用。

建筑业统一发票（自开）

发 票 联

发票代码：236040922212

开票日期：2012年01月08日

发票号码：05900516

北京新华印刷厂2007年3月5日

机打代码 机打号码 机器号码	236040922212 05900523 AX-020-1024		税控码	（略）		
付款方名称	沈阳绿州房地产开发股份公司	身份证号/组织机构代码/纳税人识别码		240103000055668	是否为总承包人	
收款方名称	沈阳市第二建筑工程公司	身份证号/组织机构代码/纳税人识别码		240103000023128	是否为分包人	
工程项目名称	工程项目编号	结算项目		金额（元）	完税凭证编号 代扣代缴税款	
锦绣花园	028	建筑工程款		40 000 000.00		
合计金额（元）（大写）⊗肆仟万元整				（小写）¥40 000 000.00		
备注：	主管税务机关及代码		沈阳市地方税务局直属分局 002301289			

第二联 发票联 付款方记账凭证

开票人：袁圆　　开票单位(盖章)：沈阳市第二建筑工程公司 240103000023128 发票专用章

建筑业统一发票（自开）

发 票 联

发票代码：236040922212

开票日期：2012年05月06日

发票号码：05900523

北京新华印刷厂2007年3月5日

机打代码 机打号码 机器号码	236040922212 05900523 AX-020-1024		税控码	（略）		
付款方名称	沈阳绿州房地产开发股份公司	身份证号/组织机构代码/纳税人识别码		240103000055668	是否为总承包人	
收款方名称	沈阳市第二建筑工程公司	身份证号/组织机构代码/纳税人识别码		240103000023128	是否为分包人	
工程项目名称	工程项目编号	结算项目		金额（元）	完税凭证编号 代扣代缴税款	
锦绣花园	028	建筑工程款		40 000 000.00		
合计金额（元）（大写）⊗肆仟万元整				（小写）¥40 000 000.00		
备注：	主管税务机关及代码		沈阳市地方税务局直属分局 002301289			

第二联 发票联 付款方记账凭证

开票人：袁圆　　开票单位(盖章)：沈阳市第二建筑工程公司 240103000023128 发票专用章

中国建设银行
转账支票存根
AX-1232360015

科　　目：
对方科目：
出票日期：2011年08月05日
收　款　人：第二建筑公司
金　　额：40 000 000.00
用　　途：建筑工程费

单位主管：　　会计：

中国建设银行　转账支票　(辽) 1232360015

出票日期(大写)贰零壹壹年零捌月零伍日　付款行名称：沈阳市支行庐花路分理处

收款人：沈阳市第二建筑工程公司　出票人账号：JH-0102-123455

本支票付款期限10天

人民币（大写）	⊗ 肆仟万元整	万	千	百	十	万	千	百	十	元	角	分
		¥	4	0	0	0	0	0	0	0	0	0

用途：建筑安装工程
上述款项请从
我账户内支付
出票人盖章

财务专用章

科目（借）
对方科目（贷）
出票日期2011年08月05日
复核　沈丹扬　　记账

03456　3456789　2121345677889　01

中国建设银行
转账支票存根
AX-1232360078

科　　目：
对方科目：
出票日期：2012年01月08日
收　款　人：第二建筑公司
金　　额：40 000 000.00
用　　途：建筑工程费

单位主管：　　会计：

中国建设银行　转账支票　(辽) 1232360078

出票日期（大写）贰零壹贰年零壹月零捌日　付款行名称：沈阳市支行庐花路分理处

收款人：沈阳市第二建筑工程公司　出票人账号：JH-0102-123455

本支票付款期限10天

人民币（大写）	⊗ 肆仟万元整	万	千	百	十	万	千	百	十	元	角	分
		¥	4	0	0	0	0	0	0	0	0	0

用途：建筑安装工程
上述款项请从
我账户内支付
出票人盖章

财务专用章

科目（借）
对方科目（贷）
出票日期2012年01月08日
复核　沈丹扬　　记账

03456　3456789　2121345677889　01

中国建设银行
转账支票存根
AX-1232360093

科　　目：
对方科目：
出票日期：2012年05月06日
收　款　人：第二建筑公司
金　　额：40 000 000.00
用　　途：建筑工程费

单位主管：　　会计：

中国建设银行　转账支票　(辽) 1232360093

出票日期（大写）贰零壹贰年零伍月零陆日　付款行名称：沈阳市支行庐花路分理处

收款人：沈阳市第二建筑工程公司　出票人账号：JH-0102-123455

本支票付款期限10天

人民币（大写）	⊗ 肆仟万元整	万	千	百	十	万	千	百	十	元	角	分
		¥	4	0	0	0	0	0	0	0	0	0

用途：建筑安装工程
上述款项请从
我账户内支付
出票人盖章

财务专用章

科目（借）
对方科目（贷）
出票日期2012年05月06日
复核　沈丹扬　　记账

03456　3456789　2121345677889　01

要求：根据上述原始凭证进行账务处理，填制相关记账凭证。

付款凭证

贷方科目 银行存款　　2011年08月05日　　银付字3号

摘要	借方总账科目	明细科目	√	亿	千	百	十	万	千	百	十	元	角	分
支付建筑工程款	开发成本	主体建筑工程费			4	0	0	0	0	0	0	0	0	0
合计				¥	4	0	0	0	0	0	0	0	0	0

附单据2张

财务主管：　记账：刘亚珉　出纳：　审核：　制单：方国华

付款凭证

贷方科目 银行存款　　2012年01月08日　　银付字4号

摘要	借方总账科目	明细科目	√	亿	千	百	十	万	千	百	十	元	角	分
支付建筑工程款	开发成本	主体建筑工程费			4	0	0	0	0	0	0	0	0	0
合计				¥	4	0	0	0	0	0	0	0	0	0

附单据2张

财务主管：　记账：刘亚珉　出纳：　审核：　制单：方国华

付款凭证

贷方科目 银行存款　　2012年05月06日　　银付字5号

摘要	借方总账科目	明细科目	√	亿	千	百	十	万	千	百	十	元	角	分
支付建筑工程款	开发成本	主体建筑工程费			4	0	0	0	0	0	0	0	0	0
合计				¥	4	0	0	0	0	0	0	0	0	0

附单据1张

财务主管：　记账：刘亚珉　出纳：　审核：　制单：方国华

【业务3】 从2011年2月受让土地开始至工程完工为止，公司为此项目支付规划、设计、水文、地质勘探等相关费用，取得以下原始凭证。

辽宁省政府非税收入统一票据

收 据 联　　No：00893403

填制日期：2011年02月09日　　执收款单位名称 沈阳市城市规划局

缴款人：沈阳绿州房地产开发股份公司　　执收款单位编号：000045689

南昌八一印刷厂(2005—6680)

项目编码	项目名称	单位	数量	收费标准	金额
028	项目规划设计费用	m^2	200 000	1.00元/m^2	200 000.00
028	水文地质勘察费用	m^2	200 000	1.20元/m^2	240 000.00
人民币（大写）⊗肆拾肆万元整				（小写）¥440 000.00	

第二联 交款单位记账

校验码：008955　　制单：李兰　　执收单位（盖章）沈阳市城市规划局 (02) 收费专用章

辽宁省政府非税收入统一票据

收 据 联　　No：00893632

填制日期：2012年02月07日　　执收款单位名称 沈阳市城市规划局

缴款人：沈阳绿州房地产开发股份公司　　执收款单位编号：000045688

南昌八一印刷厂(2005—6680)

项目编码	项目名称	单位	数量	收费标准	金额
028	建筑质量监督费	工程量	120 000 000	1%	1 200 000.00
028	水电增容费	m^2	200 000	8元/m^2	1 600 000.00
028	绿化工程费	m^2	200 000	2元/m^2	400 000.00
028	审图费				60 000.00
人民币（大写）⊗叁佰贰拾陆万元整				（小写）¥3 260 000.00	

第二联 交款单位记账

校验码：008012　　制单：鲁班　　执收单位（盖章）沈阳市城市规划局 (02) 收费专用章

辽宁省政府非税收入统一票据

收 据 联　　No：00893403

填制日期：2012年05月10日　　执收款单位名称 沈阳市城市规划局

缴款人：沈阳绿州房地产开发股份公司　　执收款单位编号：000045689

南昌八一印刷厂(2005—6680)

项目编码	项目名称	单位	数量	收费标准	金额
028	建筑垃圾处置费	吨	1 600	30.00元/吨	48 000.00
人民币（大写）⊗肆万捌仟元整				（小写）¥48 000.00	

第二联 交款单位记账

校验码：008955　　制单：袁孝　　执收单位（盖章）沈阳市城市规划局 (02) 收费专用章

辽宁省政府非税收入一般缴款书(收据) 1 (245)

行政区划码：240403
执收单位编码：000099468
执收单位名称：沈阳市人防办 2012年05月10日

No 08903589
缴款分离☑
集中汇缴☐

南昌八一印刷厂承印2006年5月10日（2000×5）

付款人		收款人	
全称	沈阳绿洲房地产开发股份公司	全称	沈阳市财政局非税收入结算账户
账号	JH-0102-123455	账号	5-45678801
开户银行	建行沈阳市支行庐花路分理处	开户银行	人民银行沈阳市支行

非税收入项目或执收编码			执收标准	金额
人防建设基金	单位	数量	5.00元/m²	1 000 000.00
	m²	200 000		

转账 ☑ 现金 ☐ 人民币（大写）壹佰万元整 （小写）￥1 000 000.00

备注

执（代）收单位（盖章）	经办人 李大为	说明：1. 用于集中汇缴时，此联由执收单位自存；2. 付款人可以登录非税收入门户网站凭校验码检验票据的真实性。

（印章：沈阳市人民防空办公室 (03) 收费专用章）

检验码 056688 以转账方式付款时，本缴款书付款期限为10天（节假日顺延），过期无效

执收单位给缴款人的收据

中国建设银行
转账支票存根
AX-1232360079

科目：	
对方科目：	
出票日期：	2011年02月09日
收款人：	城市规划局
金额：	440 000.00
用途：	规划设计费等

单位主管： 会计：

中国建设银行 转账支票 (辽) 1232360079

出票日期（大写）贰零壹壹年零贰月零玖日 付款行名称：沈阳市支行庐花路分理处
收款人：沈阳市城市规划局 出票人账号：JH-0102-123455

本支票付款期限10天

人民币（大写）	亿	千	百	十	万	千	百	十	元	角	分
⊗ 肆拾肆万元整			￥	4	4	0	0	0	0	0	0

用途：规划设计费、水文、地质勘查费
上述款项请从我账户内支付
出票人盖章

（印章：沈阳绿洲房地产开发股份公司 财务专用章）

科目（借）
对方科目（贷）
出票日期2011年02月09日
复核 沈开扬 记账

03456 3456789 2121345677889 01

注意：房地产开发费用的扣除方法

(1)房地产开发费用包括与房地产开发项目有关的销售费用、管理费用和财务费用，即公司的三项期间费用，不含开发项目的开发间接费用。

(2)利息支出能按房地产项目计算分摊，并能提供金融机构贷款证明的，可扣除费用为：

可扣除的开发费用＝利息＋(土地使用权支付款＋房地产开发成本)×5%以内

(3)利息支出不能按房地产项目分摊或不能提供金融机构贷款证明的，可扣除费用为：

可扣除的开发费用＝(土地使用权支付款＋房地产开发成本)×10%以内

(4)房地产开发费用计算公式中的“5%以内”、“10%以内”是规定标准幅度，具体比例由各省、自治区、直辖市人民政府确定。

中国建设银行
转账支票存根
AX-1232360112

科　　目：________
对方科目：________
出票日期：2012年02月07日
收 款 人：城市规划局
金　　额：3 260 000.00
用　　途：质监费、审图费等
单位主管：　　会计：

中国建设银行　转账支票　（辽）1232360112

出票日期（大写）贰零壹贰年零贰月零柒日　付款行名称：沈阳市支行庐花路分理处
收款人：沈阳市城市规划局　出票人账号：JH-0102-123455

本支票付款期限10天

人民币（大写）	亿	千	百	十	万	千	百	十	元	角	分
⊗叁佰贰拾陆万元整		¥	3	2	6	0	0	0	0	0	0

用途：质监费、审图费等地质勘察费
上述款项请从
我账户内支付
出票人签章　沈阳鑫兴房地产开发股份公司　财务专用章

科目（借）________
对方科目（贷）________
出票日期2012年02月07日
复核　沈开扬　　记账

03456　3456789　2121345677889　01

中国建设银行
转账支票存根
AX-1232360132

科　　目：________
对方科目：________
出票日期：2012年05月10日
收 款 人：城市规划局
金　　额：48 000.00
用　　途：垃圾处置费
单位主管：　　会计：

中国建设银行　转账支票　（辽）1232360132

出票日期(大写)贰零壹贰年零伍月壹拾日　付款行名称：沈阳市支行庐花路分理处
收款人：沈阳市城市规划局　出票人账号：JH-0102-123455

本支票付款期限10天

人民币（大写）	亿	千	百	十	万	千	百	十	元	角	分
⊗肆万捌仟元整				¥	4	8	0	0	0	0	0

用途：垃圾处置费
上述款项请从
我账户内支付
出票人盖章　沈阳鑫兴房地产开发股份公司　财务专用章

科目（借）________
对方科目（贷）________
出票日期2012年05月10日
复核　沈开扬　　记账

03456　3456789　2121345677889　01

中国建设银行
转账支票存根
AX-1232360133

科　　目：________
对方科目：________
出票日期：2012年05月10日
收 款 人：沈阳市人防办
金　　额：1 000 000.00
用　　途：人防建设基金
单位主管：　　会计：

中国建设银行　转账支票　（辽）1232360133

出票日期(大写)贰零壹贰年零伍月壹拾日　付款行名称：沈阳市支行庐花路分理处
收款人：沈阳市人防办　出票人账号：JH-0102-123455

本支票付款期限10天

人民币（大写）	亿	千	百	十	万	千	百	十	元	角	分
⊗壹佰万元整		¥	1	0	0	0	0	0	0	0	0

用途：垃圾处置费
上述款项请从
我账户内支付
出票人盖章　沈阳鑫兴房地产开发股份公司　财务专用章

科目（借）________
对方科目（贷）________
出票日期2012年05月10日
复核　沈开扬　　记账

03456　3456789　2121345677889　01

付 款 凭 证

贷方科目　银行存款　　2010年2月9日　　银付字6号

摘　要	借方总账科目	明细科目	√	金额										
				亿	千	百	十	万	千	百	十	元	角	分
支付规划设计费	开发成本	前期准备费					4	4	0	0	0	0	0	0
合　计						¥	4	4	0	0	0	0	0	0

附单据2张

财务主管：　记账：刘亚珉　出纳：　审核：　制单：方国华

注意：土地增值税应税处理应注意的问题

(1)取得土地使用权所支付的金额与房地产开发成本的划分：会计上核算房地产开发成本时包括取得土地使用权所支付的金额，但填制《土地增值税纳税申报表》时应将两者区分填列。

(2)项目间接费用与管理费用的划分：项目间接费用是指该项目的管理费用，计税时据实扣除；管理费用是指公司的管理费用，计税时，该费用与销售费用、财务费用一起按标准扣除，不得据实扣除。

(3)专业房地产开发企业的印花税列入管理费用，计税时，不得列入房地产转让税费用扣除。

付 款 凭 证

贷方科目　银行存款　　2012年02月07日　　银付字7号

摘　要	借方总账科目	明细科目	√	金额										
				亿	千	百	十	万	千	百	十	元	角	分
支付工程质监费等	管理费用	开发间接费用				1	2	0	0	0	0	0	0	0
		园林环境工程费					4	0	0	0	0	0	0	0
		前期准备费用				1	6	6	0	0	0	0	0	0
合　计					¥	3	2	6	0	0	0	0	0	0

附单据2张

财务主管：　记账：刘亚珉　出纳：　审核：　制单：方国华

付款凭证

贷方科目　银行存款　　　　2012年05月10日　　　　银付字8号

摘　要	借方总账科目	明细科目	√	金额										
				亿	千	百	十	万	千	百	十	元	角	分
支付建筑垃圾处置费	管理费用	开发间接费用						4	8	0	0	0	0	0
合　计							¥	4	8	0	0	0	0	0

附单据2张

财务主管：　　记账：刘亚珉　　出纳：　　审核：　　制单：方国华

付款凭证

贷方科目　银行存款　　　　2012年05月10日　　　　银付字9号

摘　要	借方总账科目	明细科目	√	金额										
				亿	千	百	十	万	千	百	十	元	角	分
支付人防建设基金	开发成本	前期准备费用				1	0	0	0	0	0	0	0	0
合　计					¥	1	0	0	0	0	0	0	0	0

附单据2张

财务主管：　　记账：刘亚珉　　出纳：　　审核：　　制单：方国华

【业务4】 锦绣花园住宅区项目商品房于2012年11月开始销售，并于当月全部销售完毕，实现销售额60 000万元，所收款项全部存入银行(售房原始凭证略)。月末公司按照实现的销售额计提应纳营业税、城建税和教育费附加，并计提本项目应交的印花税。12月6日，按所计提的应纳税额，如数缴纳了营业税、城建税、教育费附加和印花税，取得以下原始凭证。

注意：印花税及加计扣除的应税处理

(1)计征土地增值税时，房地产开发企业的房地产转让印花税在管理费用中列支，不得在房地产转让税费中扣除。

(2)计征土地增值税时，加计扣除仅适用于专业房地产开发企业，不适用于非专业房地产开发企业。

电子缴库专用缴款书

填开日期：2012年11月30日　　2011 辽地税电库：0012345611

☑已申报 申报序号：20120705001234　　☐未申报

纳税人计算机代码	00128936	征收机关代码	002301289
纳税人名称	沈阳绿州房地产开发股份公司	征收机关名称	沈阳市国家税务局直属分局
付款人名称	沈阳绿州房地产开发股份公司	收款国库名称	中华人民共和国国家金库新城区国库
付款人开户银行名称	建行沈阳市支行庐花路分理处	国库清算行号	JH–0213
付款人账号	JH–0102–123456	金额合计	33 300 000.00
纳税项目代码	课税数量	计税金额	实缴税额
101030400一般营业税		600 000 000.00	30 000 000.00
101090300股份制企业城市维护建设税		30 000 000.00	2 100 000.00
103012700地方教育费附加收入		30 000 000.00	900 000.00
101111900其他印花税		600 000 000.00	300 000.00
付款人（盖章） 经办人（签章）	税务机关（盖章）	银行（盖章） 记账员（签章）	备注

建设银行电子缴税付款凭证

转账日期：2012年12月06日　　凭证字号：20121105023

付款人全称	沈阳绿州房地产开发公司	征收机关名称	沈阳市沈河区地方税务局
付款人账号	JH–0102–123456	收款国库名称	沈阳市沈河区国库
付款人开户银行	建行沈阳市支行庐花路分理处	小写（合计）金额	￥33 300 000.00
缴款书交易流水号	201211300032145	大写（合计）金额	叁仟叁佰叁拾万元整

税（费）名称	所属日期	实缴金额
101030400一般营业税	2012年11月01日~2012年11月30日	30 000 000.00
101090300股份制企业城市维护建设税	2012年11月01日~2012年11月30日	2 100 000.00
103012700地方教育费附加收入	2012年11月01日~2012年11月30日	900 000.00
101111900其他印花税	2012年11月01日~2012年11月30日	300 000.00

第1次打印　作付款回单　无银行收讫章无效　记账：汤水　复核：王兴　打印时间：2012年12月6日

要求：根据上述原始凭证进行账务处理，填制相关记账凭证。

转 账 凭 证

2012年11月30日　　　　转字1号

摘　要	总账科目	明细科目	√	借方金额											√	贷方金额											
				亿	千	百	十	万	千	百	十	元	角	分		亿	千	百	十	万	千	百	十	元	角	分	
计提营业税费	营业税金及附加				3	3	0	0	0	0	0	0	0	0													附单据
	应交税费	应交营业税															3	0	0	0	0	0	0	0	0	0	
		应交城建税																2	1	0	0	0	0	0	0	0	
		应交教育费附加																	9	0	0	0	0	0	0	0	张
合　计				¥	3	3	0	0	0	0	0	0	0	0		¥	3	3	0	0	0	0	0	0	0	0	

财务主管：　　记账：刘亚珉　　出纳：　　审核：　　制单：方国华

转 账 凭 证

2012年11月30日　　　　转字2号

摘　要	总账科目	明细科目	√	借方金额									√	贷方金额									
				百	十	万	千	百	十	元	角	分		百	十	万	千	百	十	元	角	分	
计提印花税	管理费用				3	0	0	0	0	0	0	0											附
	应交税费	应交印花税													3	0	0	0	0	0	0	0	单
																							据
																							张
合　计				¥	3	0	0	0	0	0	0	0		¥	3	0	0	0	0	0	0	0	

财务主管：　　记账：刘亚珉　　出纳：　　审核：　　制单：方国华

付 款 凭 证

贷方科目　银行存款　　　　2012年12月06日　　　　银付字10号

摘　要	借方总账科目	明细科目	√	金　额											
				亿	千	百	十	万	千	百	十	元	角	分	
缴纳营业税费	应交税费	应交营业税			3	0	0	0	0	0	0	0	0	0	附
		应交城建税				2	1	0	0	0	0	0	0	0	单
		应交教育费附加					9	0	0	0	0	0	0	0	据
		应交印花税					3	0	0	0	0	0	0	0	2
															张
合　计				¥	3	3	3	0	0	0	0	0	0	0	

财务主管：　　记账：刘亚珉　　出纳：　　审核：　　制单：方国华

【业务5】 公司从2011年2月到2012年12月共分摊给锦绣花园项目管理费用400万元、销售费用600万元、财务费用200万元(不含利息，利息不能按开发项目分摊)，结合该项目的开发成本、销售收入等情况计算锦绣花园项目应纳土地增值税额，如下表所示。当地政府规定开发费用扣除比例为4%、8%。

锦绣花园项目土地增值税计算表

单位：元

项目名称	明细项目	项目计算	备注
一、销售收入		600 000 000.00	
二、扣除项目	土地支付	62 460 000.00	
	开发成本	124 748 000.00	
	开发费用	(62 460 000.00 + 124 748 000.00) × 8% = 14 976 640.00	
	转让税费	30 000 000.00 + 2 100 000.00 + 900 000.00 = 33 000 000.00	
	加计扣除	(62 460 000.00 + 124 748 000.00) × 20% = 37 441 600.00	
	小　计	272 626 240.00	
三、增值额		600 000 000.00 − 272 626 240.00 = 327 373 760.00	
四、增值率		327 373 760.00 ÷ 272 626 240.00 × 100% = 120.08%	
五、适用税率		适用税率50%，速算扣除系数15%	
六、应纳税额		327 373 760.00 × 50% − 272 626 240.00 × 15% = 122 792 944.00	

要求：根据上述原始凭证进行账务处理，填制相关记账凭证。

转 账 凭 证

2012年11月30日　　　　转字3号

摘　要	总账科目	明细科目	√	借方金额												√	贷方金额										
				十	亿	千	百	十	万	千	百	十	元	角	分		十	亿	千	百	十	万	千	百	十	元	角
计提土地	营业税金及附加				1	2	2	7	9	2	9	4	4	0	0												
增值税	应交税费	应交土地增值税															1	2	2	7	9	2	9	4	4	0	0
合　计				¥	1	2	2	7	9	2	9	4	4	0	0	¥	1	2	2	7	9	2	9	4	4	0	0

附单据　张

财务主管：　　记账：高浩　　出纳：　　审核：　　制单：李大国

第三节　登记物业税涉税账户

一、登记房产税、城镇土地使用税涉税账户

以沈阳黎明机械设备制造厂2012年第四季度房地产相关业务资料为基础，登记房产税及城镇土地使用税涉税账户。假定该公司2012年第1~3季度已缴纳房产税230万元，已缴纳城镇土地使用税64万元。

应交税费——应交房产税　明细账

总第　页
分第　页

2012年 月	日	记账凭证号数	摘要	对方科目	借方金额	贷方金额	借或贷	余额
			上月结转					0.00
12	31	转5	计提四季度房产税	管理费用		839 000.00		
			本月合计			839 000.00	贷	839 000.00
			本年累计		3 139 000.00	3 139 000.00	贷	839 000.00

应交税费——应交城镇土地使用税　明细账

总第　页
分第　页

2012年 月	日	记账凭证号数	摘要	对方科目	借方金额	贷方金额	借或贷	余额
			上月结转					0.00
12	31	转6	计提四季度城镇土地使用税	管理费用		131 000.00		
			本月合计			131 000.00	贷	131 000.00
			本年累计		771 000.00	771 000.00	贷	131 000.00

二、登记土地增值税涉税账户

根据沈阳绿州房地产开发股份公司锦绣花园住宅区项目土地增值税的应税账务处理情况，登记城镇土地使用税涉税账户。假定该公司2012年没有其他项目的土地增值税。

应交税费——应交土地增值税　明细账

总第　页
分第　页

2012年 月	日	记账凭证号数	摘要	对方科目	借方金额	贷方金额	借或贷	余额
			上月结转					0.00
12	31	转6	计提锦绣项目土地增值税	营业税金及附加		122 792 944.00		
			本月合计			122 792 944.00	贷	122 792 944.00
			本年累计			122 792 944.00	贷	122 792 944.00

第四节 物业税纳税申报

一、填报房产税、城镇土地使用税纳税申报资料

根据沈阳黎明机械设备制造厂2012年第四季度房地产应税资料，填制“电子缴库专用缴款书”向开户银行缴纳税款，并取得了开户银行开出的电子缴税付款凭证，同时填报房产税及城镇土地使用税纳税申报表向主管税务机关报税。

电子缴库专用缴款书

填开日期：2013年01月06日　　2010 辽地税电库：0012345611

☑已申报 申报序号：20120705001234　　□未申报

纳税人计算机代码	00231568	征收机关代码	000220216
纳税人名称	沈阳黎明机械设备制造厂	征收机关名称	沈阳市沈河区地方税务局
付款人名称	沈阳黎明机械设备制造厂	收款国库名称	沈阳市沈河区国库
付款人开户银行名称	工行沈阳市支行沿河路分理处	国库清算行号	GH-0124
付款人账号	GH-0124-002346	金额合计	970 000.00
纳税项目	课税数量	计税金额	实缴税额
101100100 国有企业房产税		162 166 667.00	839 000.00
101120100 国有企业城镇土地使用税			131 000.00
付款人（盖章） 经办人（签章）	税务机关（盖章）	银行（盖章） 记账员（签章）	备注

中国工商银行电子缴税付款凭证

转账日期：2013年01月06日　　凭证字号：20121105023

付款人全称	沈阳黎明机械设备制造厂	征收机关名称	沈阳市沈河区地方税务局
付款人账号	GH-0124-002346	收款国库名称	沈阳市沈河区国库
付款人开户银行	工行沈阳市支行沿河路分理处	小写（合计）金额	¥970 000.00
缴款书交易流水号	201301060032111	大写（合计）金额	玖拾柒万元整

税（费）名称	所属日期	实缴金额
房产税	2012年10月01日~2012年12月31日	839 000.00
城镇土地使用税	2012年10月01日~2012年12月31日	131 000.00

第1次打印　作付款回单　无银行收讫章无效　记账：汤水　复核：王兴　打印时间：2013年1月6日

房产税纳税申报表

填表日期：2013 年 01 月 06 日

纳税人识别码：2 4 0 1 0 3 0 0 0 0 1 2 3 4 5

金额单位：元(列至角分)

纳税人名称	沈阳黎明机械设备制造厂	税款所属日期	2012 年 10 月 1 日至 2012 年 12 月 31 日		
坐落地点	沈阳市沈河区沿岸路 118 号	建筑面积(m^2)	39 000	房产结构	砖混

房屋名称	上期申报房产原值	本期增减	本期实际房产原值	其中			扣除率	计税依据		适用税率		全年应纳税额	全年缴纳次数	本期		
				从价计征房产原值	从租计征房产原值	免税房产原值		房产余值	租金收入	1.2%	12%			应纳税额	已纳税额	应补(退)税额
办公楼	60 000 000		31 800 000	31 800 000	0	0	30%	45 166 667		1.2%		542 000	4	164 000	0	164 000
一车间	28 000 000		28 000 000	28 000 000	0	0	30%	19 600 000		1.2%		235 200	4	58 800	0	58 800
二车间	32 000 000		32 000 000	32 000 000	0	0	30%	22 400 000		1.2%		268 800	4	67 200	0	67 200
综合楼	36 000 000		36 000 000	36 000 000	0	0	30%	25 200 000		1.2%		302 400	4	75 600	0	75 600
1 号仓库	26 000 000		26 000 000	26 000 000	0	0	30%	18 200 000		1.2%		218 400	4	54 600	0	54 600
2 号仓库	28 000 000		28 000 000	28 000 000	0	0	30%	19 600 000		1.2%		235 200	4	58 800	0	58 800
商务楼	100 000 000		100 000 000	0	100 000 000	0			12 000 000		12%	1 440 000	4	360 000	0	360 000
合计	310 000 000		313 600 000	213 600 000	100 000 000			162 166 667	12 000 000			3 242 000		839 000		839 000

如纳税人填报，由纳税人填写以下各栏		如委托代理人填报，由代理人填写以下各栏		备注
会计主管 王小利	纳税人公章	代理人名称	代理人(公章)	商务楼年租金 1 200 万元，2007 年 5 月初完工，5 月底开始出租。
		代理人地址		
		经办人		

以下由税务机关填写			
收到申报日期	2013 年 01 月 06 日	接收人	钟灵丽

城镇土地使用税纳税申报表

填表日期：2013 年 01 月 06 日

纳税人识别码：2 4 0 1 0 3 0 0 0 0 1 2 3 4 5

金额单位：元(列至角分)

纳税人名称	沈阳黎明机械设备制造厂		税款所属日期	2012 年 10 月 1 日至 2012 年 12 月 31 日	
坐落地点	沈阳市沈河区沿河路 118 号	联系电话	024 - 88236655	开户银行及账号	中国工商银行沈阳市支行沿河路分理处账号：GH - 0121 - 002346

用地项目	坐落地点	上期实际占地面积	本期增减	本期实际占地面积	法定免税面积	应税面积	土地等级			适用税率			全年应纳税额	全年缴纳次数	本期		
							Ⅰ	Ⅱ	Ⅲ	Ⅰ	Ⅱ	Ⅲ			应纳税额	已纳税额	应补(退)税额
办公楼用地	沈河区沿河路 48 号	4 000	0	4 000	0	4 000		2			5		20 000.00	4	5 000.00	0	5 000.00
综合楼用地	沈河区沿河路 43 号	4 000	0	4 000	0	4 000		2			5		20 000.00	4	5 000.00	0	5 000.00
商务楼用地	沈河区顺利大道 75 号	4 000	0	4 000	0	4 000	1			6			24 000.00	4	6 000.00	0	6 000.00
车间用地	沈河区沿河路 43 号	40 000	0	40 000	0	40 000		2			5		200 000.00	4	50 000.00	0	50 000.00
仓库用地	沈河区沿河路 43 号	4 000	0	4 000	0	4 000		2			5		20 000.00	4	5 000.00	0	5 000.00
绿化用地	沈河区沿河路 43 号	20 000	0	20 000	0	20 000		2			5		100 000.00	4	25 000.00	0	25 000.00
道路用地	沈河区沿河路 43 号	12 000	0	12 000	0	12 000		2			5		60 000.00	4	15 000.00	0	15 000.00
代建用地	沈河区新兴路 31 号	20 000	0	20 000	0	20 000			3			4	80 000.00	4	20 000.00	0	20 000.00
合计		108 000	0	108 000	0	108 000							524 000.00		131 000.00		131 000.00

如纳税人填报，由纳税人填写以下各栏		如委托代理人填报，由代理人填写以下各栏		备注
会计主管 王小丽	纳税人公章	代理人名称	代理人(公章)	
		代理人地址		
		经办人		

以下由税务机关填写

收到申报日期	2013 年 01 月 06 日	接收人	钟灵丽

（印章：沈阳黎明机械设备制造厂）

二、填报土地增值税纳税申报资料

根据沈阳绿洲房地产开发股份公司锦绣花园住宅区项目土地增值税应税资料，填制“电子缴库专用缴款书”向开户银行缴纳税款，并取得了开户银行开出的电子缴税付款凭证，同时填报《土地增值税纳税申报表》向主管税务机关报税。

电子缴库专用缴款书

填开日期：2013年01月06日　　　　2010辽地税电库：0012341211

☑已申报　申报序号：201301060001004　　　　☐未申报

纳税人计算机代码	00128936	征收机关代码	002301289
纳税人名称	沈阳绿洲房地产开发股份公司	征收机关名称	沈阳市地方税务局直属分局
付款人名称	沈阳绿洲房地产开发股份公司	收款国库名称	中华人民共和国国家金库沈阳市中心支库
付款人开户银行名称	建行沈阳市支行庐花路分理处	国库清算行号	JH-0102
付款人账号	JH-0102-123456	金额合计	122 792 944.00
纳税项目代码	课税数量	计税金额	实缴税额
101130300股份制企业土地增值税		327 373 760.00	122 792 944.00
付款人（盖章） 经办人（签章）	税务机关（盖章）	银行（盖章） 记账员（签章）	备注

建设银行电子缴税付款凭证

转账日期：2013年01月06日　　　　凭证字号：20121105023

付款人全称	沈阳绿洲房地产开发股份公司	征收机关名称	沈阳市地方税务局直属分局
付款人账号	GH-0124-123456	收款国库名称	中华人民共和国国家金库沈阳市中心支库
付款人开户银行	建行沈阳市支行庐花路分理处	小写（合计）金额	￥122 792 944.00
缴款书交易流水号	201301060032541	大写（合计）金额	壹亿贰仟贰佰柒拾玖万贰仟玖佰肆拾肆元整

税（费）名称	所属日期	实缴金额
土地增值税	2011年02月01日~2012年12月31日	122 792 944.00

第1次打印　作付款回单　无银行收讫章无效　记账：汤水　复核：王兴　打印时间：2013年01月06日

城镇土地增值税纳税申报表

（从事房地产开发的纳税人适用）

税款所属日期：2011 年 02 月 01 日至 2012 年 12 月 31 日　　填报日期：2013 年 01 月 06 日

税务识别码：240103000055668　　计算机管理代码：00128936　　金额单位：元（列至角分）

<table>
<tr><td colspan="2">纳税人名称</td><td>沈阳绿州房地产开发股份有限公司</td><td>纳税人地址</td><td>沈阳市新城区庐花路 18 号</td><td>联系人电话</td><td>024 - 88558866</td></tr>
<tr><td colspan="2">经济类型</td><td>股份公司</td><td>行业</td><td>房地产</td><td>直接主管部门</td><td></td></tr>
<tr><td colspan="2">开户银行</td><td>建设银行沈阳市支行庐花路分理处</td><td>账号</td><td>JH - 0102 - 123456</td><td>邮政编码</td><td>110042</td></tr>
<tr><td colspan="2">项目名称</td><td></td><td colspan="2">项目详细坐落地址</td><td colspan="2"></td></tr>
<tr><td colspan="3">项目</td><td>行次</td><td>纳税人申报金额</td><td colspan="2" rowspan="16">携带资料：
1. 当期财务会计报表（损益表、主要开发产品“工程”销售明细表、在建开发项目成本表、已完工开发项目成本表）、装修标准等资料。
2. 银行贷款利息结算通知单。
3. 转让房地产有关资料（商品房购销合同副本、项目工程合同结算单等）。
4. 其他税务机关要求报送的资料。</td></tr>
<tr><td colspan="3">一、转让房地产收入总额</td><td>1</td><td>600 000 000.00</td></tr>
<tr><td rowspan="2">其中</td><td colspan="2">土地转让收入</td><td>2</td><td></td></tr>
<tr><td colspan="2">转让地上建筑物及其附着物收入</td><td>3</td><td></td></tr>
<tr><td colspan="3">二、扣除项目金额合计</td><td>4</td><td>272 626 240.00</td></tr>
<tr><td colspan="3">1. 取得土地使用权所支付的金额</td><td>5</td><td>62 460 000.00</td></tr>
<tr><td colspan="3">2. 房地产开发成本</td><td>6</td><td>124 748 000.00</td></tr>
<tr><td rowspan="6">其中</td><td colspan="2">土地征用及拆迁费用</td><td>7</td><td></td></tr>
<tr><td colspan="2">前期工程费</td><td>8</td><td>3 100 000.00</td></tr>
<tr><td colspan="2">建筑安装工程费</td><td>9</td><td>120 000 000.00</td></tr>
<tr><td colspan="2">基础设施费用</td><td>10</td><td>400 000.00</td></tr>
<tr><td colspan="2">公共配套设施费</td><td>11</td><td></td></tr>
<tr><td colspan="2">开发间接费用</td><td>12</td><td>1 248 000.00</td></tr>
<tr><td colspan="3">3. 房地产开发费用</td><td>13</td><td>14 976 640.00</td></tr>
<tr><td rowspan="2">其中</td><td colspan="2">利息支出</td><td>14</td><td></td></tr>
<tr><td colspan="2">其他房地产开发费用</td><td>15</td><td></td></tr>
</table>

续上表

<table>
<tr><td colspan="2">4. 与转让房地产有关的税金</td><td>16</td><td>33 000 000.00</td><td rowspan="16">备注：由纳税人填写本表未尽事宜。</td></tr>
<tr><td rowspan="3">其中</td><td>营业税</td><td>17</td><td>30 000 000.00</td></tr>
<tr><td>城市建设维护税</td><td>18</td><td>2 100 000.00</td></tr>
<tr><td>教育费附加</td><td>19</td><td>900 000.00</td></tr>
<tr><td colspan="2">5. 财政部规定的加计 20% 的扣除数</td><td>20</td><td>37 441 600.00</td></tr>
<tr><td colspan="2">三、增值额</td><td>21</td><td>327 373 760.00</td></tr>
<tr><td colspan="2">四、增值额与扣除项目金额之比</td><td>22</td><td>120.08%</td></tr>
<tr><td colspan="2">五、适用税率(%)</td><td>23</td><td>50%</td></tr>
<tr><td colspan="2">六、速算扣除系数</td><td>24</td><td>15%</td></tr>
<tr><td colspan="2">七、预收房地产价款</td><td>25</td><td>0.00</td></tr>
<tr><td colspan="2">八、预征比例(%)</td><td>26</td><td>0.00</td></tr>
<tr><td colspan="2">九、应缴(或预缴)土地增值税税额</td><td>27</td><td>122 792 944.00</td></tr>
<tr><td colspan="2">十、已缴土地增值税税额</td><td>28</td><td>0.00</td></tr>
<tr><td colspan="2">十一、本期实际缴纳土地增值税金额</td><td>29</td><td>122 792 944.00</td></tr>
<tr><td colspan="2">十二、应补(退)土地增值税税额</td><td>30</td><td>122 792 944.00</td></tr>
<tr><td colspan="2">十三、项目竣工清算应补(退)土地增值税额</td><td>31</td><td>122 792 944.00</td></tr>
</table>

<table>
<tr><td colspan="3">如纳税人填报，由纳税人填写以下各栏</td><td colspan="3">如委托代理人填报，由代理人填写以下各栏</td></tr>
<tr><td rowspan="2">会计主管　李想</td><td rowspan="2">经办人(签章)</td><td rowspan="2">纳税人(签章)</td><td>代理人名称
代理人地址</td><td colspan="2">代理人(公章)</td></tr>
<tr><td>经办人</td><td>电话</td><td></td></tr>
<tr><td colspan="6">以下由税务机关填写</td></tr>
<tr><td colspan="6">税务机关审核意见：</td></tr>
<tr><td>收到申报表日期</td><td>2013-01-06</td><td>接收人</td><td>王点</td><td colspan="2">审核人(签章)</td></tr>
</table>

实训八　印花税及车船税纳税处理实训

【实训目的】 通过实训使学生全面系统地学习印花税及车船税的会计核算和纳税申报技能，为学生从事企业相关办税工作做好充分的知识与技能准备。

【实训要求】 要求学生掌握印花税及车船税纳税资料的填报、电子缴库专用缴款书的填制及如何通过网银缴税专用账户缴纳税款。

第一节　印花税及车船税概述

一、印花税概述

（一）印花税的概念

印花税是以经济活动和经济交往中，书立、领受应税凭证的行为为征税对象征收的一种税。印花税因其采用在应税凭证上粘贴印花税票的方法缴纳税款而得名。

（二）印花税的特点

1. 征税范围广

印花税的征税对象是经济活动和经济交往中书立、领受应税凭证的行为，其征税范围十分广泛，主要表现在两个方面：一是涉及的应税行为广泛，包括书立和领受应税凭证的行为，这些行为在经济生活中是经常发生的；二是涉及的应税凭证范围广泛，包括各类经济合同、营业账簿、权利许可证照等，这些凭证在经济生活中被广泛地使用着。

2. 税负从轻

印花税税负较轻，主要表现在其税率或税额明显低于其他税种，最低比例为应税凭证所载金额的万分之零点五，一般都为万分之几或千分之几；定额税率是每件应税凭证 5 元。

3. 自行贴花纳税

印花税的纳税方法完全不同于其他税种，它采取纳税人自行计算应纳税额、自行购买印花税票、自行贴花、自行在每枚税票的骑缝处盖戳注销或画销的纳税方法。

4. 多缴不退不抵

印花税条例规定，凡多贴印花税票者，不得申请退税或者抵用。这与其他税种多缴税款可以申请退税或抵缴的规定也不相同。

（三）印花税的税率

印花税的税率设计，遵循税负从轻、共同负担的原则。所以，税率比较低；凭证的当事人，即对凭证有直接权利与义务关系的单位和个人均应就其所持凭证依法纳税。印花税的税率有两种形式，比例税率和定额税率。

1. 比例税率

在印花税的13个税目中，各类合同以及具有合同性质的凭证(含以电子形式签订的各类应税凭证)、产权转移书据、营业账簿中记载资金的账簿，适用比例税率。印花税的比例税率分为4个档次，分别是0.05‰(借款合同)、0.3‰(购销合同、建筑安装工程承包合同、技术合同)、0.5‰(加工承揽合同、建筑工程勘察设计合同、货物运输合同、产权转移书据、营业账簿)、1‰(财产租赁合同、仓储保管合同、财产保险合同、股权转让书据包括A股和B股)。

2. 定额税率

在印花税的13个税目中，"权利、许可证照"和"营业账簿"税目中的其他账簿，适用定额税率，均为按件贴花，税额为5元。

二、车船税概述

(一)车船税的概念

车船税是指在中华人民共和国境内的车辆、船舶的所有人或者管理人按照《中华人民共和国车船税暂行条例》应缴纳的一种税。

(二)车船税的税率

车船税实行定额税率。定额税率，也称固定税额，是税率的一种特殊形式。定额税率计算简便，适宜于从量计征的税种。车船税的适用税额，依照《车船税税目税额表》执行。

车船税确定税额总的原则是：非机动车船的税负轻于机动车船，人力车的税负轻于畜力车，小吨位船舶的税负轻于大船舶。由于车辆与船舶的行驶情况不同，车船税的税额也有所不同。

第二节　印花税及车船税涉税账务处理

北京宏泰化工股份有限公司，于2010年2月10日经北京市化工产业园工商管理部门注册登记成立，同年3月5日向主管税务机关办理开业税务登记，经主管税务机关核定，印花税按月申报缴纳，车船税按年申报缴纳。

一、企业基本资料

(1)组织机构代码：000088699；纳税人识别码：010201000088699；计算机管理代码：00234321；电子邮箱：bjht2001@163.com。法定代表人：江涛；财务负责人：高莹；办税员：王丽；记账员：徐明达；出纳员：刘玲。

(2)生产经营地址：北京市化工产业园区新世纪大道165号，电话：010－28866992，开户银行：中国工商银行北京市支行新世纪大道分理处，结算账户：GH－0101－668585，网银缴税专用账户：GH－0101－665958。

(3)国税主管税务机关：北京市化工产业园国家税务局，办税服务厅经办人：邓明礼，电话：010－22349965；地税主管税务机关：北京市化工产业园地方税务局，组织机构代码：002346165，办税服务厅经办人：梁宏飞，电话：010－28866991。

二、涉税业务资料

北京宏泰化工股份有限公司主要从事化工原料及其产品的研发、生产和销售，现以该公司2012年12月的印花税涉税业务及2012年度各种车船资料为依据，进行印花税及车船税的涉税账务处理。

(一)印花税涉税业务

【业务1】 根据公司董事会决议，增加注册资本30%，由原股东按其控股比例出资(控股比例不到1%的，免予出资)。至12月5日，所有股东出资额全部到位。取得如下原始凭证。

中国工商银行 进账单（回单或收账通知）

交款日期2012年12月01日 第0201号

付款人	全称	江涛	收款人	全称	北京宏泰化工股份有限公司
	账号	GH-0101-384765		账号	GH-0101-668585
	开户银行	工行北京市支行景山路分理处		开户银行	工行北京市支行新世纪大道分理处

人民币（大写）	⊗肆佰万元整
票据种类	转账支票
票据张数	1张
单位主管 会计 陈汝珑 复核 记账 陆智初	收款人开户银行签章（工行北京市支行新世纪大道分理处 2012.12.01 转账 转讫）

亿	千	百	十	万	千	百	十	元	角	分
	¥	4	0	0	0	0	0	0	0	0

此联是收款人开户银行交给收款人的回单或收账通知

中国工商银行 进账单（回单或收账通知）

交款日期2012年12月04日 第0516号

付款人	全称	北京晟鹏化工股份有限公司	收款人	全称	北京宏泰化工股份有限公司
	账号	GH-0101-389452		账号	GH-0101-668585
	开户银行	工行北京市支行景山路分理处		开户银行	工行北京市支行新世纪大道分理处

人民币（大写）	⊗肆仟万元整
票据种类	转账支票
票据张数	1张
单位主管 会计 陈汝珑 复核 记账 陆智初	收款人开户银行签章（工行北京市支行新世纪大道分理处 2012.12.04 转账 转讫）

亿	千	百	十	万	千	百	十	元	角	分
¥	4	0	0	0	0	0	0	0	0	0

此联是收款人开户银行交给收款人的回单或收账通知

中国工商银行　进账单（回单或收账通知）

交款日期2012年12月05日　　第0234号

<table>
<tr><td rowspan="3">付款人</td><td>全　称</td><td>北京荣昌化工股份有限公司</td><td rowspan="3">收款人</td><td>全　称</td><td colspan="11">北京宏泰化工股份有限公司</td></tr>
<tr><td>账　号</td><td>GH-0101-073425</td><td>账　号</td><td colspan="11">GH-0101-668585</td></tr>
<tr><td>开户银行</td><td>工行北京市支行朝阳路分理处</td><td>开户银行</td><td colspan="11">工行北京市支行新世纪大道分理处</td></tr>
<tr><td colspan="2" rowspan="2">人民币（大写）</td><td colspan="3" rowspan="2">⊗叁仟万元整</td><td>亿</td><td>千</td><td>百</td><td>十</td><td>万</td><td>千</td><td>百</td><td>十</td><td>元</td><td>角</td><td>分</td></tr>
<tr><td>¥</td><td>3</td><td>0</td><td>0</td><td>0</td><td>0</td><td>0</td><td>0</td><td>0</td><td>0</td><td>0</td></tr>
<tr><td colspan="2">票据种类</td><td colspan="3">转账支票</td><td colspan="11" rowspan="3">工行北京市支行新世纪大道分理处
2012.12.05
转账
转讫
收款人开户银行签章</td></tr>
<tr><td colspan="2">票据张数</td><td colspan="3">1张</td></tr>
<tr><td colspan="5">单位
主管　会计 陈汝琥　复核　记账 陆智初</td></tr>
</table>

此联是收款人开户银行交给收款人的回单或收账通知

中国工商银行　进账单（回单或收账通知）

交款日期2012年12月05日　　第0166号

<table>
<tr><td rowspan="3">付款人</td><td>全　称</td><td>南京西蒙化工股份有限公司</td><td rowspan="3">收款人</td><td>全　称</td><td colspan="11">北京宏泰化工股份有限公司</td></tr>
<tr><td>账　号</td><td>GH-01502-002345</td><td>账　号</td><td colspan="11">GH-0101-668585</td></tr>
<tr><td>开户银行</td><td>工行南京市支行双环路分理处</td><td>开户银行</td><td colspan="11">工行北京市支行新世纪大道分理处</td></tr>
<tr><td colspan="2" rowspan="2">人民币（大写）</td><td colspan="3" rowspan="2">⊗贰仟陆佰万元整</td><td>亿</td><td>千</td><td>百</td><td>十</td><td>万</td><td>千</td><td>百</td><td>十</td><td>元</td><td>角</td><td>分</td></tr>
<tr><td>¥</td><td>2</td><td>6</td><td>0</td><td>0</td><td>0</td><td>0</td><td>0</td><td>0</td><td>0</td><td>0</td></tr>
<tr><td colspan="2">票据种类</td><td colspan="3">转账支票</td><td colspan="11" rowspan="3">工行北京市支行新世纪大道分理处
2012.12.05
转账
转讫
收款人开户银行签章</td></tr>
<tr><td colspan="2">票据张数</td><td colspan="3">1张</td></tr>
<tr><td colspan="5">单位
主管　会计 陈汝琥　复核　记账 陆智初</td></tr>
</table>

此联是收款人开户银行交给收款人的回单或收账通知

要求：按照上述原始凭证进行账务处理，填制相关记账凭证。

收款凭证

借方科目 银行存款　　2012年12月01日　　银收字1号

<table>
<tr><td rowspan="2">摘　要</td><td rowspan="2">贷方总账科目</td><td rowspan="2">明细科目</td><td rowspan="2">√</td><td colspan="11">金　额</td></tr>
<tr><td>亿</td><td>千</td><td>百</td><td>十</td><td>万</td><td>千</td><td>百</td><td>十</td><td>元</td><td>角</td><td>分</td></tr>
<tr><td>收到股东江涛增资款</td><td>实收资本</td><td></td><td></td><td></td><td></td><td>4</td><td>0</td><td>0</td><td>0</td><td>0</td><td>0</td><td>0</td><td>0</td><td>0</td></tr>
<tr><td></td><td></td><td></td><td></td><td></td><td></td><td></td><td></td><td></td><td></td><td></td><td></td><td></td><td></td><td></td></tr>
<tr><td></td><td></td><td></td><td></td><td></td><td></td><td></td><td></td><td></td><td></td><td></td><td></td><td></td><td></td><td></td></tr>
<tr><td>合　计</td><td></td><td></td><td></td><td></td><td>¥</td><td>4</td><td>0</td><td>0</td><td>0</td><td>0</td><td>0</td><td>0</td><td>0</td><td>0</td></tr>
</table>

附单据1张

财务主管：　记账：徐明达　出纳：　审核：　制单：刘玲

收款凭证

借方科目　银行存款　　　　2012年12月04日　　　　银收字2号

摘要	贷方总账科目	明细科目	√	金额											
				亿	千	百	十	万	千	百	十	元	角	分	
收到股东晨鹏化工增资款	实收资本				4	0	0	0	0	0	0	0	0	0	附单据1张
合计				¥	4	0	0	0	0	0	0	0	0	0	

财务主管：　　记账：徐明达　　出纳：　　审核：　　制单：刘玲

收款凭证

借方科目　银行存款　　　　2012年12月05日　　　　银收字3号

摘要	贷方总账科目	明细科目	√	金额											
				亿	千	百	十	万	千	百	十	元	角	分	
收到股东荣昌化工增资款	实收资本				3	0	0	0	0	0	0	0	0	0	附单据1张
合计				¥	3	0	0	0	0	0	0	0	0	0	

财务主管：　　记账：徐明达　　出纳：　　审核：　　制单：刘玲

收款凭证

借方科目　银行存款　　　　2012年12月05日　　　　银收字4号

摘要	贷方总账科目	明细科目	√	金额											
				亿	千	百	十	万	千	百	十	元	角	分	
收到股东西蒙化工增资款	实收资本				2	6	0	0	0	0	0	0	0	0	附单据1张
合计				¥	2	6	0	0	0	0	0	0	0	0	

财务主管：　　记账：徐明达　　出纳：　　审核：　　制单：刘玲

【业务2】 为了满足公司扩大规模、加强会计核算的需要，公司本月新增明细分类账5本，另外本月新办注册商标5个，领取商标注册本5本。12月10日，办税员向主管税务机关购买5元版印花税票20张，对新增明细账及商标注册证进行贴花，还购买了10元版印花税票40张、2元版印花税票20张、1元版印花税票20张，以备小额购销合同贴花之用。

注意：

(1) 应税权利许可证照包括房屋产权证、土地使用权证、工商营业执照、商标注册证和专业证书五种，其他证照不计征印花税。

(2) 专门登记资本金和公积金的账簿按比例税率计征印花税，其他营业账簿按定额征收印花税。

中华人民共和国
印花税票销售凭证

填发日期：2012年12月10日(981)　　(981)京地印08号

购买单位	北京宏泰化工股份有限公司		购买人	刘桢航	
购买印花税票					
面值种类	数量	金额	面值种类	数量	金额
壹角票			伍元票	20	100.00
贰角票			拾元票	40	400.00
伍角票			伍拾元票		
壹元票	20	20.00	壹百元票		
贰元票	20	40.00	总计	100	560.00
金额总计（大写）：伍佰陆拾元整					
销售单位（盖章）	售票人（盖章）夏东海		备注		

注意：

贴簿印花税的计税方法及税率

(1) 对反映生产经营单位资本金数额增减变化的营业账簿，以记载的资本金的数额为计税依据，按比例征收印花税，适用税率为0.5‰。

(2) 对其他营业账簿，以账簿的数量为计税依据，按件征收，每本账簿贴花5元。对固定资产台账、资金往来台账等备查账簿不征收印花税。

要求：根据上述原始凭证进行账务处理，填制相关记账凭证。

付款凭证

贷方科目 库存现金　　　　2012年12月10日　　　　银付字1号

摘要	借方总账科目	明细科目	√	金额										
				亿	千	百	十	万	千	百	十	元	角	分
购买印花税票	管理费用									5	6	0	0	0
合　计									¥	5	6	0	0	0

附单据1张

财务主管：　　记账：徐明达　　出纳：　　审核：　　制单：刘玲

【业务3】 12月1日至12月31日，公司与客户签订各种购销合同7份、货物运输合同1份、加工承揽合同3份，与银行签订借款合同1份，与北京森普化工产品批发市场签订门面租赁合同1份，与兄弟单位签订技术转让合同1份。详细情况见下表。

2012年12月公司签订经济合同一览表

序号	签订方	签订日期	合同金额	履行结果	是否已贴花
1	北京顺达科技有限公司	12月2日	采购原料40万元	40万元	否
2	北京扬帆化工试剂有限公司	12月4日	采购原料20万元	20万元	否
3	北京康琪生物有限公司	12月5日	采购原料60万元	60万元	否
4	北京优特日用化工有限公司	12月6日	销售产品50万元	未履行	否
5	北京中晟化工有限公司	12月8日	销售产品60万元	60万元	否
6	杭州雪邦化工产品贸易公司	12月10日	销售产品20万元	20万元	否
7	杭州聚通化工产品有限公司	12月11日	销售产品80万元	60万元	否
8	北京迅达货物运输公司	12月11日	运输40万元，装卸费4万元，保险费2万元	如数履行	否
9	沈阳天益堂科技发展有限公司	12月15日	受托加工加工100万元，代垫辅料20万元	如数履行	否
10	北京彩云商店	12月20日	定制加工材料费及加工费合计80万元	如数履行	否
11	北京百纳恩食品有限公司	12月25日	定制加工材料费40万元，加工费20万元	如数履行	否
12	工行北京市支行	12月2日	周转性借款2 000万元	1 200万元	否
13	北京森普化工产品批发市场	12月10日	出租门面3年，年租金10万元	已收1年租金	否
14	南京日用化工厂	12月20日	转让无形资产40万元	如数履行	否

根据上表及业务 1、业务 2 计算公司 2012 年 12 月印花税应纳税额，如下表所示。

2012 年 12 月印花税应纳税额计算表

序号	应税项目	合同金额	应税计算	是否已税
1	购销合同	400 000.00	400 000 ×0.3‰ =120	否
2	购销合同	200 000.00	200 000 ×0.3‰ =60	否
3	购销合同	600 000.00	600 000 ×0.3‰ =180	否
4	购销合同	500 000.00	500 000 ×0.3‰ =15	否
5	购销合同	600 000.00	600 000 ×0.3‰ =180	否
6	购销合同	200 000.00	200 000 ×0.3‰ =60	否
7	购销合同	800 000.00	800 000 ×0.3‰ =240	否
8	运输合同、保险合同	460 000.00	400 000 ×0.5‰ +20 000 ×1‰ =200 +20 =220	否
9	加工承揽合同	1200 000.00	1 200 000 ×0.5‰ =600	否
10	加工承揽合同	800 000.00	800 000 ×0.5‰ =400	否
11	购销合同、加工承揽合同	600 000.00	400 000 ×0.3‰ +200 000 ×0.5‰ =120 +100 =220	否
12	借款合同	20 000 000.00	20 000 000 ×0.05‰ =1 000	否
13	财产租赁合同	100 000.00	100 000 ×1‰ =100	否
14	技术转让合同	400 000.00	400 000 ×0.3‰ =120	否
15	营业账簿		5 ×5 =25.00	是
16	权利许可证照		5 ×5 =25.00	是
17	实收资本金		100 000 000 ×0.5‰ =50 000	否
	合计		53 640	

要求：根据上述计算结果进行账务处理，填制相关记账凭证。

（1）计算期末应补缴印花税额：

期末应补缴印花税额 =53 640 －560 =53 080（元）

（2）进行账务处理，填制 1 张转账凭证。

> 注意：
> 印花税账务处理方法
> (1)购票贴花：购票时借记“管理费用”账户，贷记“库存现金”或“银行存款”账户；
> (2)月末计提印花税时，借记“管理费用”账户，贷记“应交税费——应交印花税”账户。

转账凭证

2012年12月31日　　　　转字1号

摘要	总账科目	明细科目	√	借方金额								√	贷方金额							
				十	万	千	百	十	元	角	分		十	万	千	百	十	元	角	分
计提12月印花税	管理费用				5	3	0	8	0	0	0									
	应交税费	应交印花税												5	3	0	8	0	0	0
合计				¥	5	3	0	8	0	0	0		¥	5	3	0	8	0	0	0

附单据1张

财务主管：　　记账：徐明达　　出纳：　　审核：　　制单：刘玲

(二)车船税涉税业务

【业务4】 12月20日，公司新购奥迪3.2L轿车2辆，购车款为117万元，购买工具和零配件花费为40 000元。另支付代办牌照费1 100元，代办保险费20 000元。取得以下原始凭证。

中国工商银行
转账支票存根
AX－600562317

科　　目：	
对方科目：	
出票日期：2012年12月20日	
收 款 人：奥迪特约维修中心	
金　　额：¥1 231 100.00	
用　　途：支付购车款等	

单位主管：　　会计：

2007.6北京印刷厂

中国工商银行　转账支票　(京) 60056781

出票日期(大写)贰零壹贰年拾贰月贰拾日　付款行名称：北京市支行新世纪大道分理处
收款人：广汽奥迪汽车京都特约维修中心　出票人账号：GH-0101-668585

本支票付款期限10天

人民币(大写)	⊗壹佰贰拾叁万壹仟壹佰元整	千	百	十	万	千	百	十	元	角	分
		¥	1	2	3	1	1	0	0	0	0

用途：支付货款　　　　科目（借）________
上述款项请从　　　　对方科目（贷）________
我账户内支付　　　　出票日期2012年12月20日
出票人盖章　　　　复核 江涛　　记账

北京宏泰化工股份有限公司 财务专用章

03456　3456789　2121345677889　01

机动车销售统一发票

发票联

发票代码：101020922213

发票号码：00260201

开票日期：2012年12月20日

机打代码 机打号码 机器编码	101020922213 00260201 DL-001-2345	税 控 码	（略）			
购货单位	北京宏泰化工股份有限公司	身份证号码/组织机构代码	010201000088699			
车辆类型	广汽奥迪3.2 L	厂牌型号	SVW7203FPT	产地	广州	
合格证号	WAE080703012202	进口证明书号		商检单号		
发动机号码	BNL218259	车辆识别代号/车架号码				
价税合计	壹佰贰拾壹万元整		小写 ¥1 210 000.00			
销货单位名称	广汽奥迪汽车北京特约维修中心	电话	010-28537055			
纳税人识别码	010201000043918	账号	GH-0101-663322			
地址	北京市化工产业园新世纪大道116号	开户银行	工商银行北京市支行新世纪大道分理处			
增值税税率或征收率	17%	增值税额	175 811.96	主管税务机关及代码	北京市化工产业园区国家税务局 00200125	
不含税价	小写 ¥1 034 188.04	吨位	1.829	限乘人数	5人	

销货单位（盖章）： 开票人：杜子湖 备注：一车一票

（印章：广汽奥迪汽车北京特约维修中心 010201000043918 发票专用章）

北京佳达印刷有限公司(0791-8321104)征便字(2006)印05号(600000X)

第二联 发票联 购货单位付款凭证

广汽奥迪汽车北京特约维修中心

收款收据

填制日期：2012年12月20日 No：00890866

客户名称：北京宏泰化工股份有限公司

项目名称	单位	数量	代收费用	手续费	金额
代办车票费	辆	2	1 000.00	100.00	1 100.00
代办车险费	辆	2	18 000.00	2 000.00	20 000.00
人民币（大写）⊗贰万壹仟壹佰元整			（小写）¥21 100.00		

校验码 007720 制单：杜子湖 收款单位（盖章）

（印章：广汽奥迪汽车北京特约维修中心 010201000043918 发票专用章）

第二联 付款单 记账凭证

要求：根据上述原始凭证进行账务处理，填制相关记账凭证。

付款凭证

贷方科目 银行存款　　　　2012年12月20日　　　　银付字1号

摘要	借方总账科目	明细科目	√	亿	千	百	十	万	千	百	十	元	角	分
购置广汽奥迪轿车一辆	固定资产	奥迪轿车				1	2	1	0	0	0	0	0	0
	预付账款	奥迪维修中心						2	1	1	0	0	0	0
合　计					¥	1	2	3	1	1	0	0	0	0

北京印刷厂(2005-6680)　　附单据2张

财务主管：　　记账：徐明达　　出纳：　　审核：　　制单：刘玲

【业务5】 12月23日，公司办税员持购车发票向北京市国家税务局车购税分局申报缴纳车辆购置税，取得车购税分局开具的"中华人民共和国税收通用完税证"，当日办税员持完税证办理税款转账手续。

中华人民共和国税收通用完税证

注册类型：股份有限公司　　填发日期：2012年12月23日　　征收机关：北京市国家税务局车购税分局

纳税人代码	010201000088699			地　址	京都市化工厂产业园新世纪大道116号										
纳税人名称	北京宏泰化工股份有限公司			税款所属时期	2012 年12 月23 日										
税　种	品目名称	课税数量	计税金额或销售收入	税率或单位税额	已缴或扣除额	百	十	万	千	百	十	元	角	分	
车辆购置税		2	1 052 222.22	10%			1	0	5	2	2	2	2	2	
金额合计	（大写）壹拾万零伍仟贰佰贰拾贰元贰角贰分					¥	1	0	5	2	2	2	2	2	
税务机关（盖章）	委托代征单位（盖章）		填票人　叶萱		备注	乘用车									

（印章：北京市国家税务局车辆购置税分局 (02) 征收专用章）

第二联 收据 交纳税人作完税凭证

注意：

车辆购置税应税计算与账务处理

(1)汽车销售单位随同销售一并收取的代收款项属于增值税混合销售行为，应一并计征增值税。车辆购置税则以计征增值税的不含税价格为计税依据。

(2)业务4中的车辆购置税应纳税额为：

$$车辆购置税应纳税额 = [1\,034\,188.04 + 21\,100/(1+17\%)] \times 10\% = 105\,222.22(元)$$

(3)车辆购置税是一种行为税，是一次性的，不需要在“应交税费”账户中设置明细账户核算，缴纳后直接借记“固定资产”账户。

要求：根据上述原始凭证进行账务处理，填制相关记账凭证。

付款凭证

贷方科目　银行存款　　2012年12月20日　　银付字2号

摘要	借方总账科目	明细科目	√	亿	千	百	十	万	千	百	十	元	角	分
支付车辆购置税	固定资产	奥迪轿车					1	2	2	8	0	3	4	2
合　计						¥	1	2	2	8	0	3	4	2

附单据1张

财务主管：　记账：徐明达　出纳：　审核：　制单：刘玲

【业务6】　公司2012年全年在用车辆包括KC－03东风载货卡车10辆、大众帕萨特2.8L轿车4辆、CD厦汽货物装卸车16辆、广汽奥迪3.2L轿车2辆。具体情况见下表。

机动车明细表

车辆类型	自重/座位	数量(辆)	年单位税额	备注
KC－03东风载货卡车	6吨	10	100元/吨	货物运输
大众帕萨特2.8L轿车	5座	4	2 000元/辆	乘用车
CD厦汽货物装卸车	1吨	16	20元/辆	仓库装卸
广汽奥迪3.2L轿车	5座	2	2 400元/辆	乘用车

根据上表及业务4计算公司2012年车船税应缴纳税额，如下表所示。

2012年车船税应纳税额计算表

序号	应税项目	数量(辆)	计税标准	应税计算	是否已税
1	KC-03东风载货卡车	10	净吨位	6×10×100=60 000.00	否
2	大众帕萨特2.8L轿车	4	辆	4×2 000=8 000.00	否
3	CD厦汽货物装卸车	16	辆	16×20=320.00	否
4	广汽奥迪3.2L轿车	2	辆	2×2 400=4 800.00	否
	合计			73 120.00	

要求：根据上述计算结果进行账务处理，填制相关记账凭证。

转 账 凭 证

2012年05月10日　　转字2号

摘要	总账科目	明细科目	√	借方金额	√	贷方金额
计提2012年度车船税	管理费用			7312000		
	应交税费	应交车船税				7312000
合计				¥7312000		¥7312000

附单据1张

财务主管：　记账：徐明达　出纳：　审核：　制单：刘玲

第三节　登记印花税及车船税涉税账户

根据北京宏泰化工股份有限公司2012年12月第1~6笔涉税业务的原始凭证及其相关账务登记印花税、车船税涉税账户。假定1~11月累计应交印花税6 420元，1~11月未计提车船税，没有缴纳印花税和车船税。

一、登记“应交税费——应交印花税”账户

应交税费——应交印花税　明细表

总第　页
分第　页

2012年		记账凭证号码	摘要	对方科目	页数	借方金额	贷方金额	借或贷	余额
月	日								
			上月结余			6 420.00	6 420.00	平	0.00
12	31	转1	计提本月印花税	管理费用			53 590.00		
			本月合计			0.00	53 590.00	贷	53 590.00
			本年累计			6 420.00	60 010.00	贷	53 590.00

二、登记“应交税费——应交车船税”账户

应交税费——应交车船税　明细表

总第　页
分第　页

2012年		记账凭证号码	摘要	对方科目	页数	借方金额	贷方金额	借或贷	余额
月	日								
			上月结余			0.00	0.00	平	0.00
12	31	转2	计提本年度车船税	管理费用			14 720.00		
			本月合计			0.00	14 720.00	贷	14 720.00
			本年累计			0.00	14 720.00	贷	14 720.00

第四节　印花税及车船税纳税申报

印花税纳税人按期缴纳印花税的，期满后，应填制《印花税纳税申报表》，将本应缴纳的印花税额及其贴花情况向主管税务机关报告，结算本期贴花或应补缴税额。车船税纳税人期满后，应及时到主管税务机关办理纳税申报，并如实填写《车船税纳税申请表》，办理缴税手续。

一、填报《印花税纳税申请表》

填制完的《印花税纳税申请表》见下表。

印花税纳税申报表

纳税人识别码：0 1 0 2 0 1 0 0 0 0 8 8 6 9 9

填报日期：2013 年 01 月 05 日
金额单位：元(列至角分)

纳税人名称	北京宏泰化工股份有限公司				税款所属日期		2012 年 1 月 1 日至 2012 年 12 月 31 日			
车船类别	数量	计税标准	适用税率	应纳税额	已纳税额	应补(退)税额	贴花情况			
							上期结存	本期购进	本期贴花	本期结余
1	2	3	4	5	6	7 = 5 − 6	8	9	10	11
许可证照	5		5 元/本	25.00	25.00	0.00	0.00	280.00	25.00	230.00
营业账簿	5		5 元/本	25.00	25.00	0.00	0.00	0.00	25.00	0.00
资金账簿	1	100 000 000.00	0.5‰	50 000.00	0.00	50 000.00	0.00	0.00	0.00	0.00
购销合同	8	3 700 000.00	0.3‰	1 100.00	0.00	1 100.00	0.00	0.00	0.00	0.00
加工承揽合同	3	2 200 000.00	0.5‰	1 100.00	0.00	1 100.00	0.00	0.00	0.00	0.00
租赁合同		100 000.00	1‰	100.00	0.00	100.00	0.00	0.00	0.00	0.00
运输合同	1	400 000.00	0.5‰	200.00	0.00	200.00	0.00	0.00	0.00	0.00
保险合同	1	20 000.00	1‰	20.00	0.00	20.00	0.00	0.00	0.00	0.00
技术转让合同	1	400 000.00	0.3‰	120.00	0.00	120.00	0.00	0.00	0.00	0.00
借款合同	1	20 000 000.00	0.05‰	1 000.00	0.00	1 000.00	0.00	0.00	0.00	0.00
合计				53 640.00	50.00	53 640.00	0.00	280.00	50.00	230.00

如纳税人填报，由纳税人填写以下各栏		如委托代理人填报，由代理人填写以下各栏				备注
会计主管　高莹	纳税人(公章)（北京宏泰化工股份有限公司）	代理人名称		代理人(公章)		
		代理人地址				
		经办人姓名		电话		
以下为税务机关填写						
收到申报表日期	2013 年 01 月 05 日	接收人	叶飞轮			

二、填报《车船税纳税申请表》

填制完的《车船税纳税申请表》见下表。

车船税纳税申报表

填报日期：2013 年 01 月 05 日
金额单位：元(列至角分)

纳税人识别码：0 1 0 2 0 1 0 0 0 0 8 8 6 9 9

纳税人名称	北京宏泰化工股份有限公司				税款所属日期		2012 年 1 月 1 日至 2012 年 12 月 31 日		
车船类别	数量	计税标准	计税依据	单位税额	全年应纳税额	年缴纳次数	本期		
							应纳税额	已纳税额	应补(退)交纳税
1	2		3	4	5 = 3 × 4	6	7 = 5 ÷ 6	8	9 = 7 − 8
KC－03 东风载货卡车	10	净吨位	60	100 元/吨	6 000.00	1	6 000.00	0.00	6 000.00
大众帕萨特 2.8L 轿车	4	辆	4	2 000 元/辆	8 000.00	1	8 000.00	0.00	8 000.00
CD 厦汽货物装卸车	16	辆	16	20 元/辆	320.00	1	320.00	0.00	320.00
广汽奥迪 3.2L 轿车	2	辆	2	2 400 元/辆	4 800.00	1	4 800.00	0.00	4 800.00
合计					19 120.00				
如纳税人填报，由纳税人填写以下各栏					如委托代理人填报，由代理人填写以下各栏				备注
会计主管(签章)高莹		纳税人(公章) 北京宏泰化工股份有限公司			代理人名称			代理人(公章)	
					代理人地址				
					经办人姓名			电话	
以下为税务机关填写									
收到申报表日期		2013 年 01 月 05 日			接收人		柳棠		

三、填制"电子缴库专用缴款书"

根据上述纳税申报资料，为北京宏泰化工有限公司填写一份"电子缴库专用缴款书"，通知开户银行划拨缴纳印花税和车船税款。

电子缴库专用缴款书

填开日期：2013年01月05日　　2010 京地税电库：001202011

☑已申报　申报序号：20130105001238　　☐未申报

纳税人计算机代码	00234321	征收机关代码	002346165
纳税人名称	北京宏泰化工股份有限公司	征收机关名称	北京市化工产业园区地方税务局
付款人名称	北京宏泰化工股份有限公司	收款国库名称	北京市化工产业园区国库
付款人开户银行名称	中国工商银行北京市支行新世纪大道分理处	国库清算行号	GH-0101
付款人账号	GH-0101-665958	金额合计	6 838.00
纳税项目代码	课税数量	计税金额	实缴税额
101111900其他印花税			53 640.00
101140101车船税			19 120.00
付款人（盖章） 经办人（签章）	税务机关（盖章）	银行（盖章） 记账员（签章）	备注

参考文献

[1] 傅文清，付丽莎. 纳税会计与纳税申报实训教程. 北京：中国人民大学出版社，2012.
[2] 中国注册会计师协会. 税法. 北京：经济科学出版社，2013.
[3] 顾令慧，王化敏. 纳税申报表填制实例. 北京：北京大学出版社，2012.
[4] 王碧秀，梁伟样. 税务会计. 大连：东北财经大学出版社，2011.
[5] 刘秀荣. 纳税会计实务模拟实训. 北京：中国石油大学出版社，2010.
[6] 宣国萍. 企业纳税实训. 北京：机械工业出版社，2011.
[7] 李克桥，甄敏. 新编企业纳税实训. 南京：南京大学出版社，2011.
[8] 丁清，李国辉. 税务实训. 上海：上海财经大学出版社，2013.
[9] 杨京钟. 税务流程与纳税申报实训. 厦门：厦门大学出版社，2012.
[10] 顾瑞鹏. 企业纳税实训教程. 上海：复旦大学出版社，2009.

图书在版编目（CIP）数据

企业纳税会计实训／沈航，张黄，徐飒，刘晓英主编．
--长沙：中南大学出版社，2014.2
ISBN 978－7－5487－1034－9

Ⅰ.企…　Ⅱ.①沈…②张…③徐…④刘…　Ⅲ.企业管理—税收会计—教材　Ⅳ.F275.2

中国版本图书馆 CIP 数据核字(2014)第 018853 号

企业纳税会计实训

沈航　张黄　徐飒　刘晓英　主编

□责任编辑　彭达升
□责任印制　易建国
□出版发行　中南大学出版社
社址：长沙市麓山南路　邮编：410083
发行科电话：0731－88876770　传真：0731－88710482
□印　　装　长沙印通印刷有限公司

□开　　本　787×1092　1/16　□印张 15.75　□字数 388 千字
□版　　次　2014 年 2 月第 1 版　□2018 年 3 月第 2 次印刷
□书　　号　ISBN 978－7－5487－1034－9
□定　　价　38.00 元